JN143815

一番わかりやすい キリスト教入門

月本昭男
［監修］
インフォビジュアル研究所
［著］

東洋経済新報社

はじめに

わたしたち日本人は世界の人々の中で、こと宗教に関してはマイノリティです。世界最大の宗教はキリスト教。世界の人口の約33％がキリスト教徒で、その数は約24億人。仏教徒は約5億人で、世界の総人口の7％程度にすぎません。しかもその中の日本仏教徒となると、極めつきのマイノリティであるわけです。

この人口は『ブリタニカ国際年鑑』によるものですが、宗教別人口というのはかなり曖昧なものです。たとえば日本人は一口に仏教徒だといわれますが、自分は仏を信じていないという人が多いのではないでしょうか。しかし、葬儀はたいてい仏式で行われています。伝統的に仏教の風習を受け継いでいる人を仏教徒だとすれば、日本人の多くは仏教徒であり、さらにいえば、お宮参りや神前結婚式など神道の要素も加えた「日本仏教徒」だということになります。

キリスト教も同じで、日曜日にはミサに行くなど比較的明確なキリスト教徒のほかに「無宗教」だけれどもキリスト教の世界観や倫理観をもつ人々がいます。その意味でアメリカ、イギリス、ドイツなどの欧米諸国は、移民による多宗教化が進んでいるとはいえ、歴史的に「キリスト教国」だといえます。そのことの理解は日本のビジネスマンにとってもたいへん重要です。というのは、現代の世界経済システムはキリスト教の世界観や倫理観を持つ欧米諸国によって形成されたからです。近年のグローバリゼーションの延長線上に起こってきたことですから、ビジネスをスムーズに進めるためには、キリスト教国の人々がどのような精神文化の中で育ち、日常的にどのような発想をするのかを知っておくことが不可欠だといえるでしょう。

キリスト教をはじめ宗教的な要因が国際情勢を左右する場面も多くなっています。２０１６年6月にはイギリスが国民投票で、歴史的にキリスト教国を主体とする共同体であるＥＵ（欧州連合）からの離脱を決めましたが、その背景に独自の国教会があることは見逃せません。

本書は、キリスト教の歴史や聖書の内容を豊富な図解でやさしく解説しました。それを通じて、キリスト教文化圏で育った人々の考え方――世界観、発想パターンや物事の捉え方等々を理解していただけるように工夫しています。

本書は、キリスト教を中心として幅広い視点から異文化を理解するための本です。読者の皆様が異なる文化を持つ人々との交流を深め、グローバル社会を理解する一助となることを願っています。

インフォビジュアル研究所

超図解 一番わかりやすいキリスト教入門

目次

第3章　キリスト教の常識を知る［旧約聖書の世界］

企画・図解構成・編集執筆……大嶋賢洋（インフォビジュアル研究所）
図版デザイン・制作……………高田寛務（インフォビジュアル研究所）
編集・執筆（１・２・５章）…大角　修（地人館）
編集・執筆（３・４章）………豊田菜穂子（インフォビジュアル研究所）
目次・扉デザイン………………河野　謙（インフォビジュアル研究所）
ＤＴＰ制作………………………佐藤修久（地人館）

第1章 キリスト教がわかると世界が見える

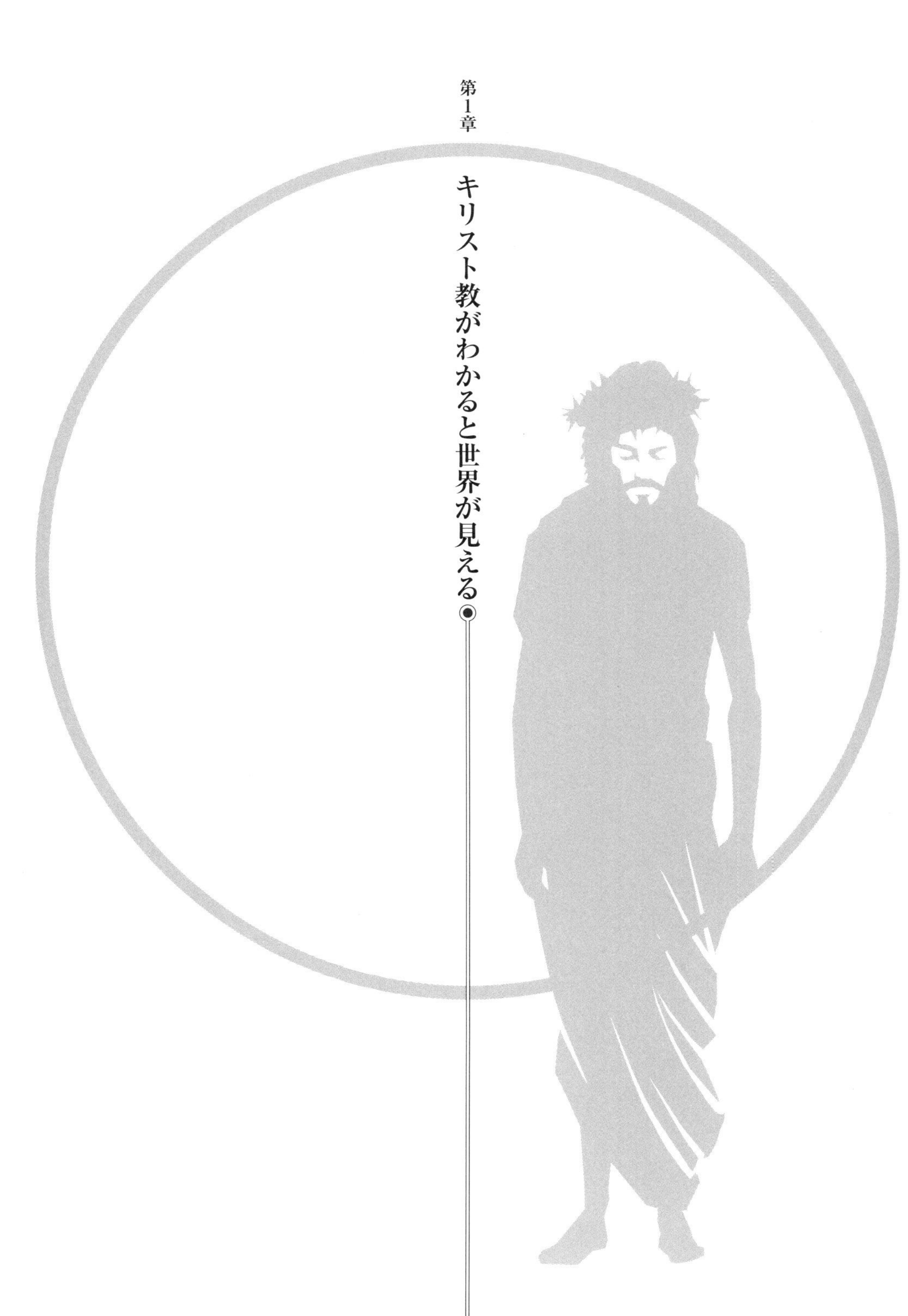

キリスト教がわかると世界が見える——1

世界最大の宗教はキリスト教

世界の人口の33％がキリスト教徒
仏教徒は、ほんとにマイナーな存在だ

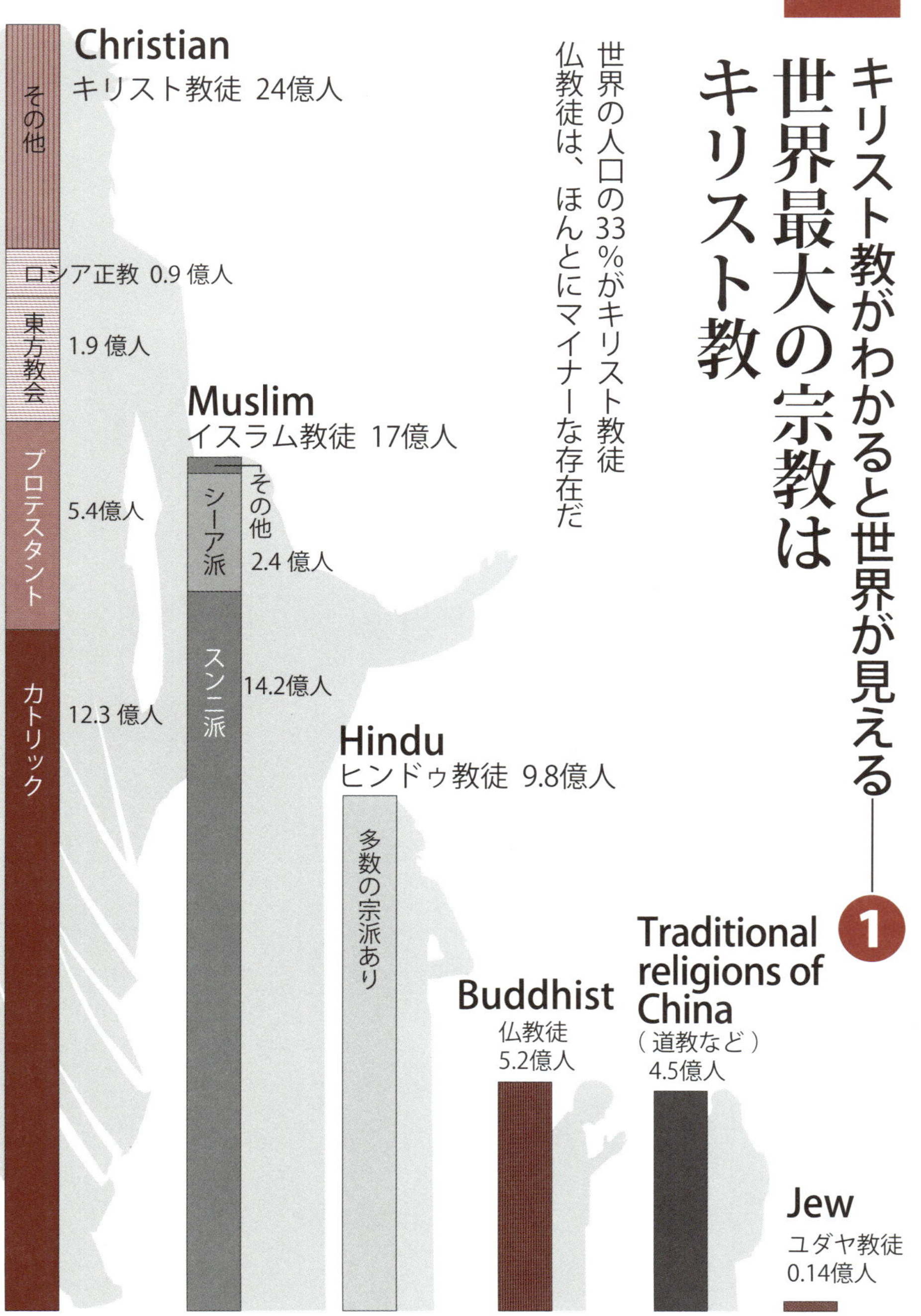

百科事典『ブリタニカ国際年鑑』2016年版を参考に作成。東方教会の1.9億人は、全体2.8億人からロシア正教の0.9億人をさし引いたものです。ロシア正教はロシア社会計画研究所2005年公表データより推計。
またイスラム教徒の、シーア派、スンニ派数は、Pew Reserach Center, Musulim Population by Country 2011より人口比から推計。

おおまかに押さえる、宗教世界地図

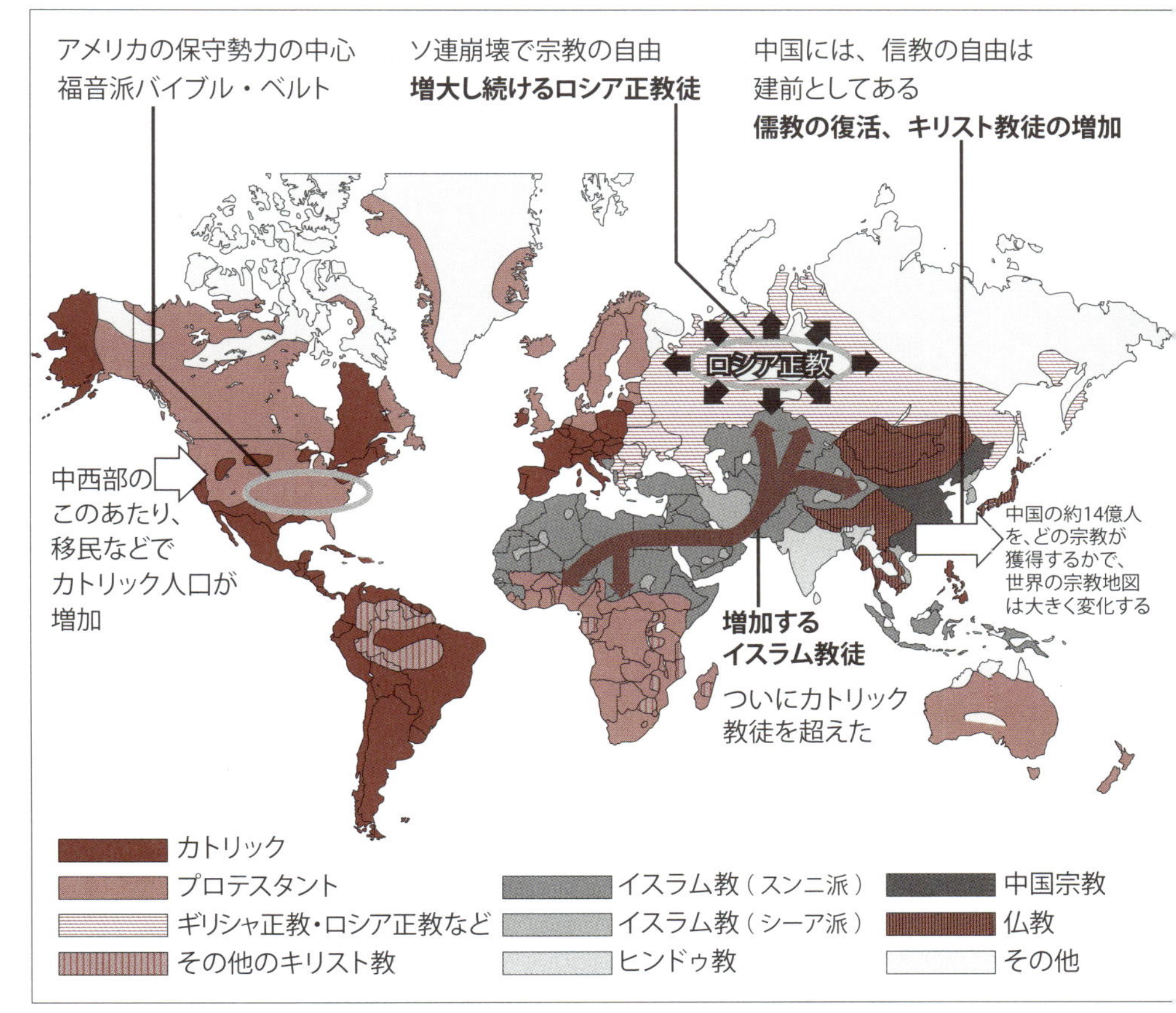

†キリスト教とイスラム教の世界

日本のキリスト教徒は人口の１％ほど、イスラム教徒は外国人居留者を除けばゼロに近い。ところが世界では圧倒的にキリスト教圏とイスラム教圏が多い。

しかも、この２つの宗教は、政治との関わりがたいへん強い。民主主義国家はどこも政教分離を国是とするが、それにも国によって差がある。日本は公教育で特定の宗教の教育を禁じるなど厳密だが、国教会の伝統をもつイギリスは緩やかだ。

欧米にはキリスト教を堂々と掲げる政党群がある。党名はさまざまだが、キリスト教民主党と総称される。その中でドイツキリスト教民主同盟（ＣＤＵ）は政権与党の大政党で、ＥＵの中核でもある。アメリカ合衆国の二大政党もキリスト教の影響がきわめて強い。そこでイスラム教の国や民族との紛争が多発しているのだが、キリスト教もイスラム教もユダヤ教を共通の土壌としている。今、その神は世界をどこに連れていこうとするのだろうか。

キリスト教がわかると世界が見える——2

世界の要人がひざまずく神の代理人＝ローマ教皇

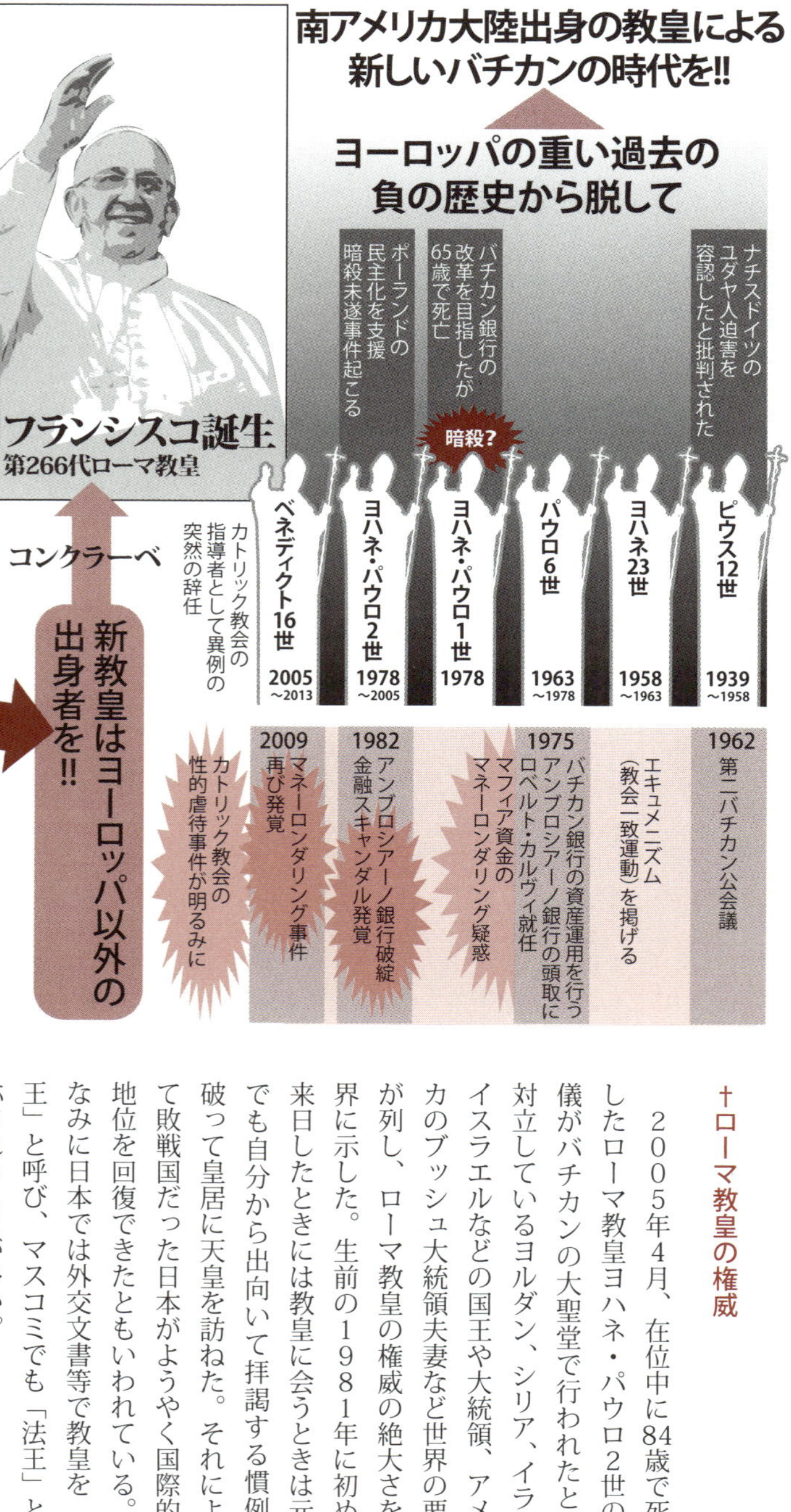
南アメリカ大陸出身の教皇による
新しいバチカンの時代を!!
ヨーロッパの重い過去の
負の歴史から脱して
ナチスドイツのユダヤ人迫害を容認したと批判された
バチカン銀行の改革を目指したが65歳で死亡
ポーランドの民主化を支援 暗殺未遂事件起こる
暗殺?
フランシスコ誕生
第266代ローマ教皇
ピウス12世 1939～1958
ヨハネ23世 1958～1963
パウロ6世 1963～1978
ヨハネ・パウロ1世 1978
ヨハネ・パウロ2世 1978～2005
ベネディクト16世 2005～2013
カトリック教会の指導者として異例の突然の辞任
コンクラーベ
新教皇はヨーロッパ以外の出身者を!!
1962 第二バチカン公会議
エキュメニズム（教会一致運動）を掲げる
1975 バチカン銀行の資産運用を行うアンブロシアーノ銀行の頭取にロベルト・カルヴィ就任
マフィア資金のマネーロンダリング疑惑
1982 アンブロシアーノ銀行破綻 金融スキャンダル発覚
2009 マネーロンダリング事件再び発覚
カトリック教会の性的虐待事件が明るみに

†ローマ教皇の権威

２００５年４月、在位中に84歳で死去したローマ教皇ヨハネ・パウロ２世の葬儀がバチカンの大聖堂で行われたとき、対立しているヨルダン、シリア、イラン、イスラエルなどの国王や大統領、アメリカのブッシュ大統領夫妻など世界の要人が列し、ローマ教皇の権威の絶大さを世界に示した。生前の１９８１年に初めて来日したときには教皇に会うときは元首でも自分から出向いて拝謁する慣例を破って皇居に天皇を訪ねた。それによって敗戦国だった日本がようやく国際的な地位を回復できたともいわれている。ちなみに日本では外交文書等で教皇を「法王」と呼び、マスコミでも「法王」と呼称されることが多い。

12.3億人のカトリック教徒を背景とし、積極的に世界の平和のために動く

ヨーロッパ中心のカトリックから

2013

●ブラジルを訪問する若者たちの抗議行動に理解を示す
●9月7日を「シリアと中東と全世界の平和のための断食と祈りの日」とする
●イスラム教徒難民の海難キャンプ、ランペドゥーザ島を訪れる
●マフィアを破門する

2014

●中東諸国を訪問するパレスチナ難民キャンプに子供たちを訪ねる。エルサレムを訪れ、東方教会のバルトロメオ1世と会談
●韓国を訪問するソウル明洞聖堂で「平和と和解のミサ」に参加。朝鮮半島の平和と和解のために祈る
●アルバニアを訪問するマザー・テレサ広場でミサを行い、共産主義政権下で迫害を受けた、イスラム、正教、カトリックの人々を称賛した
●フランスを訪問
欧州議会でヨーロッパ難民への尊厳ある処遇を求める
●トルコを訪問する
東西両教会の再統一を求める

2015

●スリランカ・フィリピンを訪問
●ボスニア・ヘルツェゴビナを訪問
●南米を訪問する

2016

●**キューバを訪問する**
ロシア正教のキリル1世と会談。前年の米・キューバの国交回復に関し仲介の労を取ったと伝えられる

フランシスコ教皇の平和への動き

地図上の色つきの国々は、カトリックが多い宗教の国（2015年AFPニュースを参考に制作）。数字は百科事典『ブリタニカ国際年鑑』2015年度版より

†新教皇フランシスコの国際運動

２０１３年、現在の教皇フランシスコが聖座すなわち教皇に選出された。アメリカ大陸から選ばれた初めての教皇だ。

新教皇は東西教会の和解を進めたほか、世界各地を訪問し、活発に教皇外交を展開している。教皇の権威は世俗の国家を超えたところに成り立っているので、対立する勢力の融和に果たす役割は大きい。東西冷戦下の１９６１年から国交断絶していたアメリカとキューバが２０１４年に教皇の仲裁によって国交回復に向けて動き出したことはその影響力の大きさを世界に示した。

アジアでは２０１４年から翌年に韓国、スリランカ、フィリピンを訪問し歓迎を受けた。中国訪問も予想されるが、事は微妙だ。就任式には台湾の馬英九総統が中華民国の名で中国を代表して列席し、中国政府は不快の意を表明した。また、中国のカトリック教会はローマ教皇に属していない。中国が自国カトリックの教皇への忠誠を認めるなら中国社会の大きな変化で、世界への影響も大きい。

キリスト教がわかると世界が見える――3

巨大な宗教国家アメリカのキリスト教徒たち

アメリカのキリスト教徒の家族
そのイメージの原型？

大草原の小さな家

その背景にある

西部開拓時代、ミネソタ州の小さな村に住む、
善良な家族インガルス家の家族愛の物語

†大草原の小さな家

アメリカ建国の原点として伝えられるのは1620年にイギリスから100余名のピューリタン（清教徒）が帆船メイフラワー号で東海岸北部に渡ったピルグリム・ファーザーズ（巡礼の父祖）である。かれらはアメリカ先住民の助けも得ながら、かれらにとっての新しい大地を耕していったのだった。その物語を伝えるアメリカ人の心にはテレビドラマ『大草原の小さな家』のインガルス家のように、質素に生きよという命令が響いているであろう。

ドラマの舞台となった西部の開拓は白人にとって「マニフェスト・デスティニー（明白な使命・運命）」とされたが、このインガルス家のような人々を支えたの

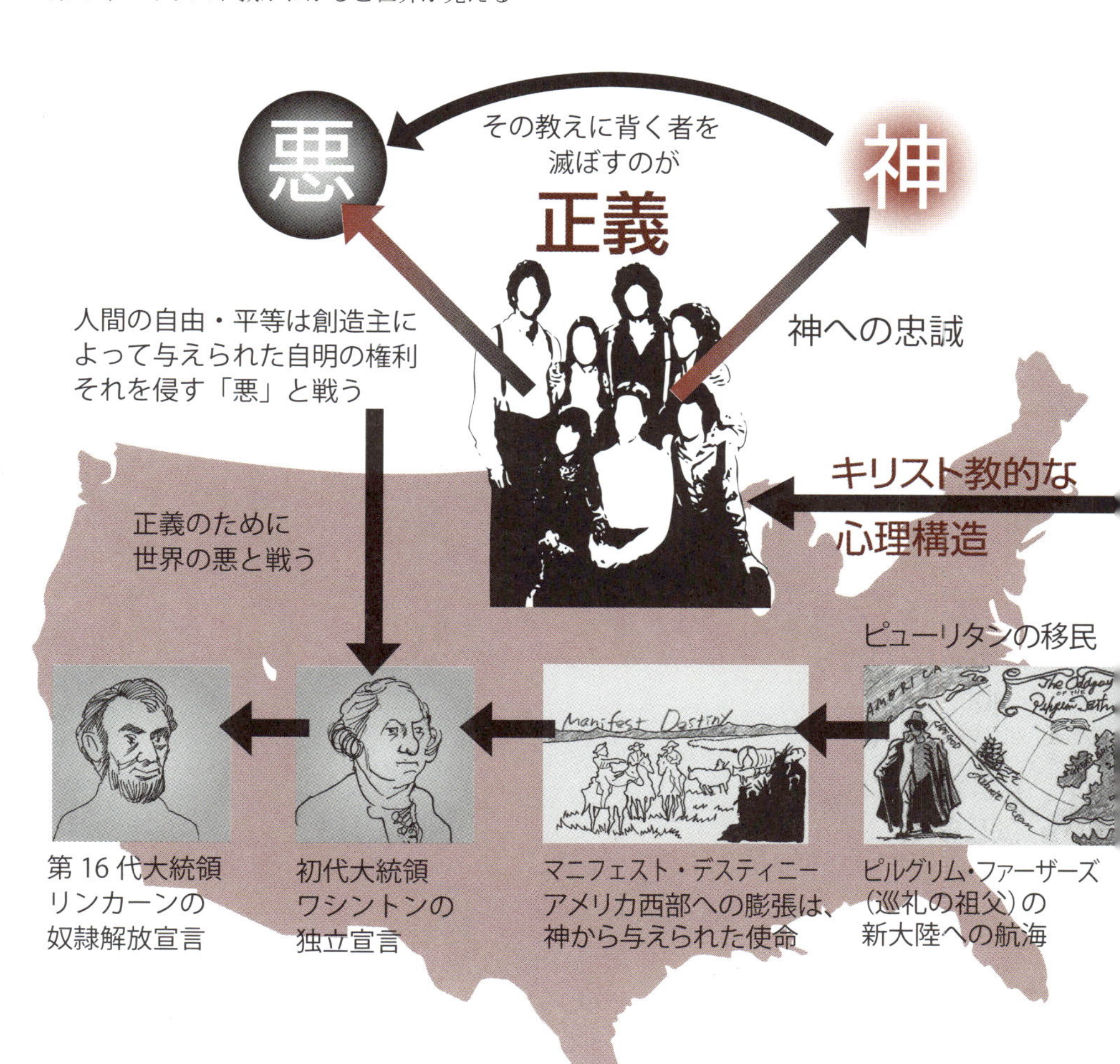

は、プロテスタントの倫理観であり、それは「信頼」を基礎とするものだった。

✝独立宣言のスピリット

ところで、日本ではメイフラワー号のピューリタンのことは世界史の教科書にも載せられていて有名だが、アメリカではそれよりも、１７７６年７月４日の「アメリカ独立宣言」のほうが重要で、毎年、国をあげておこなわれる独立記念日の行事で、その精神が確認される。その宣言は「すべての人間は生まれながらにして平等である」というのだが、その根拠は「創造主によって、生命・自由および幸福の追求を含む不可侵の権利を与えられている」からだという。そして、こうした権利を確保するために政府があると宣言している。

もうひとつ、アメリカの精神となったのは、連邦分裂の危機だった南北戦争のなかで布告された１８６２年の「奴隷解放宣言」だ。それは「奴隷とされているすべての者は永遠に、自由の身となる」と宣言し、北軍の兵士たちに新たな戦争の意味を与えた。その戦いは今も続く。

キリスト教がわかると世界が見える——4

モザイクのように全米に住み分けるキリスト教徒

✝神の新天地

アメリカ合衆国は移民の国で、大半がプロテスタントだが、アイルランドやスペインからの移民によってカトリックも広まった。それらヨーロッパに根をもつ教会に加えて、黒人教会がリベラル思想や音楽・芸術に独自の発展を遂げ、教派を超えて広まった。

さらに、19～20世紀に極端な信仰の流れを汲む運動がおこった。キリストの再臨を説くセブンスデー・アドベンチスト教会、終末の訪れを説くエホバの証人、新たに発見されたという『モルモン経典』を奉じるモルモン教がアメリカで生まれ、今では世界に広まっている。その意味でアメリカは神にとっても新天地であり、一般にアメリカ人は他国に比べて熱心なクリスチャンである。

今日のアメリカで目立ってきたのが、福音派の伝道師ビリー・グラハムに代表される大衆伝道である。今では大規模なテレビ伝道集会をもよおすようにもなった。その政治的影響力も巨大なものになったが、えてして単純にイスラムを敵として「正義の戦争」を支持するなど、対立を深める要因ともなっている。

-住み分けている

政策
リベラル思想による自由主義、
中絶の自由化、死刑廃止、
労働者重視、同性愛容認、
環境問題重視、
国際連合重視など

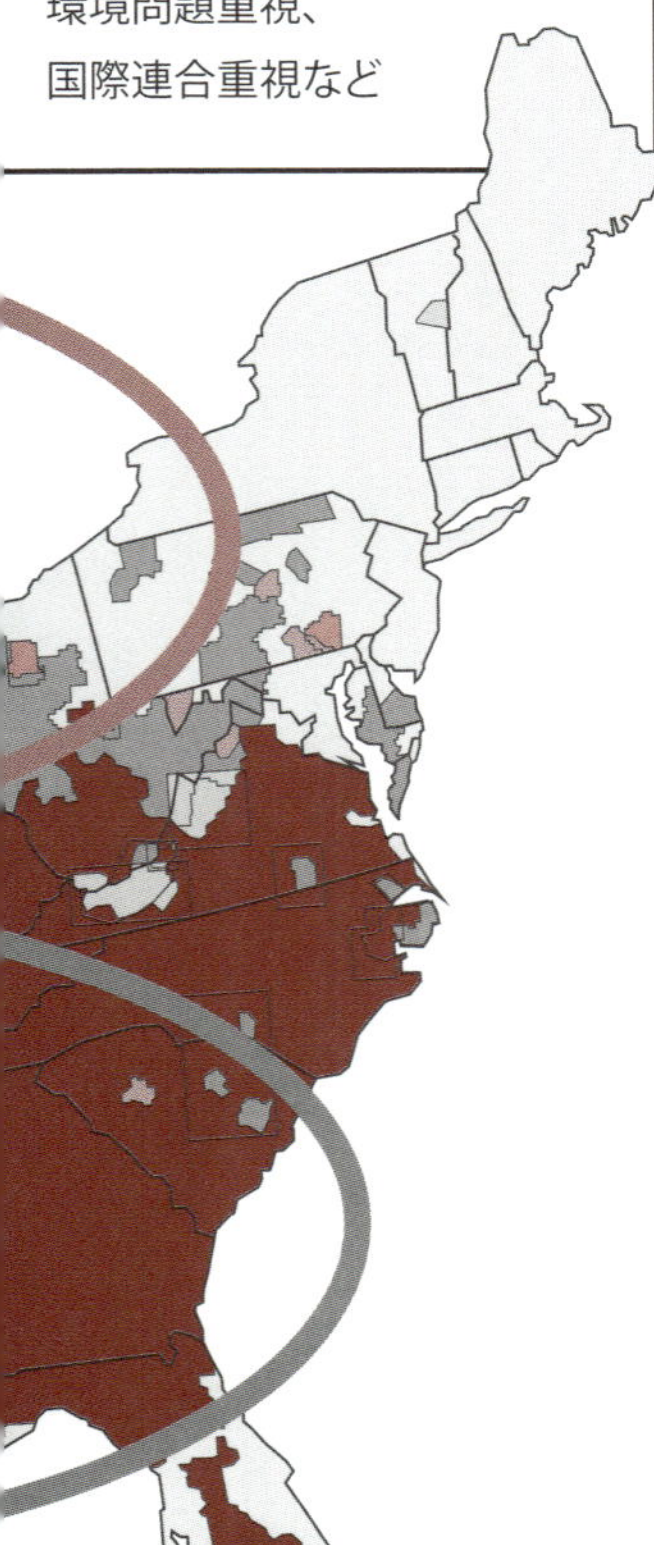

クリスチャン・コアリション

著名なテレビ伝道者パット・ロバートソンに代表される、キリスト教原理主義を掲げる政治団体。共和党の選挙戦に絶大な影響力をもつ

アメリカ合衆国のキリスト教徒はこのように混在し、―

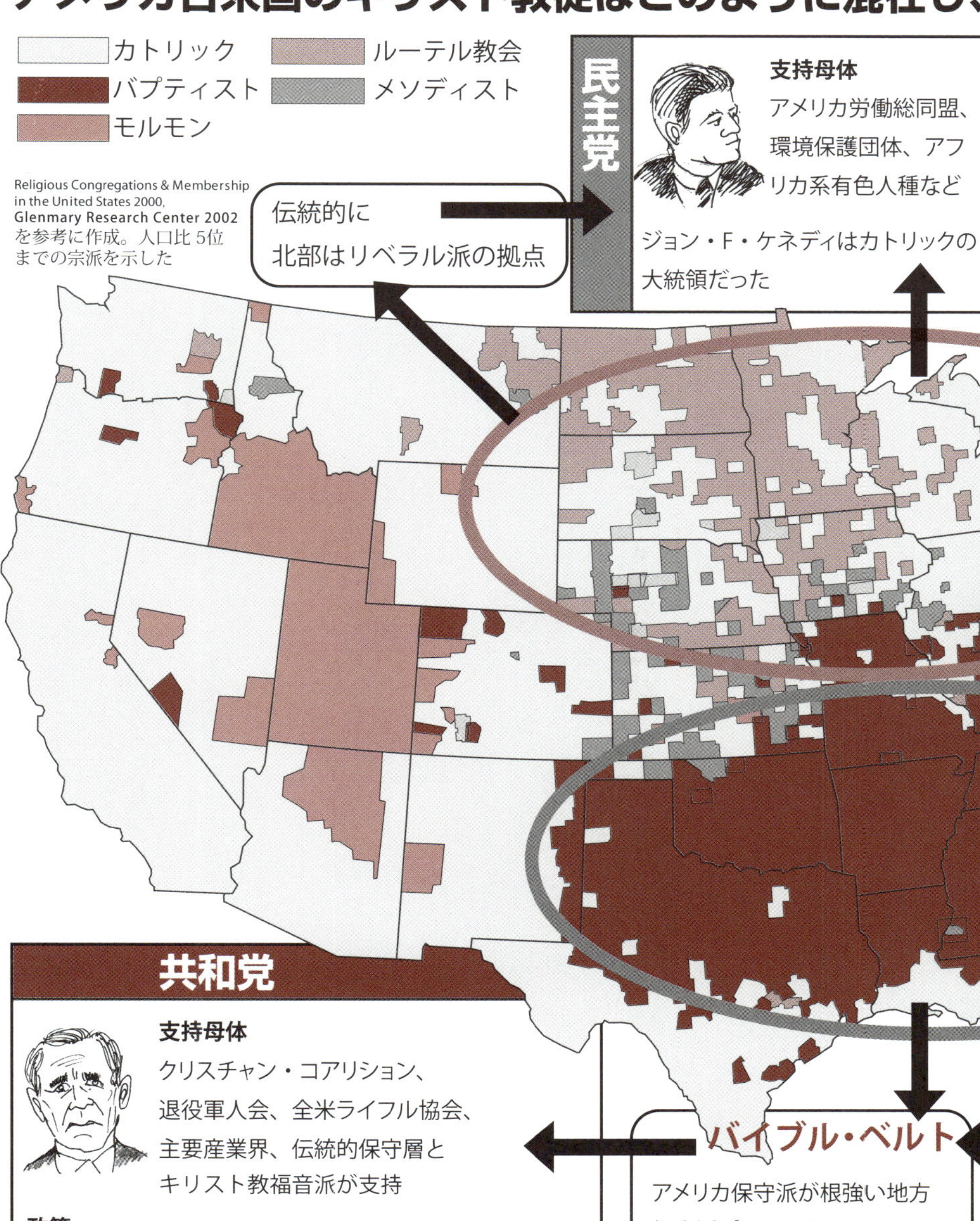

政策

大企業・富裕層優遇、軍拡と積極的軍事介入、人工中絶禁止、死刑存続、銃規制反対など。ブッシュ政権での新保守主義の台頭によるイラク侵攻などに批判も多い

アメリカ保守派が根強い地方
福音派プロテスタント、
南部バプティスト、
キリスト教原理主義の人々が
主流となっている

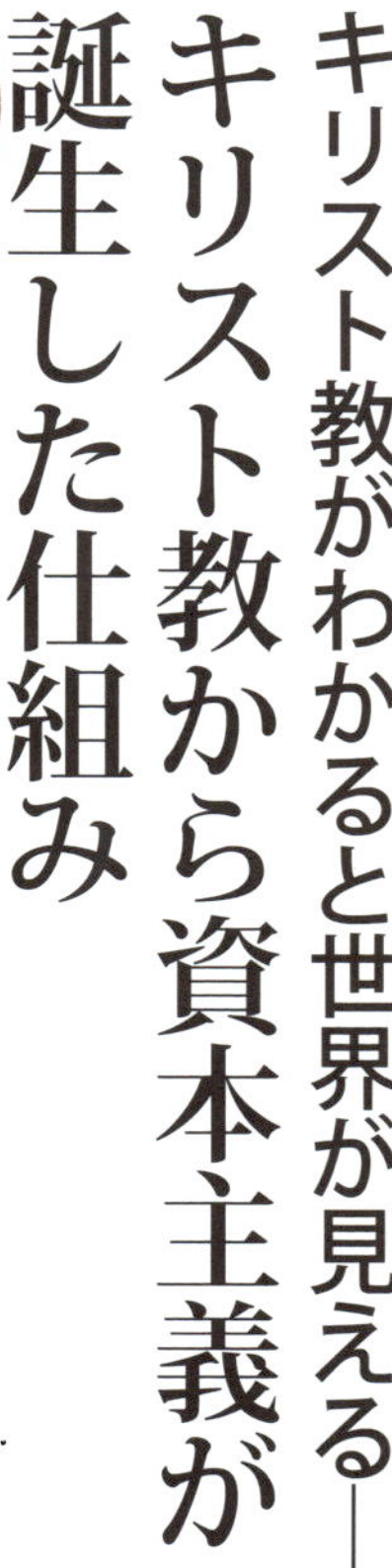

キリスト教がわかると世界が見える――5

キリスト教から資本主義が誕生した仕組み

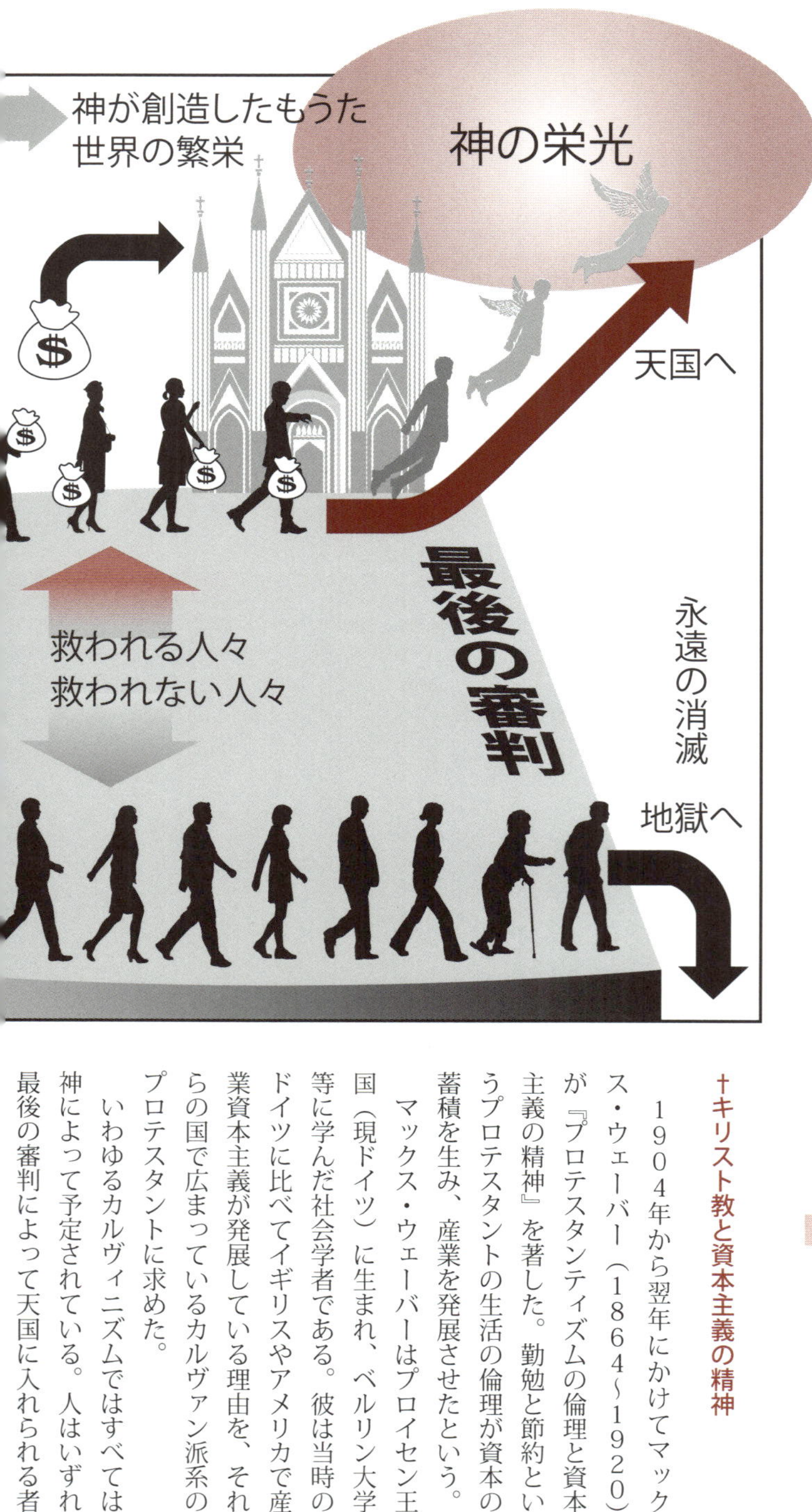

✝キリスト教と資本主義の精神

1904年から翌年にかけてマックス・ウェーバー（1864〜1920）が『プロテスタンティズムの倫理と資本主義の精神』を著した。勤勉と節約というプロテスタントの生活の倫理が資本の蓄積を生み、産業を発展させたという。

マックス・ウェーバーはプロイセン王国（現ドイツ）に生まれ、ベルリン大学等に学んだ社会学者である。彼は当時のドイツに比べてイギリスやアメリカで産業資本主義が発展している理由を、それらの国で広まっているカルヴァン派系のプロテスタントに求めた。

いわゆるカルヴィニズムではすべては神によって予定されている。人はいずれ最後の審判によって天国に入れられる者

と完全に消滅させられる者に分けられるが、善悪も人が判断できることではない。しかし、自分が勤労と節約を心掛けてしっかりと生きれば、神の祝福があると救いが確信される。その結果として利益が蓄積されれば、神の栄光は産業の発展によって、いっそう増すことになる。

†負債は罪

　このカルヴァンの考えの根底にはヴァルター・ベンヤミンが「宗教としての資本主義」の中で指摘した「罪＝負債」の観念がある。ベンヤミンは、資本主義が宗教のように機能していると語る。

　富が神の栄光だとすると、その経済のシステムに乗ったものが救われることになる。経済社会においては万人が背負う罪とは「負債」であり、その「負債」からの解放が「救済」であるという心情へはあと一歩。この負債を減らすために、中産階級は祈り、労働をせよ、それが神の恵みへと繋がる。教会は、こう教え、一種の禁欲的な労働倫理を説く場として機能したともいえる。

　アメリカ社会は、この中産階級の労働倫理が、最も大規模に展開され、経済的繁栄を手にいれた。これがプロテスタントの究極の「勝利」の方程式でもあった。

†アメリカ福音派の拡大

　一方、アメリカは第二次世界大戦におけるファシズムとの戦い、その後の冷戦における社会主義圏との戦いなどで、いわゆる資本主義・自由主義陣営の「唯一の超大国」になった。にもかかわらず、介入を強めた中東をはじめ世界の紛争はますます昏迷を深めて、先行きが見えない。

　そのなかで、いっそう強くキリストによる救いを説く福音派が拡大してきた。「神はあなたを愛し、すばらしい計画をもっておられる。それなのに人は罪によって神と断絶し、神の愛を知ることができない」といった説法はアメリカ大衆の心を惹きつける力をもっている。

キリスト教がわかると世界が見える――⑥
キリスト教の布教と企業のグローバル戦略は同じもの

1 強力な動機づけ　2 強力な人材の派遣　現地リサーチ

キリスト教の布教戦略

キリストの教えを、全世界の人々に伝えねばならない、それが使命だ
この商品を、世界のすみずみにまで売っていくのだ!!

1地区1人の宣教師の派遣
日本は大名がキーだ

企業のグローバル戦略

インドは君に任せたよ。我々にとって最も困難な国だが、君ならできる
はい、ご期待に応えます
Non BEEF
Vegetarian

✝「正直」は世界に通じるか

江戸時代の中ごろ、今でいうビジネス書が多く書かれた。大阪で町人ものを多く書いた井原西鶴、心の持ち方を諭す石田梅岩の心学などで、いわゆる商人道が説かれ、今のビジネス書でもよく引用されている。

そこに共通するのは「節約が肝心」「正直であれば信用されて商売が繁盛するはずだ」という確信なのだが、その信頼の根拠は、日本のばあい、「どんな人でも本心は悪くない」「だれもが仏心をもっている」という心情主義である。

一方、英語には「IN GOD WE TRUST」という言葉がある。「我々は神を信じる」という意味だが、「神を信じないやつなんか信用できない」という意味にもなる。

5 現地での発展・増殖　**4 徹底した現地化戦略**　**3 徹底した——**

布教の協力者を見つけ
人々を改宗させて、信者にする

医療法人、
教育施設、
教会を
建てて

現地リーダーをつくり教会を各地に造る

戦略的な慈善活動

フィリピンの例では
現地の貧困・病気などの未開発問題を改善する
土着の聖母信仰のマリヤ信仰へのすりかえも行われた

現地の宗教、
歴史、
政治、文化
の調査研究

現地パートナーを見つけ
マニュアルで教育して

フランチャイズ化に邁進する

それでも、やってしまう根性

牛肉がだめで、肉を食わない連中もいて、何を売ればいいんだよ

マハラジャバーガーは、鶏肉バーガー。当然カレー味で、ベジタリアン用もある

この言葉はアメリカの全てのドル紙幣に印刷されている。１ドルより１００ドル紙幣のほうが目立つ印刷なのは、「やっぱり高額になればなるほど神に頼るよねえ」という感じ。

✝先にキリスト教の布教あり

ヨーロッパ人が15世紀に世界の海に乗り出したとき、異文化の民を信用していいかどうかわからなかった。そこでまず乗り込んだのが宣教師たちである。日本のキリシタン大名などはうまく信用されて貿易の利をあげたのだった。

先に布教してからビジネスを拡大する行動パターンは今のグローバル企業でもあまり変わっていない。教会に代わって生活スタイルやビジネスの同質化が求められる。たとえば戦後の日本でパン食が強力に奨励され、米ばかり食べているとバカになるとさえ言われた。それには輸出を増やしたいアメリカの農家団体の圧力もあったらしい。とても困るのは、そこに何やら「正義感」が伴っているらしいことである。迷惑でも「正義」だからやってしまうのである。

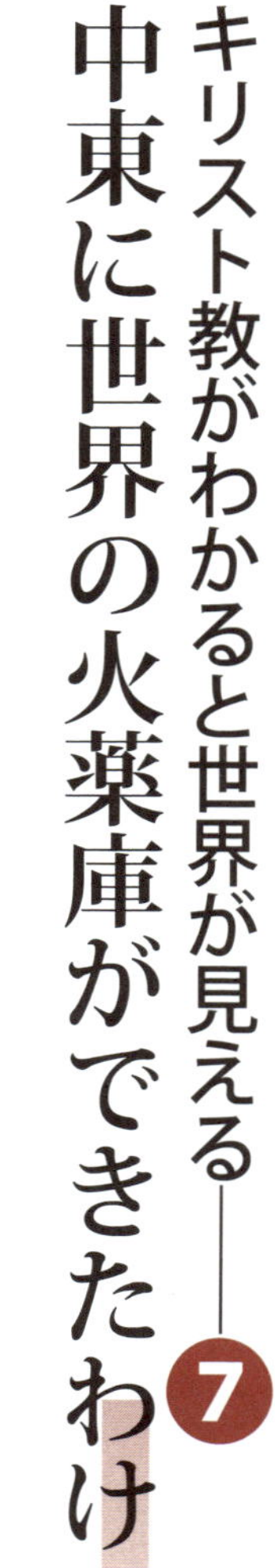

キリスト教がわかると世界が見える――7 中東に世界の火薬庫ができたわけ

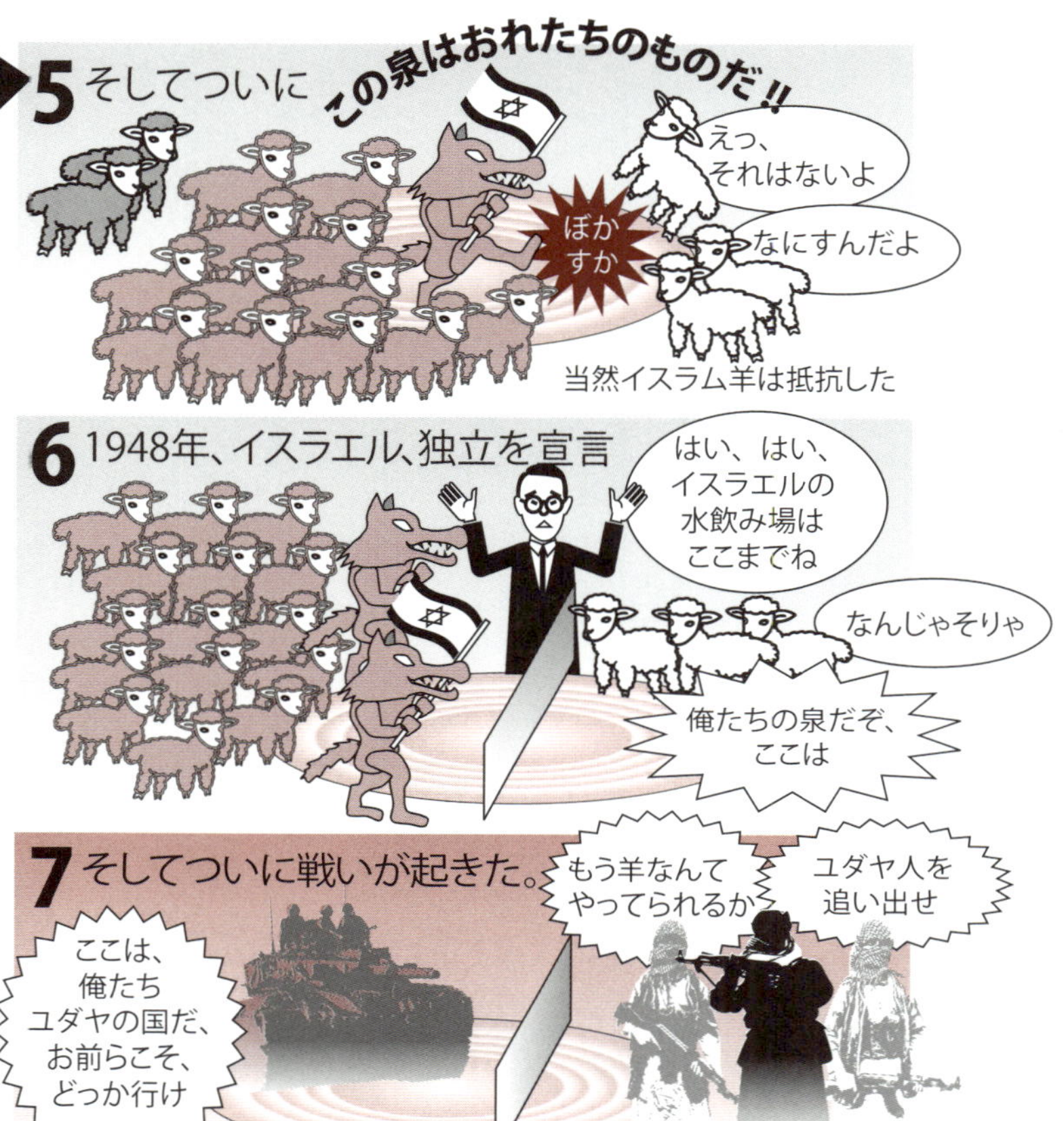

平和な泉を巡って、イスラム羊とユダヤ・キリスト羊の、泥沼の戦いが始まってしまいました

†キリスト教とユダヤ人

エルサレムはユダヤ教、イスラム教、そしてキリスト教の共通の聖地として、諸民族が共存してきた土地である。そのエルサレムのあるパレスチナをめぐって中東が現在のような戦乱の地となるのは第二次大戦後の1948年、ユダヤ人の国イスラエルの独立宣言以後である。

ユダヤ人とは単一の人種のことではない。古代に国を失って分散してからもユダヤ教の信仰や文化を伝えている人々で、独自の結束を保ってきた。しかし、とりわけキリスト教圏では、イエスが十字架にかけられたのはユダという弟子が密告したからだという伝承によってユダヤ人は「神殺しの民」とされ、反ユダヤ主義が深く浸透し、迫害も起こった。そ

聖なる泉（パレスチナ）を巡る不幸な物語 ☆イスラム羊の視点から

の典型がナチスドイツによるユダヤ人収容と大量虐殺だった。

＋キブツとイスラエル建国

ユダヤ人たちは異教徒の国々で迫害を受ける中で民族の聖典（旧約聖書）が伝える「神に与えられた約束の地」への帰還運動を起こした。１９０９年に帝政ロシアからパレスチナに移住してキブツ（集団）と呼ばれる生活共同体を建設した。アラブ民族のパレスチナ人が多く暮らす土地だったが、そこにユダヤ人も増えていった。第一次世界大戦後、かつて西アジアの大半を治めたオスマン帝国が崩壊し、パレスチナは国際連盟によってイギリスの委任統治領とされた。そして第二次大戦時、イギリスは戦争への協力をとりつけるために、ユダヤ人とアラブ人の双方に国家の独立を約束した。戦後、この二枚舌の約束の履行をめぐって国連が仲裁に乗り出したが、１９４８年、パレスチナ人の主張を無視する形でイスラエルが建国を宣言した。以後、中東戦争が勃発し、今なおイスラム過激派を生み出す大きな理由になっている。

キリスト教がわかると世界が見える——8
世界の火薬庫バルカンでのキリスト教とイスラム教の歴史

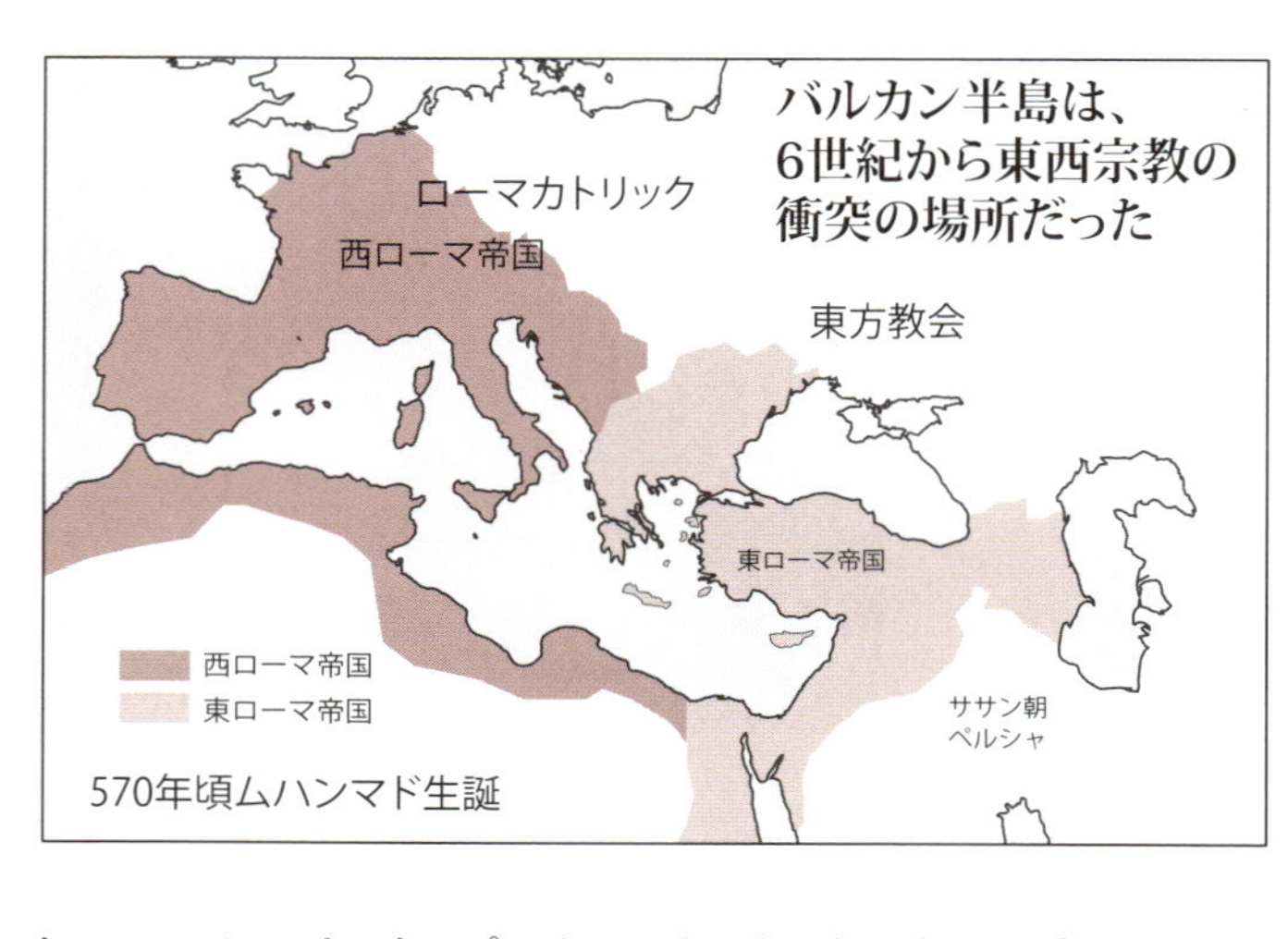

✝東方教会のバルカン

バルカンは東欧・南欧のうちトルコに近い地域の名で、イスラム教徒もキリスト教徒も暮らしているが、キリスト教の歴史からみると、東ローマ帝国（３９５〜１４５３）の中心地だった。そこに広まったのが東方教会と総称されるキリスト教である。

東方教会にはギリシャ正教会・ロシア正教会・セルビア正教会・エジプトのコプト正教会など多数の独立した正教会があり、それぞれに民族の風習を伝えてきた。

✝オスマン帝国と旧ソ連の支配

東ローマ帝国を滅ぼしたのは、イスラムのトルコの皇帝を戴くオスマン帝国で、以後バルカンは20世紀の第一次世界大戦後までオスマン帝国に支配され、人々はイスラム教に改宗して暮らすようになった。また、東方教会系の正教会がそれぞれに風習と信仰を伝えた。

ところが、第二次世界大戦でバルカンは激戦地となり、戦後、旧ソ連の勢力下に入った。東西冷戦時代には旧ソ連を盟主とするワルシャワ条約機構に組み込まれ、ギリシャだけ西側のＮＡＴＯに入って今も西欧の国とされる。

バルカンにはキリスト教とイスラム教が共存してきたが、１９９１年のソ連崩壊後、民族主義が台頭してそれぞれに独立国をつくろうとする動きのなかで激しい紛争が起こった。しかし、秩序の再編成はいまだ固まらず、バルカンは世界の火だねでありつづけている。

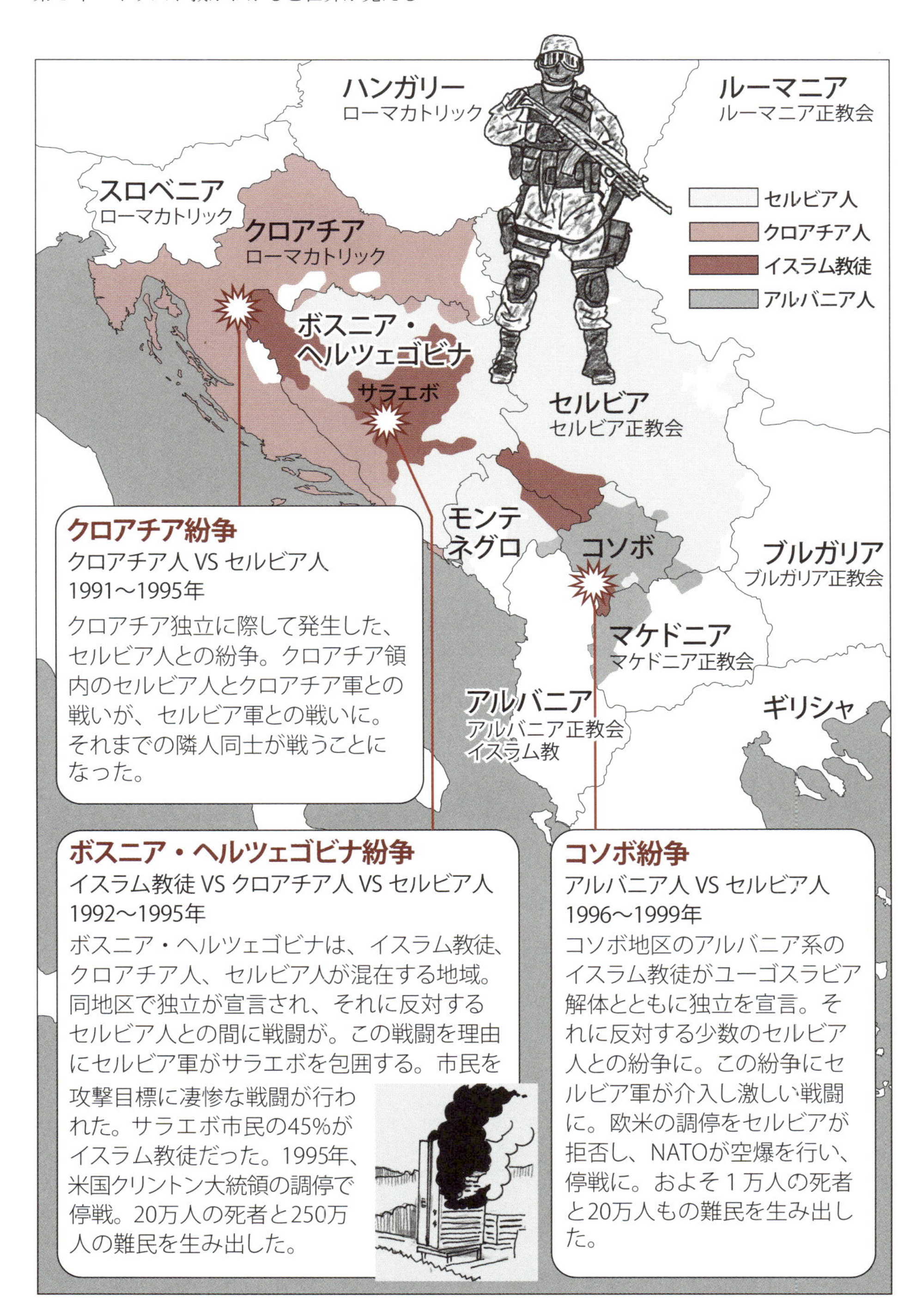

ハンガリー
ローマカトリック
ルーマニア
ルーマニア正教会
スロベニア
ローマカトリック
クロアチア
ローマカトリック
セルビア人
クロアチア人
イスラム教徒
アルバニア人
ボスニア・
ヘルツェゴビナ
サラエボ
セルビア
セルビア正教会
モンテ
ネグロ
コソボ
ブルガリア
ブルガリア正教会
マケドニア
マケドニア正教会
アルバニア
アルバニア正教会
イスラム教
ギリシャ
クロアチア紛争
クロアチア人 VS セルビア人
1991〜1995年
クロアチア独立に際して発生した、セルビア人との紛争。クロアチア領内のセルビア人とクロアチア軍との戦いが、セルビア軍との戦いに。それまでの隣人同士が戦うことになった。
ボスニア・ヘルツェゴビナ紛争
イスラム教徒 VS クロアチア人 VS セルビア人
1992〜1995年
ボスニア・ヘルツェゴビナは、イスラム教徒、クロアチア人、セルビア人が混在する地域。同地区で独立が宣言され、それに反対するセルビア人との間に戦闘が。この戦闘を理由にセルビア軍がサラエボを包囲する。市民を攻撃目標に凄惨な戦闘が行われた。サラエボ市民の45%がイスラム教徒だった。1995年、米国クリントン大統領の調停で停戦。20万人の死者と250万人の難民を生み出した。
コソボ紛争
アルバニア人 VS セルビア人
1996〜1999年
コソボ地区のアルバニア系のイスラム教徒がユーゴスラビア解体とともに独立を宣言。それに反対する少数のセルビア人との紛争に。この紛争にセルビア軍が介入し激しい戦闘に。欧米の調停をセルビアが拒否し、NATOが空爆を行い、停戦に。およそ１万人の死者と20万人もの難民を生み出した。

キリスト教がわかると世界が見える―――9
ＥＵでキリスト教が衰退しているわけは

†西欧世界とＥＵ

かつて西欧諸国は大部分が西ローマ帝国の版図だった。その西ローマ帝国は5世紀後半にゲルマン系民族の侵入によって滅亡した。しかし、帝国は滅びても、帝国の宗教だったキリスト教はむしろ強固に存続し、ローマのバチカンを本拠とするカトリックは西欧全体に広まった。

このカトリック圏の諸民族は共にローマ教皇を戴いたが、各地の教会は王や諸侯によって建てられた。そして同じカトリックでも民族や地域によって少しずつ異なるものになり、教会は民族を結集させるものになった。

16世紀の宗教改革後も民族や地域によってカトリックとプロテスタント諸派が受け継がれ、近代に分立した今日の西欧諸国それぞれの国民性を育んだ。たとえば、連合王国のイギリスでも、スコットランドはプロテスタント長老派とスコットランド国教会の伝統をもち、アイルランドはカトリックの本拠地のひとつで、イギリス国教会とは別である。

諸民族の教会は対立をも激化させ、１９１４年に勃発した第一次世界大戦は一般国民をも巻き込む国家総力戦に発展し、ヨーロッパ全土に未曾有の戦禍をもたらした。さらに第二次世界大戦の悲惨な体験を経て国家の枠を超える欧州共同体への道が模索された。今日のＥＵ（欧州連合）はこの西欧諸国の運動が東欧圏にも拡大したものである。

†世俗化するヨーロッパ

キリスト教とその文化・習俗は地域と民族のアイデンティティの源でもあったが、信教の自由をうたう１７８９年のフランス人権宣言をはじめ、18世紀の市民革命以来、教会と一般社会の分離が大きな流れになり、セキュラリズム（世俗主義）が優位になった。現在のフランスでは憲法で政教分離をうたい、公立学校に宗教教育や宗教的な風習をもちこむことも禁止である。そうしてヨーロッパでは全体としてキリスト教が衰退し、キリスト教の生活習慣も弱まった。

１９８９年、フランスの公立中学校の始業式で頭にスカーフ（ヒジャブ）をつけたイスラム教徒の女生徒が教室に入ることを禁じられる事件がおき、差別として問題化した。そのころからイスラム圏からヨーロッパへの移民が急増し、さまざまな軋轢に悩まされるようになった。

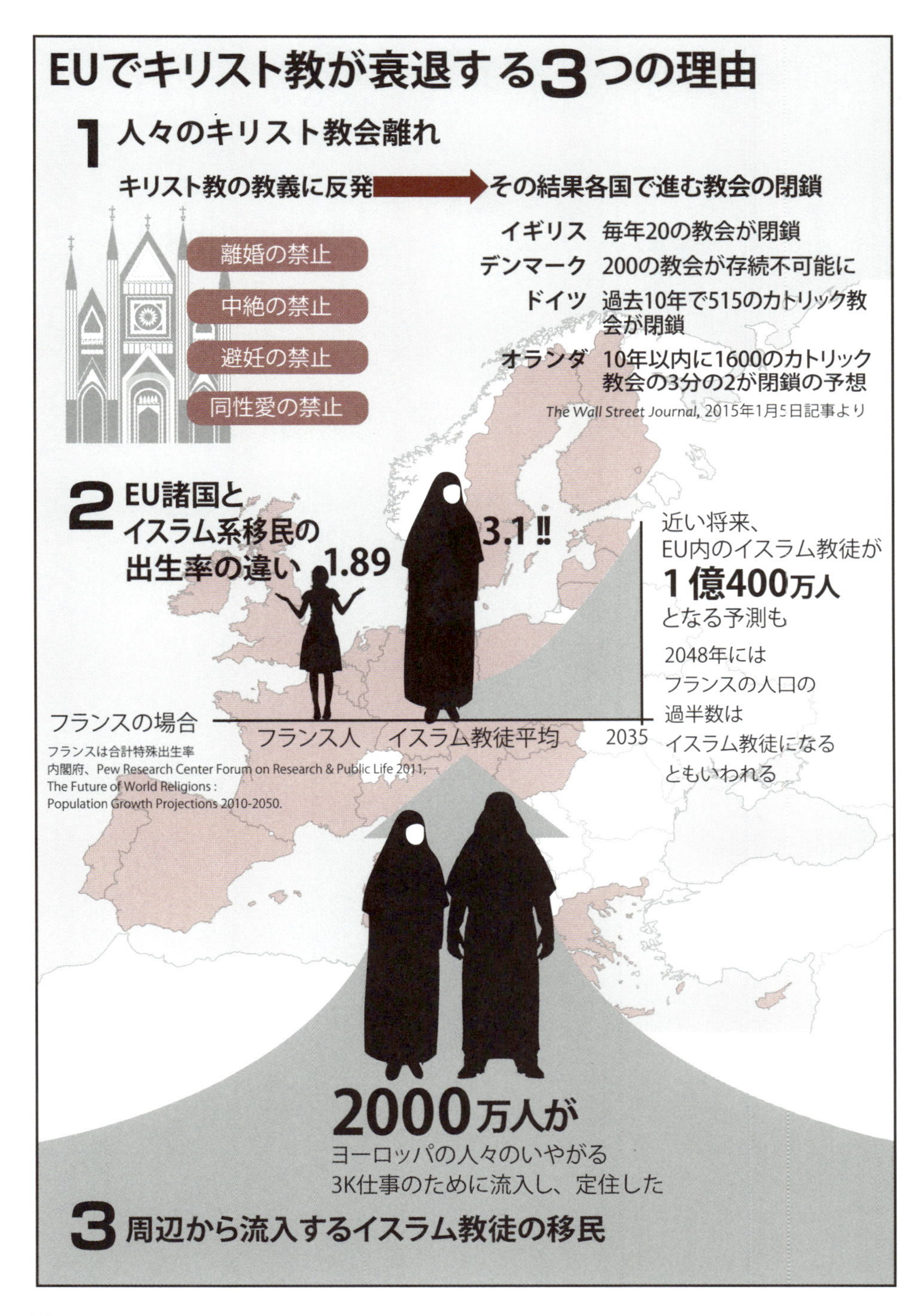
EUでキリスト教が衰退する3つの理由
1 人々のキリスト教会離れ
キリスト教の教義に反発
その結果各国で進む教会の閉鎖
離婚の禁止
中絶の禁止
避妊の禁止
同性愛の禁止
イギリス 毎年20の教会が閉鎖
デンマーク 200の教会が存続不可能に
ドイツ 過去10年で515のカトリック教会が閉鎖
オランダ 10年以内に1600のカトリック教会の3分の2が閉鎖の予想
The Wall Street Journal, 2015年1月5日記事より
2 EU諸国とイスラム系移民の出生率の違い
1.89
3.1!!
近い将来、
EU内のイスラム教徒が
1億400万人
となる予測も
2048年には
フランスの人口の
過半数は
イスラム教徒になる
ともいわれる
フランスの場合
フランス人
イスラム教徒平均
2035
フランスは合計特殊出生率
内閣府、Pew Research Center Forum on Research & Public Life 2011,
The Future of World Religions :
Population Growth Projections 2010-2050.
2000万人が
ヨーロッパの人々のいやがる
3K仕事のために流入し、定住した
3 周辺から流入するイスラム教徒の移民

地下に広まる中国のキリスト教

✝中国のキリスト教

中国へのキリスト教伝来は唐の時代の7世紀中ごろだった。景教とよばれる東方教会のネストリウス派で、都の長安に寺院も建てられた。また、16世紀にイエズス会の宣教師によってマカオ・広東などにカトリックが伝えられた。19世紀にはイギリスの東インド会社に後押しされてプロテスタントが流入した。

道教寺院風のキリスト教会

キリスト教は中国ではマイナーだったが、清朝末期の１８５１年に太平天国の乱が起こった。中国の天帝とキリスト教の神が習合して太平天国とよぶ世の中を求め、中国南部を中心に起こった大規模な民衆の反乱である。そして今日、再び太平天国の乱が起こりかねない状況が生まれている。

✝拡大する地下教会

１９４９年に建国された中華人民共和国は共産主義国家なので宗教は原則として否定されているが、国家の統制のもとに存続した。

キリスト教ではカトリックは中国天主教愛国会（ローマ教会に属さない）、プロテスタントは中国基督教協会に属するものが公認の教派である。

仏教や道教・儒教も共産党政権下で厳しく統制されてきたが、近年、復活がいちじるしい。経済成長によってリッチ層が生まれ、道教・仏教による先祖供養の祭りが盛大に行われるようになった。

しかし、貧富の差は激しく、チャンスに見放された多数の民衆が生まれた。その下層の民衆に広まっているのが地下教会である。それは非公認のキリスト教で、表向きの教会はもたず、個人の家などを集会の場としているので日本では「家の教会」ともよばれている。非公認のため信徒数は把握されていないが、1億人に達するといわれている。また、伝統教派から離れた集団は聖書の原理主義と土着の道教が結びついて過激化する傾向もある。そこに太平天国の乱のような騒乱が発生する可能性も否めない。

道教・儒教の復活

先祖供養・現世利益

貧しい人々を中心に
１億人のキリスト教徒がいる

非公認のキリスト教

公認のキリスト教

監視

共産党政権

宗教を
羽織った
反革命分子を
攻撃せよ

中国革命

中華人民共和国成立　1949年

道教・儒教の伝統的な宗教世界

キリスト教がわかると世界が見える——11

韓国がキリスト教大国になったわけ

ソウル明洞聖堂

†殉教者の群れ

韓国へのキリスト教伝来は李氏朝鮮の時代だった。李氏朝鮮は1392年の建国から1910年の日本の韓国併合によって消滅するまで実に500年余におよぶ王朝である。それまでの高麗王朝で隆盛していた仏教寺院を弾圧して儒教を国是とし、16世紀に到来したヨーロッパ人に対しては厳しい鎖国政策をとった。そのため、日本のようなキリシタン大名や南蛮文化は生まれなかった。キリスト教の初伝は1784年、官吏の一人が清（中国）で天主教（カトリック）に入信して戻ってきたときだった。

以後、信徒が増えると、激しく弾圧された。1866年と1871年の大弾圧では1万人以上の殉教者が出た。その後、開国にともなって基督教（プロテスタント）諸派も伝わり、1910年には人口の1・5%ほどがクリスチャンになった。

キリスト教は日本統治下での皇民化に抵抗する拠り所になった。1919年の三・一独立運動のときにはプロテスタントの16歳の少女・柳寛順（ユグァンスン）が両親を殺され、自身は獄死するという事件が起こった。彼女は韓国のジャンヌ・ダルクとして伝えられる。

1945年からの独立の過程で南北に分断。北のクリスチャンの多くが南に逃れた。その後、3年間も半島の全土を戦場とした朝鮮戦争が起こる。その悲惨な歴史のなかで、殉教者の記憶を伝える韓国キリスト教は、逆境に耐える強い精神を人びとに与え、50年に人口の4%まで増えたクリスチャンは70年には10%ほどになった。そのころから「漢江の奇跡」とよばれる産業の発展によって人口の都市集中などの社会変動がおこり、キリスト教への改宗が盛んになった。人口の30%に達したのは90年代である。なお、この数には統一教会など、異端とみなされる教団の信徒は含まれていない。

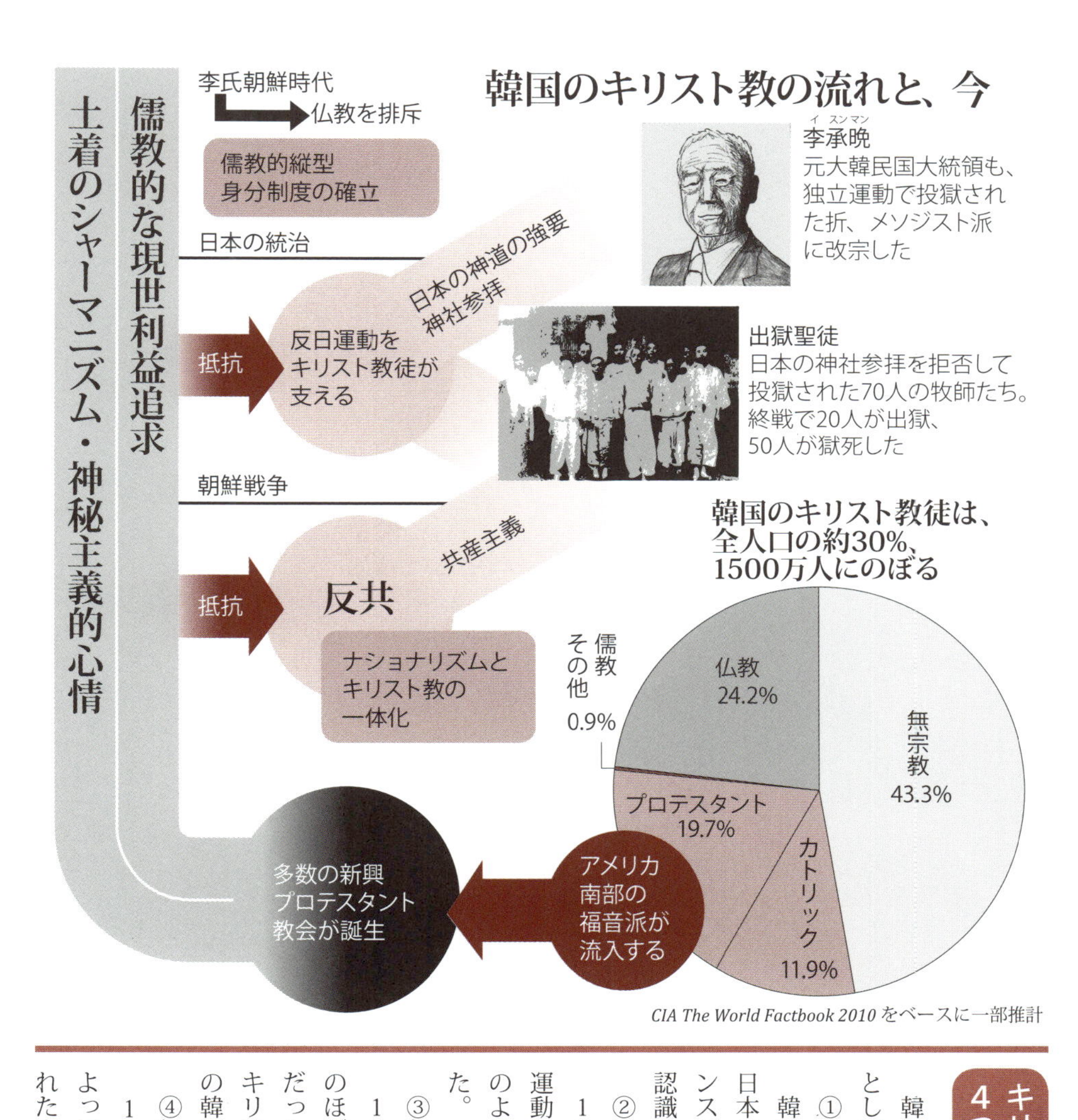

キリスト教徒の急増 ４つの理由

韓国でキリスト教が広まった理由としては以下の４点があげられる。

①ハナニム

韓国では神を「ハナニム」という。日本の「お天道様」といったニュアンスがあり、神が親しいものとして認識される。

②民族独立運動

１９１０年の韓国併合以来の独立運動のなかで、出エジプトのモーセのような民族解放の英雄が求められた。

③朝鮮戦争

１９５０～53年の朝鮮戦争は半島のほぼ全域を戦場とする悲惨な戦争だった。そして南北分断に到るが、キリスト教徒が多かった平壌から南の韓国に移住した人が多くいた。

④経済成長と都市化

１９７０年頃からの経済成長によって都市人口が急増。伝統から離れた人がキリスト教に入信した。

キリスト教がわかると世界が見える——⑫
ロシア正教会の復活はロシア帝国の復活？

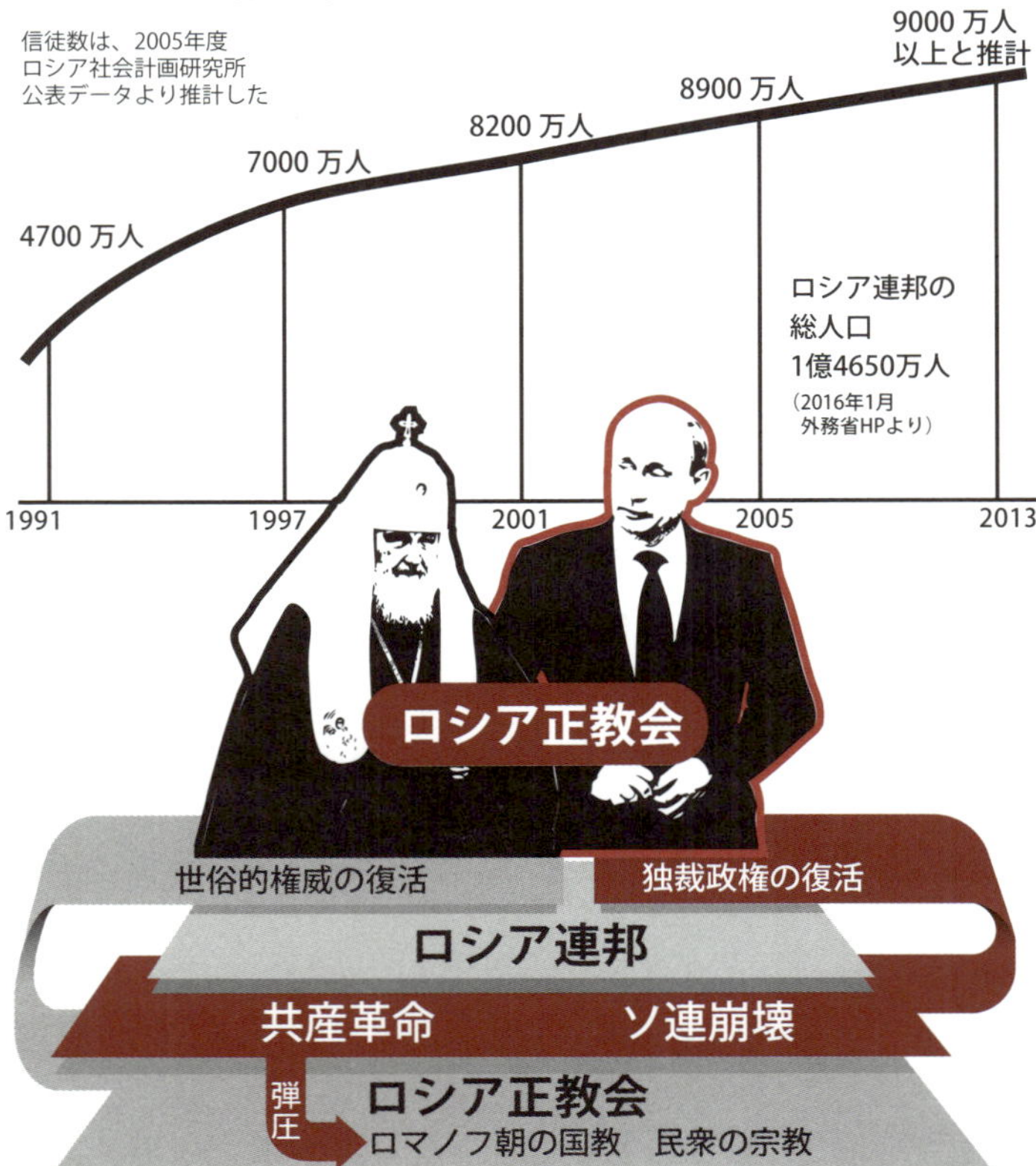

✝聖なるロシア

「ロシアよ、我らの聖なる国よ（中略）神に守護された祖国の大地」

現在の「ロシア連邦国歌」の一節である。20世紀初頭のロシア革命から1991年に旧ソ連が崩壊するまでの共産党政権下の迫害を超えてロシア正教会が強力に復活してきた。

ロシア正教はキリスト教東方教会の一派だが、ロシア民族の結束の象徴であり、ドストエフスキーやトルストイ、チャイコフスキーなどの芸術家を生んだ民族の誇りでもある。そして今、ロシア民族はかつての栄光を求め始めた。旧ソ連時代に東欧各国に広まったロシア民族にも呼応する動きがあり、地域と国際社会の混乱を招いている。

第2章

キリスト教徒は世界をこう考える

キリスト教徒の考え方――1
この世界は誰かが造ったもの

†すべては造られたもの

すべてに始まりがある。始まりがなければすべては存在しない。それは当然のことだが、とても神秘的なことである。現代の物理学で宇宙の始まりだとされるビッグバンも、宇宙の中心の一点に全物質のエネルギーが凝縮し、１３８億年前に一瞬に爆発したことが始まりで、今も宇宙は拡大し続けているという。

聖書では、その一点に神があったと伝えている。

神は創造主であり、山も川も動物も植物も神が造ったというわけだが、何より、このわたし自身が神の被造物だと感じられるところに眼目がある。

わたしたち日本人にも自分がここにいるのは御先祖のおかげ、天地万物の恵み

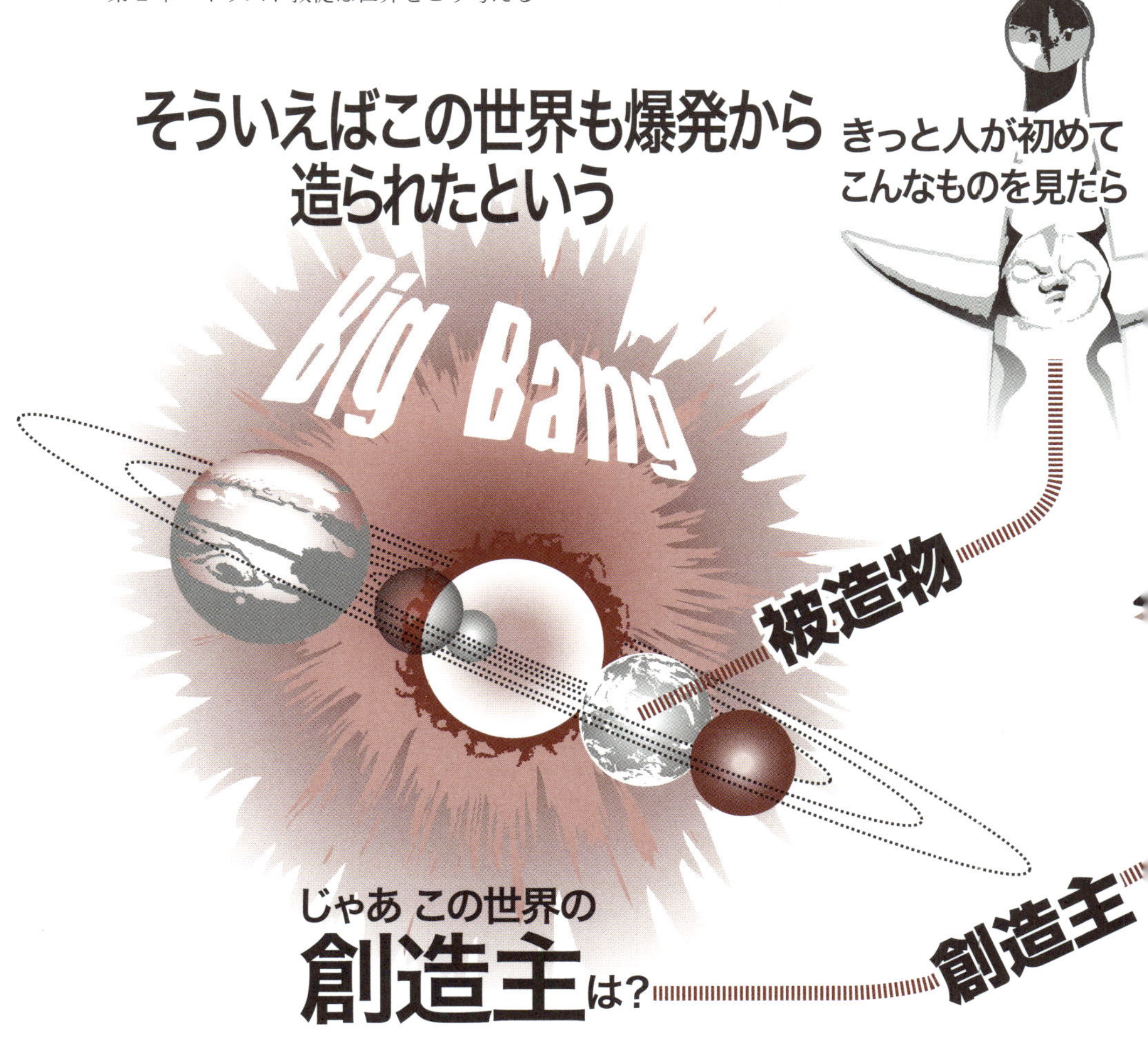
そういえばこの世界も爆発から
造られたという
きっと人が初めて
こんなものを見たら
Big Bang
被造物
じゃあ この世界の
創造主は？
創造主

といった感覚はあるが、もしわたしが唯一の神によって造られたと考えるなら、かなり人生観に違いが生じるに違いない。たとえば自殺は、原則として許されない。それは神の創造に反し、神に逆らう罪を犯すことになってしまうからだ。

†先端科学の倫理

今日、生命科学や医療の分野では、創造主である神の分野に手を染めようとしている。そこで欧米では、科学や生命の倫理をめぐって神学者が出席して論議されている。

日本でも仏教学者や宗教学者を加えて議論しようという動きはあるが、どうも議論がかみ合わない。作物の遺伝子操作など、気分的な嫌悪感の域を抜け出せない状態が続いている。

キリスト教圏では、神が造った生命に手を加えること、家畜は神が人のために造ったとすれば、その遺伝子を操作することなどに対し、強い反発がある一方、問題の構図が曖昧な東洋より明確だ。ゆえに、先に解答を出して産業の分野に展開していく可能性がある。

キリスト教徒の考え方——2

どの民族も創世の神話をもっている

†神話と感性

どんな民族でも、世界がどのようにして生まれ、自分たちがなぜこの土地に暮らす権利があるのかを物語る神話をもっている。

たとえば『古事記』では「天地初めて発けし時、高天原に成りし神の名」をあげ、やがてイザナギ・イザナミの夫婦神が現れて泥沼のようなところをかき混ぜると陸地ができた。そこが日本の国土の始まりで、太陽の神＝天照大神の孫が地に下って国を治めることになった。その子孫の神武天皇が天下を平らげて大和の国が始まったという。

この日本神話では万物は「成るもの」である。そこから自然に任せるのがいいといった感性が生まれたといえよう。

†中国の「気」

中国では太初、すべては形がなくドロドロで、混沌としていた。そこに元始天王ともいう盤古という神が現れて太陽や月を生み出していくのだが、キリスト教の神のような明確な存在ではない。天地創造の神話もさまざまである。ただ、天帝がすべてを支配すること、万物に「気」

日本民族
国生み神話
イザナギとイザナミの神が、混沌の中から島を生み出す

アメリカ先住民族
ホピ族
創造主タイオワ
無の宇宙に、タイオワが初めて「有限」を生み出した

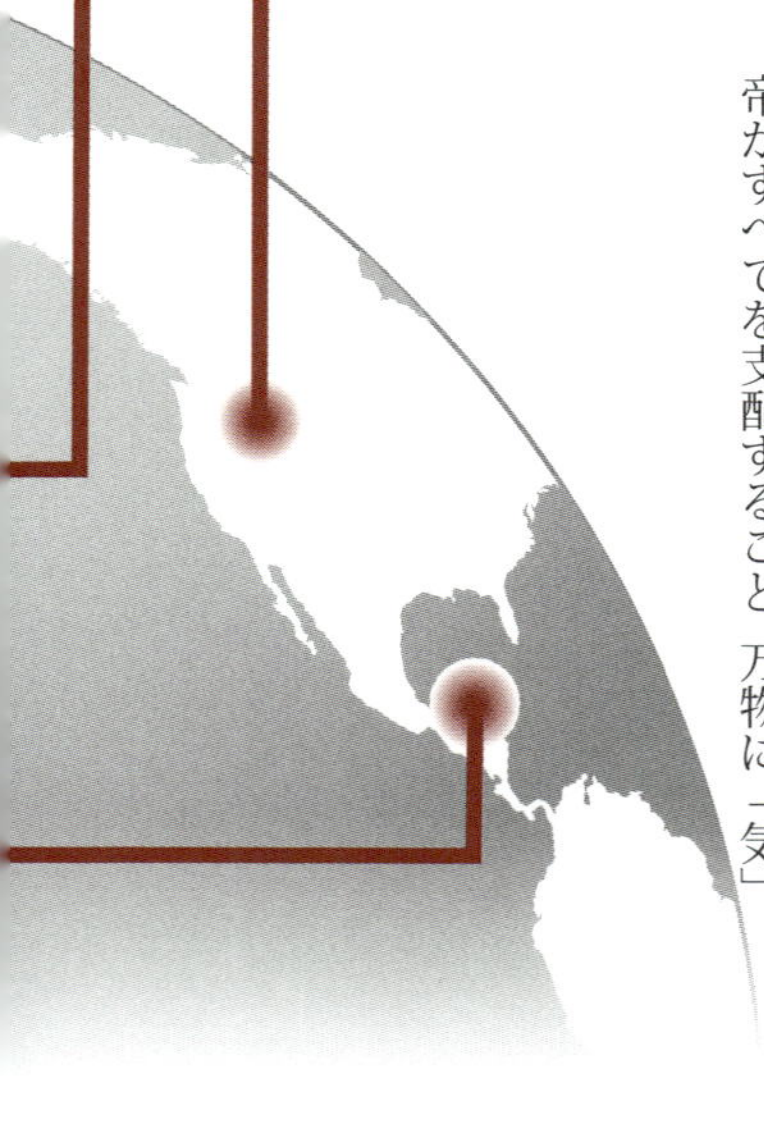

があり、陰と陽の両面をもつことなどが共通する。それは肉体の健康や運勢など、さまざまな面に通じ、日本への影響も大きい。

†ものすごく哲学的なインド

多民族のインドにはいろいろな創造神話が伝わるが、たいへんインド的なのが古代の神話叙事詩や祭文を集めた『リグヴェーダ』にある「天地開闢（かいびゃく）の歌」である。それによると、詩人たちは次のように言う。

太初、闇は闇を覆い、すべてに形はなかった。ただ、原初の水だけがあり、自身の内なる力によって動き始めた。それがすべての始まりである。このことは神さえも知らない。神々の出生はその後のことだから。

インド
ヒンドゥ教徒
創造主
ブラフマー
宇宙に水を生み出し、「黄金の卵」を割り、天と地を造った

中国　漢民族
宇宙卵と盤古神話
巨大な宇宙卵から盤古が生まれ、混沌を分けて世界を造った

ユダヤの民
創世記
神は６日かけて、この世界を創り、７日目は休んだ

エジプトの民
ヌトとゲブの神話
女神ヌトと男神ゲブが引き離されて、天と地ができた

マヤ民族
テペウとグクマッツの神話
彼らが最初の「在りて在る者」となった

キリスト教徒の考え方――3
三位一体とはなんのことか

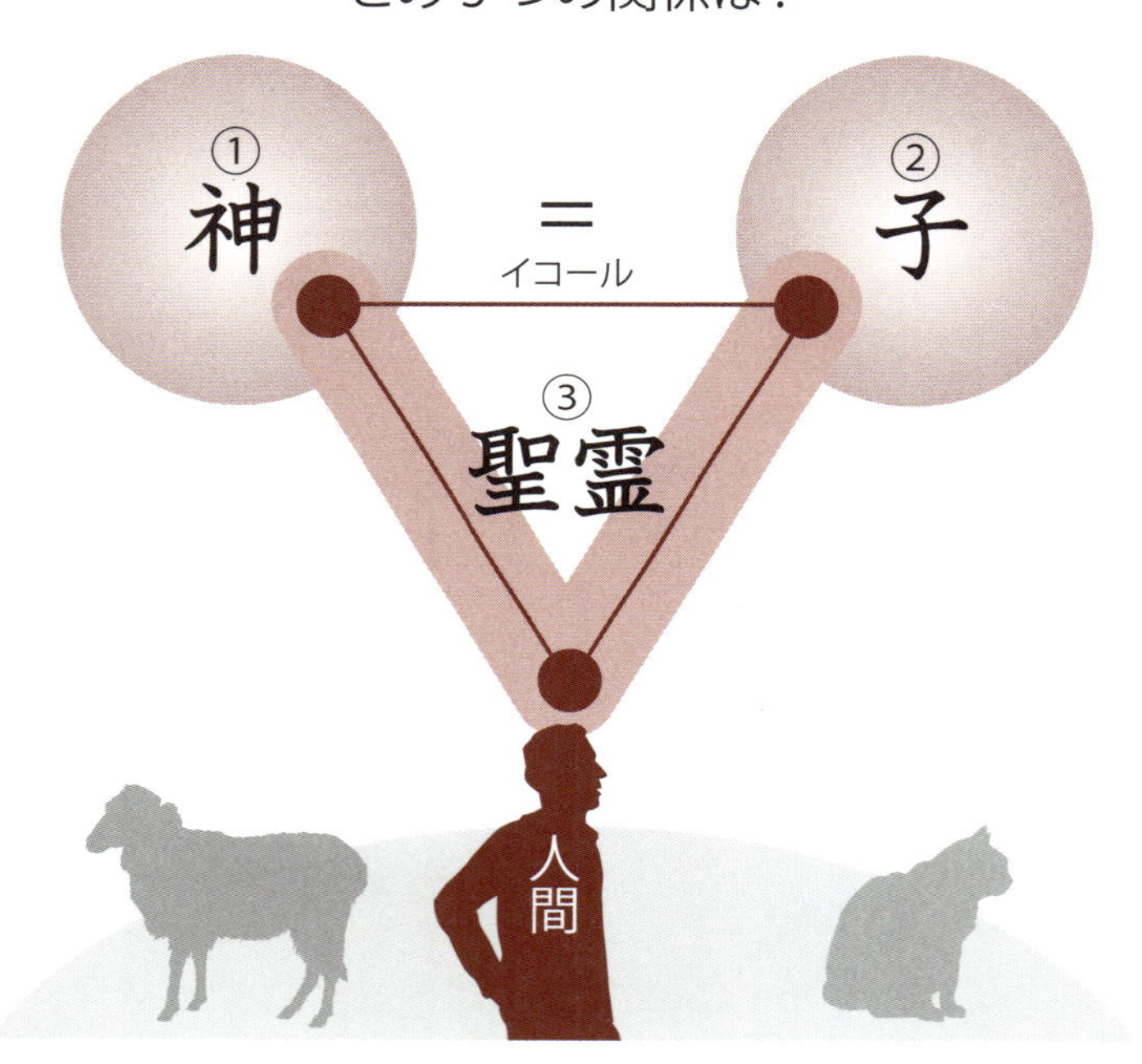

✝三位一体と愛のスピリット

「三位一体」はキリスト教の重要な教義で、「父と子と聖霊のみ名によって」と祈るのが習わしだ。ところが日本では小泉純一郎内閣が国と地方の行財政に関わる3つの改革を「三位一体の改革」といった。そのように転用される一因は、よく耳にするにもかかわらず本来の意味がわかりにくいところにあるだろう。そもそもなぜ「三者」ではなく、「三位」が一体だというのだろう？

三位一体は、もともと1つのものが3つの位相、姿で現れるということである。たとえば水が、液体の水と固体の氷、気体の水蒸気の3つの姿になるように。

英語では三位一体（Trinity）の三者を「Father, Son, and Holy Spirit」という。

仏教的三位一体

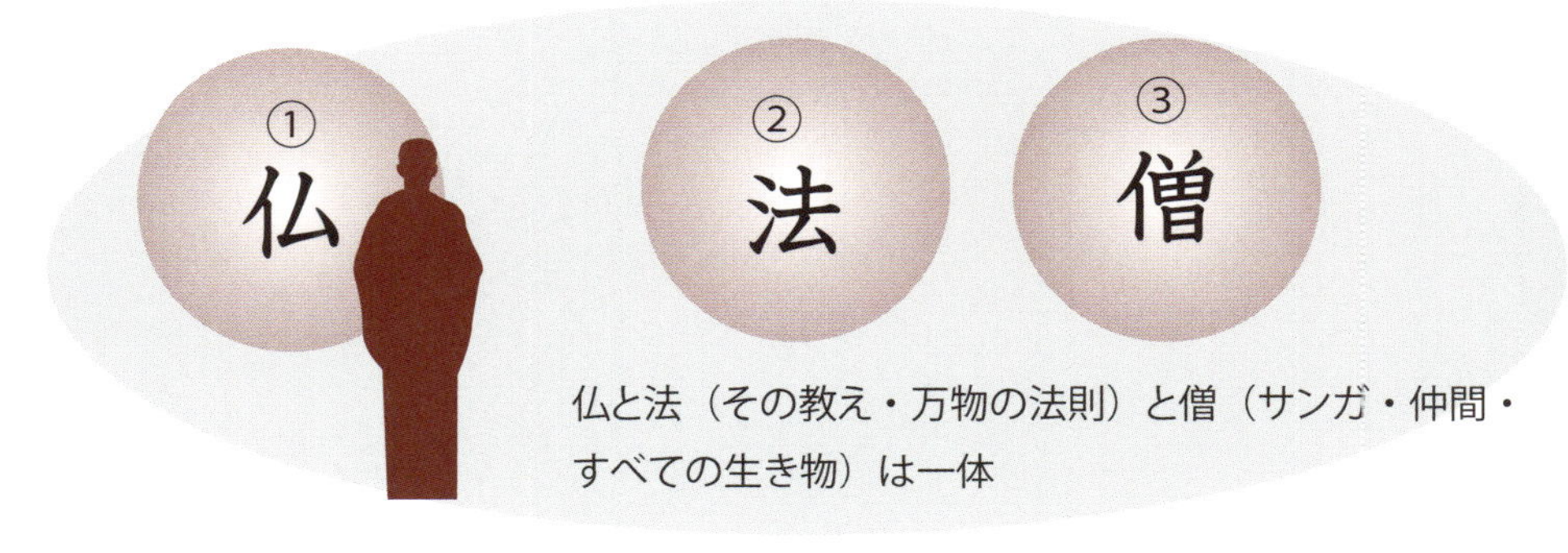

仏と法（その教え・万物の法則）と僧（サンガ・仲間・すべての生き物）は一体

道教的三位一体

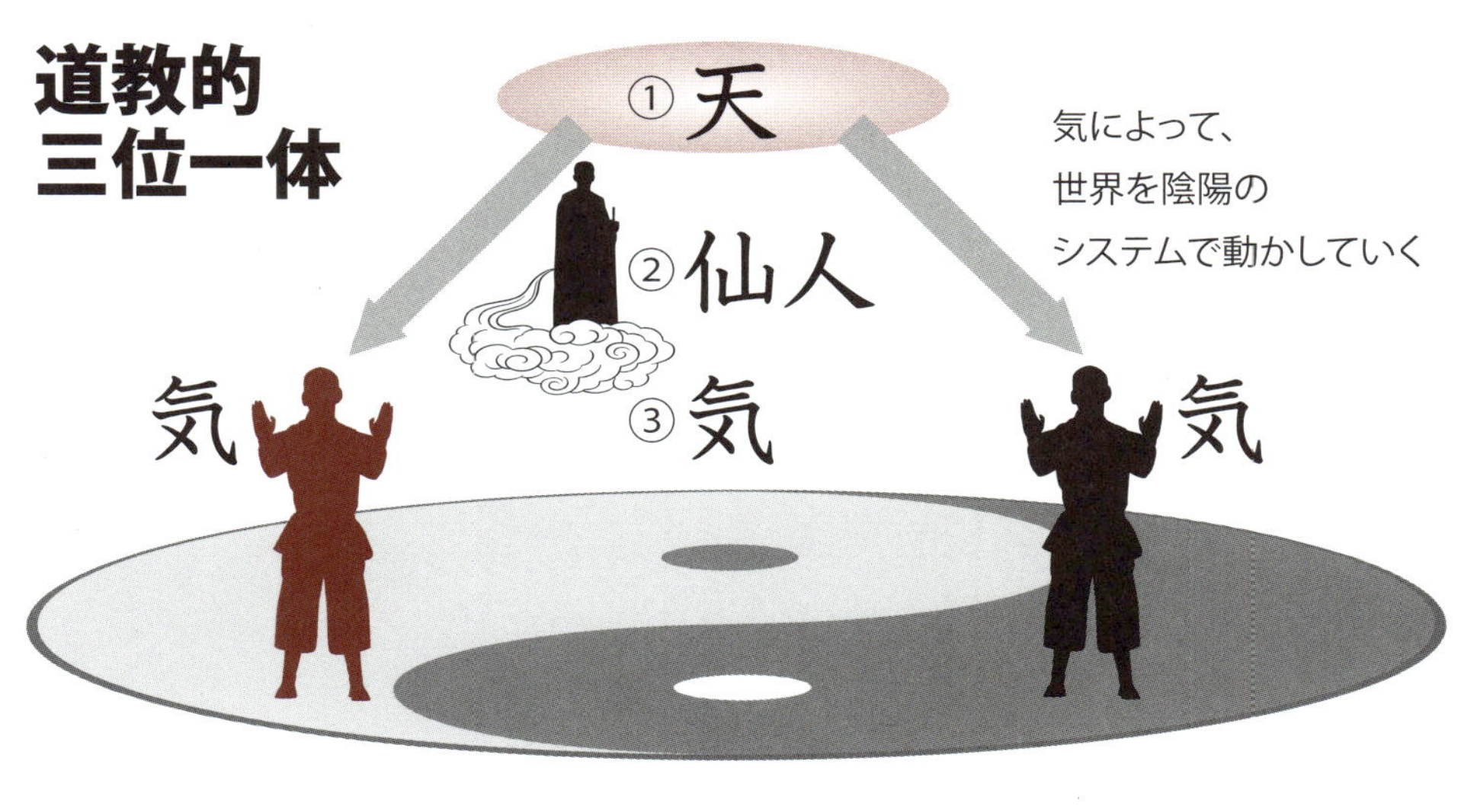

Father は天の父なる神、Son は父なる神によって地上に遣わされた御子イエスである。そして Holy Spirit（聖霊）は、神道のカミのように世界のどの民族でもいう精霊や霊気だともいえるが、人間の心を動かす神からの働きかけであるところが重要だ。

神の意思は「愛」である。愛のために父なる神は御子イエスを地に下し、イエスは十字架にかかって世の人々の罪を贖（あがな）った。その意思は人間の心にも働く聖霊の意思でもあるから、人は神を崇めることができるし、隣人に心を向けることもできるという。

ところで、仏教では「悉有仏性（しつうぶっしょう）（悉（ことごと）く仏性あり）」といい、どんな人でも本性は仏と同じ。結局は仏も人も同じだという。そこから「どんな人でも本心は悪くない」とか「悪人にも仏心はある」「根っからの悪人はいない」といった性善の感覚を育んだ。この仏性は三位一体の Holy Spirit と似ているところもある。しかし、「仏の顔も三度まで」なのに対し、Holy Spirit はどうだろうか。もっと強い心の声ではないだろうか。

キリスト教徒の考え方――4

神との旧い契約と新しい契約とは

†神と人の約束

「旧約」「新約」は「旧い契約」「新しい契約」という意味だが、聖書の「契約」は神と人の「約束」と言い換えるとわかりやすい。約束ならお互い、守らないとまずい。しかも、「主はその名を〈ねたみ〉と言って、ねたむ神」（『出エジプト記』）なのだから、他の神を拝んだりしたら、神の恵みの一切は取り消しである。

この「ねたみの神」は現在の『新共同訳聖書』で「熱情の神」と言い換えられているが、同じ『出エジプト記』にあるモーセの十戒の第1条は「あなたには、わたしをおいてほかに神があってはならない」とヤハウェを唯一の神とし、「殺してはならない」（6条）、「盗んではならない」（8条）より優先する。

この約束によって祝福を受けたのは「大いなる国民」の父祖であるアブラハムの子孫だった。神はアブラハムに言った。「見えるかぎりの土地をすべて、わたしは永久にあなたとあなたの子孫に与える」（『創世記』13章）。それが約束の地カナン「乳と蜜の流れる土地」である。

†新しい約束

神の約束は「選ばれた民」にのみ有効だったが、イエス・キリストによって更新された。天の神は御子であるイエスを地に下し、十字架にかけることによってすべての人の罪を贖った。そのことによってすべての人は主イエスの御名を通して天国に入ることができるようになったのである。それが新しい約束であり、イエスの言行は福音（良い知らせ）として新約聖書に収められている。

†契約の民

ところで、アブラハムはイスラエル12部族とアラブ民族の共通の父祖とされる。ゆえにユダヤ教・キリスト教・イスラム教はアブラハムの宗教と総称され、その信徒は契約の民とされる。今日、契約の民は世界の大部分に広がっているが、3宗教によって「約束」の解釈が異なる。約束の地カナンの再現を目指すイスラエルの建国以来、「約束」についての考え方も激しい対立を生む原因となってしまった。

自分は無宗教だという人はその混乱に迷惑して「神との約束なんて、そんなに気にしなくていいんじゃないの？」と思うのだが、そうはいかないのである。

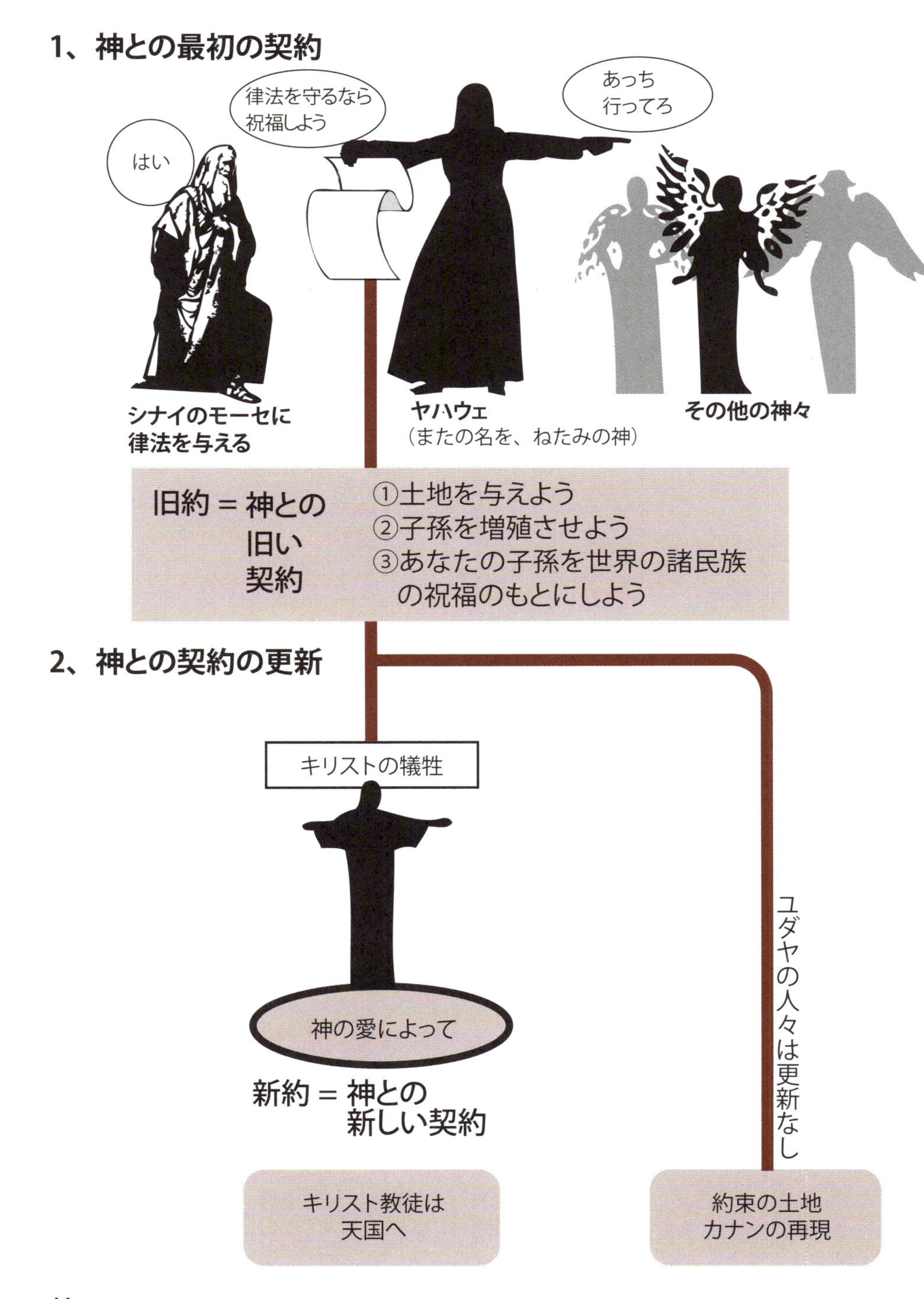
1、神との最初の契約
はい
律法を守るなら
祝福しよう
あっち
行ってろ
シナイのモーセに
律法を与える
ヤハウェ
（またの名を、ねたみの神）
その他の神々
旧約＝神との
旧い
契約
①土地を与えよう
②子孫を増殖させよう
③あなたの子孫を世界の諸民族
の祝福のもとにしよう
2、神との契約の更新
キリストの犠牲
神の愛によって
新約＝神との
新しい契約
ユダヤの人々は更新なし
キリスト教徒は
天国へ
約束の土地
カナンの再現

キリスト教徒の考え方――5 キリスト教徒の「天国」と「地獄」

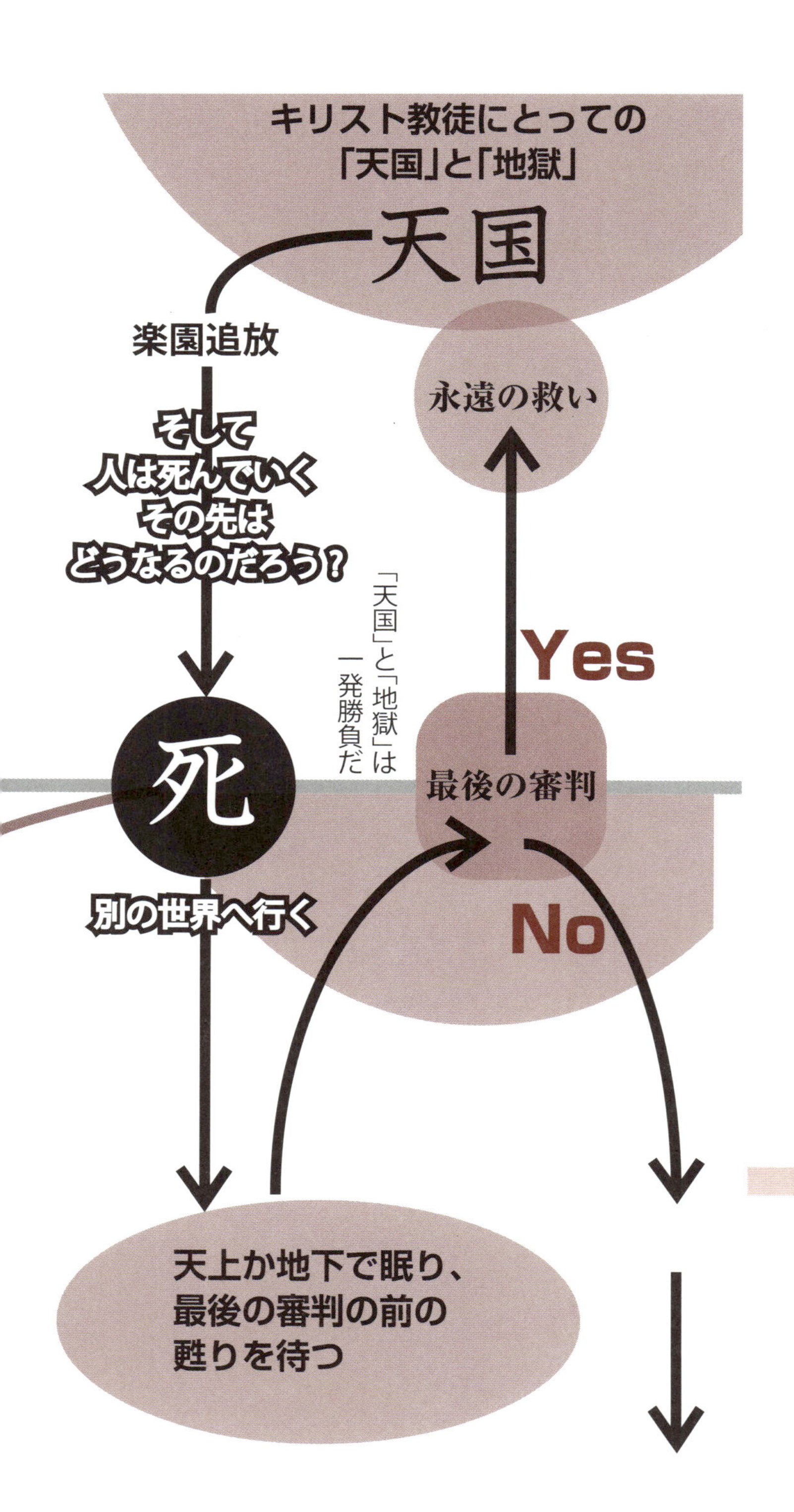

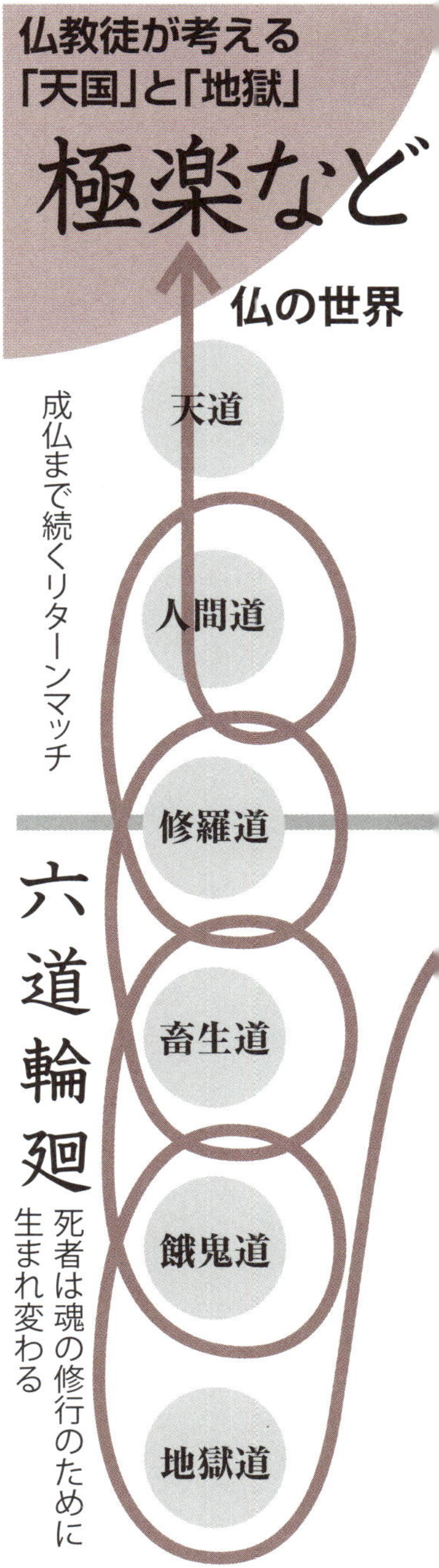

†天国と極楽

魂の存在を信じなくても、親しい人が亡くなれば、「天国で安らかに」「天国から見守ってほしい」などと祈るものである。

昔は極楽浄土といったものだが、その伝統が弱くなったため、今の葬儀では、代わりに「天国」という言葉がよく口にされるようになった。

また、お盆には地獄の釜の蓋が開いて先祖の霊が戻ってくるといったりするが、それはキリスト教の天国・地獄とはかなり違ったものである。

†終末後の天国・地獄

キリスト教の天国は、天にまします父なる神の国である。神を信じる人は天国に入れられ、そうでない人は地獄に堕とされる。世の終わりにすべての人は死から甦らされ、神の裁きの庭に立たされる。いわゆる最後の審判によって、天国か地獄かが決定される。もし、悔い改めることなく裁きを受ければ、永遠の地獄に行くことになる。だから、「悔い改めよ。天の国は近づいた」（「マタイ」4章）と戒められる。天国か地獄かの審判は一度きり、ひとたび地獄に堕ちれば復帰するチャンスはない。

仏教では六道輪廻といい、地獄も天界もぐるぐる回る6つの世界のひとつだ。地獄に堕ちてもいつかは復帰できる。それに地獄にも地蔵菩薩のような救い主がいて、なんとかしてくれる。キリスト教の天国や地獄とはまったく異なるのである。とはいえ天国と地獄の二者択一は原理としてそうだということで、実際の感覚としては、まったく他の選択肢がないわけではない。死ねば地下で眠って最後の審判を待つことになるが、魂は天上に昇るともいう。もし最後の審判がなければ、そのまま天上にいることになる。

仏教徒が考える
「天国」と「地獄」

極楽など
仏の世界

成仏まで続くリターンマッチ

天道
人間道
修羅道
畜生道
餓鬼道
地獄道

六道輪廻
死者は魂の修行のために生まれ変わる

キリスト教徒の考え方——6

キリスト教徒の「善」と「悪」とは

神の教えに
従うことが

善

わたしは主、あなたの神（中略）
あなたには、わたしをおいて
ほかに神があってはならない

この神の教えに
従わない
ことが

悪

†神は義である

旧約聖書の「創世記」によると、善悪の知識をもつことは罪である。神はいろいろな木の実がなるエデンの園に最初の人間であるアダムとイブを置き、善悪の知識の木の実だけは食べることを禁じた。しかし悪魔の化身とされる蛇がイブに近付き、それを食べるように唆した。イブは神に逆らって善悪の知識の木の実を食べてしまう。これが人間の最初の罪である。神は怒り、アダムとイブは楽園から追放したのだが、さて、善悪の知識の木の実を食べ、善悪を判断する能力をもつことが、なぜ罪になるのだろう？

聖書は「主よ、あなたは正しく、あなたの裁きはまっすぐです」（「詩篇」119篇137節）など、善悪を間違い

なく判定できるのは神のみ、ゆえに「神は義である」という。

そして人は、「アブラムは主を信じた。主はそれを彼の義と認められた」（「創世記」15章）というように、信仰によって義とされるとの見解が成り立つ。自分で善悪を判断するようなことは神を信じないという意味で「不義」となる。

信じるかどうかが重視されるのは不思議な考え方だとも思われるが、はたして人が善悪を判断できるかとなると、確かにあやふやだ。典型的な例が戦争である。戦争には互いに言い分がある。それぞれに正義を言い募った結果が戦争になってしまう。

十戒を守れ!!
普遍宗教の時代
殺す 犯す 奪う
弱肉強食＝勝てば正義
民族宗教の時代

†民族宗教と普遍宗教の正義

旧約聖書「出エジプト記」にあるモーセの十戒では、「わたしは主、あなたの神（中略）あなたには、わたしをおいてほかに神があってはならない」と唯一の神として信仰することが命じられている。

ところが、それはユダヤ民族の神であった。十戒の６条に「殺してはならない」とあっても、旧約聖書には神の名のもとで戦い、敵を滅ぼす記述が多い。

民族宗教とはそのようなもので、日本の『古事記』でも敵と戦い、殺す神々が登場する。いわば、勝てば正義である。それが「殺してはならない」を第一とする博愛に転じるには、イエス・キリストの「敵を愛し、あなたがたを憎む者に親切にしなさい」（「ルカによる福音書」６章）という言葉を待たねばならなかった。

このように民族宗教の段階を超えると普遍宗教といわれる。しかし、民族宗教の感覚は基底に潜んでいて、宣戦を布告するようなときには、しばしば旧約聖書の義が引用される。そして講和を結ぶときには新約聖書の言葉が用いられる。それが一冊の本になっているキリスト教の聖書は和戦両様である。

キリスト教徒の考え方――7

キリスト教徒の信ずる「愛」とは

キリスト教徒にとって
「愛」とは

絶対的な自己犠牲

十字架のイエス

人類の
普遍的な心情

同情

キリスト教徒の
「愛」の実践モデル

†イエスの愛

新約聖書には「だれかがあなたの右の頬を打つなら、左の頬をも向けなさい」（「マタイ」５章）というイエスの言葉がある。

その愛のもっとも純粋な形は、イエスの十字架上の死である。イエスは神の子であるから自身に罪はない。しかし、人々を哀れみ、その血ですべての人の罪を贖ったのだという。そして、一切の見返りを求めない自己犠牲が究極の愛となる。

苦しむ人がいれば、手を差し伸べずにはいられない。無関心でいることは罪である。この気持ちには大変強いものがあり、難民支援活動などにまで広がっている。

†慈悲と誠

仏教では愛はよい言葉ではない。愛は愛着心であり、何かに執着して苦しみを生むもとだと説かれてきた。キリスト教の愛にあたるのは慈悲である。インドの原語では慈と悲は別で、慈はマイトリー（友情・慈しみ）の訳、悲はカルナー（同情・哀れみ）の訳である。

仏は善悪や損得を超えた慈悲の心で人を救うけれど、人はそうはいかない。しかし、少しでも他者を助ければ自分の功徳を積むことになり、未来の幸福につながるという。

そこで慈悲の対象となる苦しむ人は慈悲を育む田、功徳を増やしてくれるものということで「悲田（ひでん）」とも「福田（ふくでん）」ともいう。ここにはキリスト教のような絶対の自己犠牲という観念は乏しく、仏教の社会活動がいまひとつ弱いことにつながっている。

しかし、人は誰もが仏と同じ仏性、善の性格をもつと説かれてきた。それに神道の誠という観念も複合して、何よりも誠実であることが重視される。

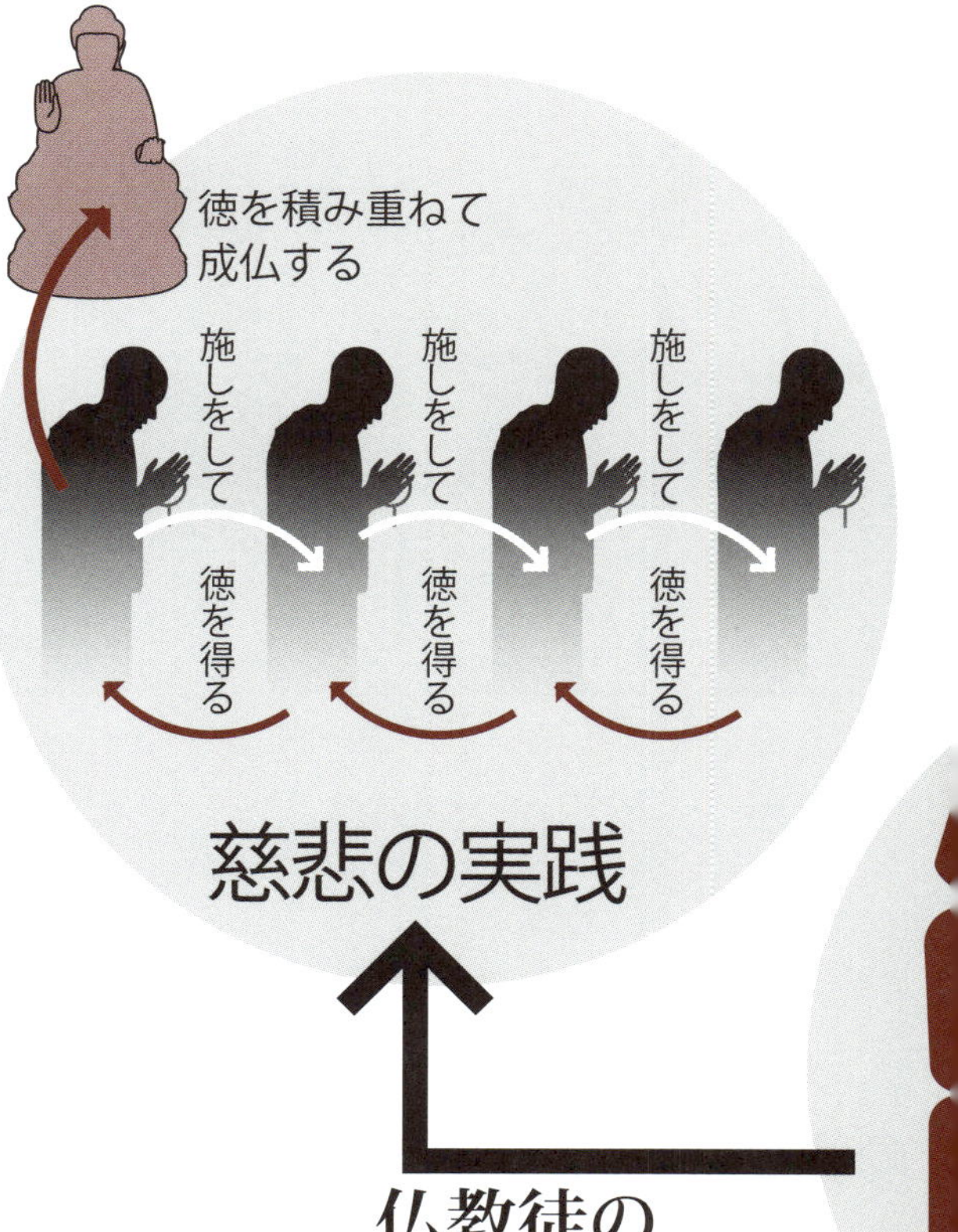

キリスト教徒の考え方――8 戦うことの正義について

異教徒
十字軍の戦いは、
こうして起こった
神に背く者と
戦うこと
は

十汝の敵を愛せ

イエスは「だれかがあなたの右の頬を打つなら、左の頬をも向けなさい」とか「敵を愛しなさい」といった聖書の言葉によって、限りない博愛をもつように人に命じている。仏教でも釈迦は「怨みに報いるに怨みをもってしたならば、ついに怨みの息むことがない。怨みをすててこそ息む。これは永遠の真理である」（『法句経』）と語ったという。また、仏教の十戒（十善戒）では、その第一に不殺生（殺してはならない）が置かれている。

日本の厩戸王（聖徳太子）の十七条憲法でも第1条に「和をもって貴しと為す」とある。氏族がそれぞれに氏神を戴いて戦っていた時代のことで、憲法2条は「篤く三宝（仏教）を敬え。（中略）そもそ

仏教

仏教徒の
普遍イデオロギーは
不殺生
日本では
厩戸王
和をもって
貴しと為す

神
神との契約を結ぶ
神との契約に従うことが
キリスト教徒の正義
正義を行う義務

がったことを正せようか」という。

　このように平和を説くのは「慈悲あまねく慈愛深きアッラーの御名」を掲げるイスラム教でも同じだ。開祖のムハンマドは商人だったから、平和を重んじ、信頼を基本とする宗教である。

†神の正義

　ところが、神は人に敵と戦うことも命じる。キリスト教徒にとっては神の言葉を宣べ伝えることは大きな務めだった。異教徒の地となった聖地エルサレムの奪還を目指した十字軍（11～13世紀）も、その正義を示す十字の紋章を掲げて略奪と殺戮を行った。

　そこには〈異教徒は悪魔の教えに身をゆだねて神に背く者だ〉という感覚がある。彼らと戦うことは悪魔と戦う神の正義を行うことであり、人間の義務であるとさえ考えられる。

　愛を説く宗教でも、その原理には強い攻撃性がある。問題は、その原理主義が立ち上がってくる事情にあり、今日の国際社会はその危機に直面している。

キリスト教徒の考え方――9
キリスト教徒の労働は苦役？

キリスト教徒にとって労働とは、神によって課されたもの

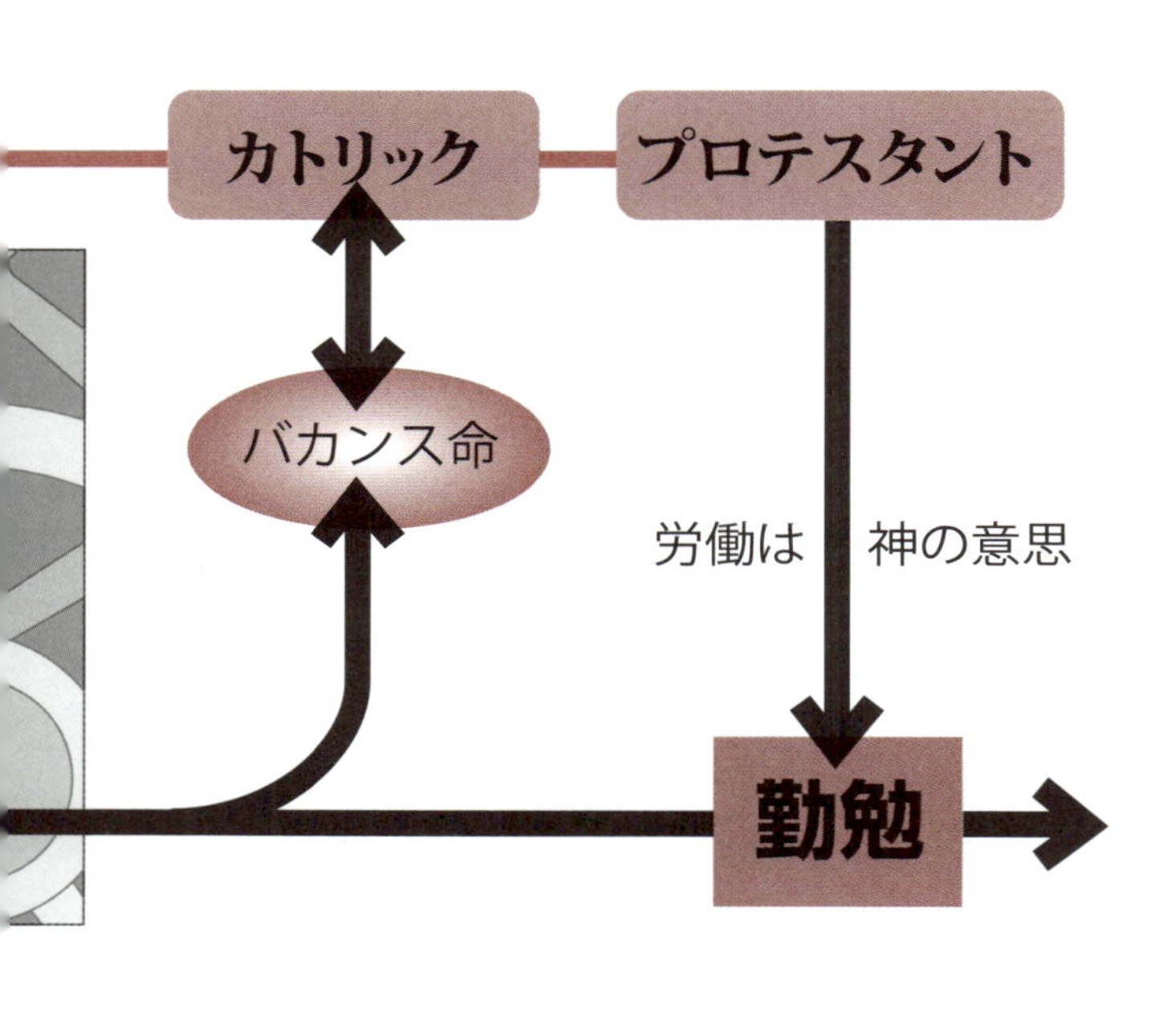

†地は呪われた

神はアダムを楽園から追放したとき、このように告げた。「お前のゆえに、土は呪われるものとなった。お前は、生涯食べ物を得ようと苦しむ（中略）お前は顔に汗を流してパンを得る／土に返るときまで」（「創世記」３章）と。

このアダムとイブの楽園追放の物語は、労働は男性への罰、出産の苦しみは女性への罰、という考え方のプロトタイプを、西洋社会の人々の心の根底に植えつけた。

このような労働観は、善悪の知識の木の実を食べた結果として考えられたのである。

いずれにしても、農耕民族である我々には、この観念はわかりにくいかもしれ

ない。

農耕民族には、労働が罰という考え方はない。むしろ尊いものとする。たとえば日本においての天皇の主要な役割は、新嘗祭などに見られるように、農耕の神聖化である。

聖書を通じての労働観は、労働は人間に与えられた責務であり、勤労が徳目とされる精神構造をもたらした。そして、資産を投資して富を築くことは、決して罪ではなく、むしろ尊敬されるものとなる。

このような労働観は、ヨーロッパ社会に現在も強固に存在する階級意識の母体を形成したともいえる。

✝富を天に積む

イエスは言った。「金持ちが天国に入るのは、難しい。また、重ねて言うが、金持ちが神の国に入るよりも、らくだが針の穴を通る方が、まだ易しい」（「マタイによる福音書」19章より）。

なぜなら、「あなたがたは神と富の両方に仕えることはできない」（「マタイによる福音書」６章より）からである。

だから、「地上に富を積んではならない。（中略）富は、天に積みなさい」（「マタイによる福音書」同）という。貧しい人に施すことも富を天に積むことになる。

その点はユダヤ教・キリスト教・イスラム教に共通する十分の一税（収入の10％を寄進する義務）に通じる。

このような宗教的な規範が現実の制度になっているわけではない。

しかし、いわゆるリッチ層の寄付行為は盛んで、国の法律でも寄付は無税とするようなところに富は天に積む精神が生きている。

キリスト教徒の考え方――10
家族は神の国の基礎

キリスト教徒にとって家族とは

一夫一婦制の家族

離婚の禁止（カトリック）
結婚・結婚生活は
神との契約

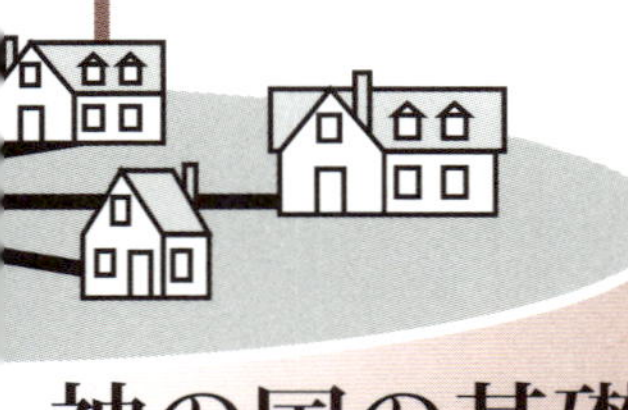

神の国の基礎

イスラム教徒にとって家族とは

血縁と相互扶助のシステム

†結婚式の言葉

「健やかなるときも病めるときも（中略）その命ある限り、真心を尽くすことを誓いますか？」

教会での結婚式で新郎新婦が誓う言葉である。聖書そのものにはないけれど、夫と妻の結びつきが重要なことは「創世記」に記されている。神は最初にアダムを造った後、このように言った。

「人が独りでいるのは良くない。彼に合う助ける者を造ろう」

そして獣や鳥を造ったけれど、彼に合う者はいなかった。そこで神はアダムを深い眠りに落とし、あばら骨を抜き取って、その骨から女（イブ）を造った。「こういうわけで、男は父母を離れて女と結ばれ、二人は一体となる」という。

聖家族

教会を中心に
神の国が造られる

家族は

仏教徒(男)にとって家族とは

死
遊行期
林棲期
家住期
学生期

インド仏教の
理想とする
男の人生の
４つの段階
四住期

家族はいずれ捨てるもの

結婚は夫と妻が結ばれて父母を離れ、新しい家族をつくることである。そんなの当たり前と思われるかもしれないが、日本社会の伝統ではそうではない。

今も結婚式は「両家」の名で行われる。そして神前結婚式で神主が読み上げる祝詞は、「家門広く、家名高く、弥立栄えしめ給へと、恐み恐みも白す」（神社本庁）などというもので、家本位である。この「家」は「氏」すなわち家系・一族の意で、いわゆる家族ではない。

†家族はこの世だけ

日本では近年、死んだ後まで「○○家の墓」に入るのは嫌だという人が増えているらしい。その点、キリスト教では結婚は「その命ある限り」「死が二人を分かつまで」のことで、夫婦の契りはこの世だけ。子どもたちも成人すれば父母と別れて別の家族をつくる。現実には経済的に自立できなかったりすることがあるにしても、子どもも高齢者も自立すべきだという意識は強い。墓も基本的には個人ごとに建てられる。

†聖マリヤの家族

神道や仏教に比べて家族のイメージを強めているものにマリヤの母子像がある。みどり児のイエスを抱くマリヤのまなざしに母の慈愛と理想の家族の原点を見る思いがする。

しかし、キリスト教は父系の部族社会に生まれた宗教で、聖書にはマリヤ崇拝は見られない。「マタイ」12章には、マリヤがイエスを訪ねてきたとき、イエスは「わたしの母とはだれか」と言い、弟子たちを指さして「見なさい。わたしの母、わたしの兄弟たちです。天におられるわたしの父のみこころを行う者はだれでも、わたしの兄弟、姉妹、また母なのです」と語ったという。その意味では神を信じる者は皆、神の家族であり、教会は神の家だということになる。

キリスト教徒の考え方――11

キリスト教の2つの復活の構造

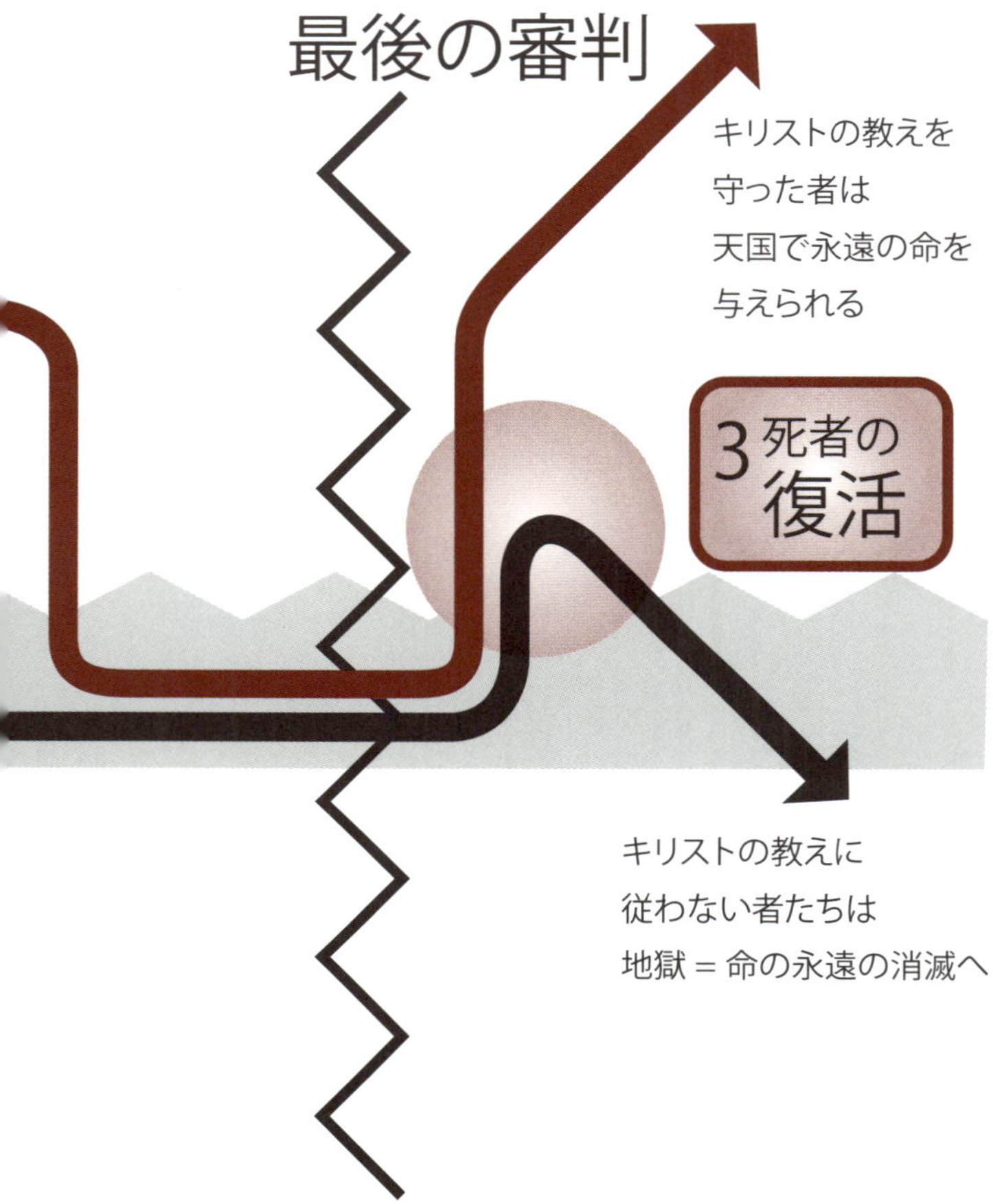

最後の審判

キリストの教えを
守った者は
天国で永遠の命を
与えられる

3 死者の
復活

キリストの教えに
従わない者たちは
地獄＝命の永遠の消滅へ

†世の終わり

古代マヤの遺跡から発見された暦が西暦2012年にあたる年で終わっていることから、世界の終わりだと騒がれたことがあった。いつか世が終わるのではないかという不安に訴える話題は、強く人の心を惹きつけるテーマのようである。

日本では平安時代末期の動乱の世に、もはや末法末世であると盛んにいわれた。現在の主要宗派の鎌倉新仏教は一種の終末論によって育まれたといえるのだが、キリスト教の終末論はさらに明確な構造をもっている。

いつか世が終わるとき、すべての死者が復活させられ、神の裁きを受ける。罪を負う人々は、そのままでは天国に入れないけれど、イエス・キリストが人々の

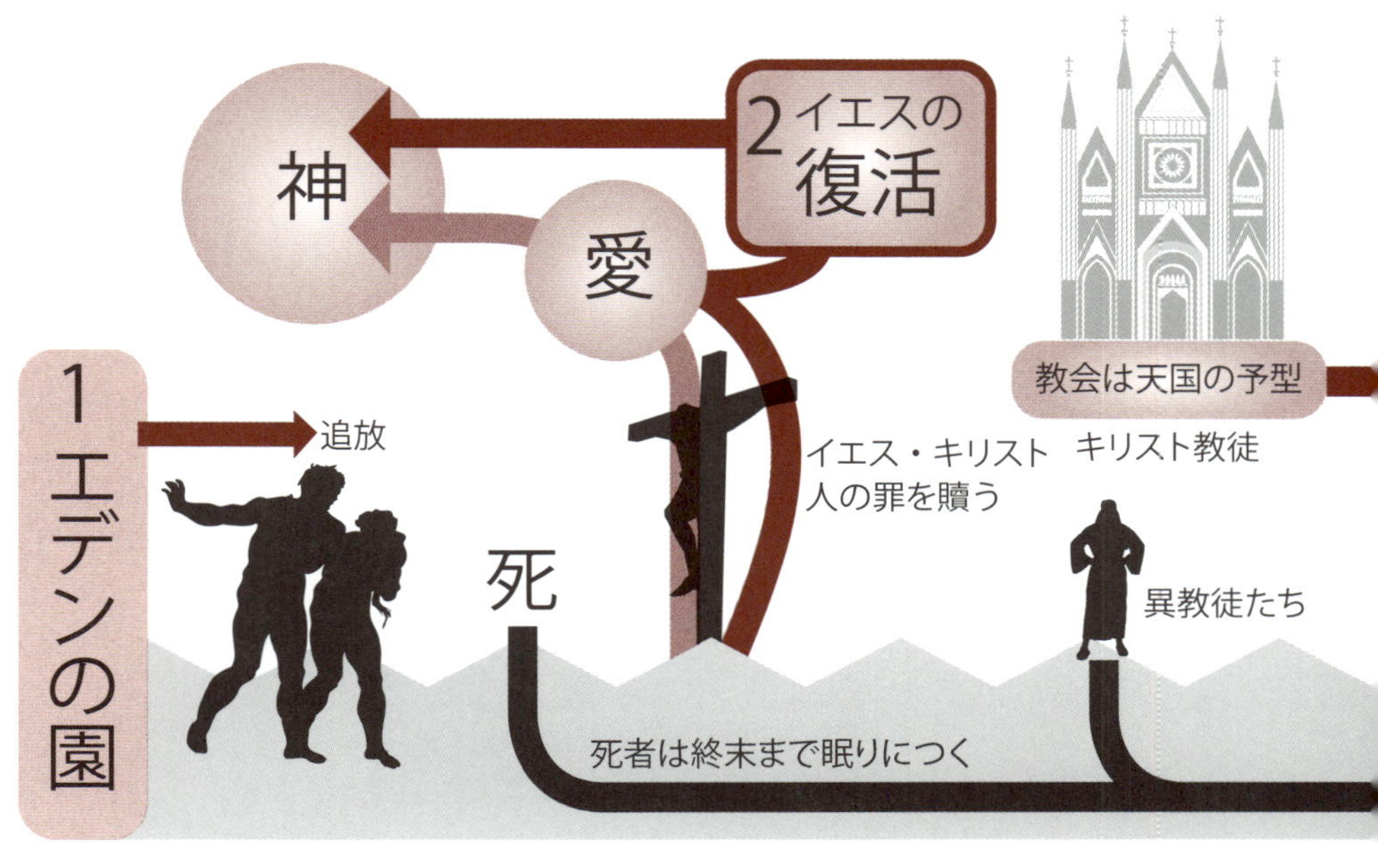

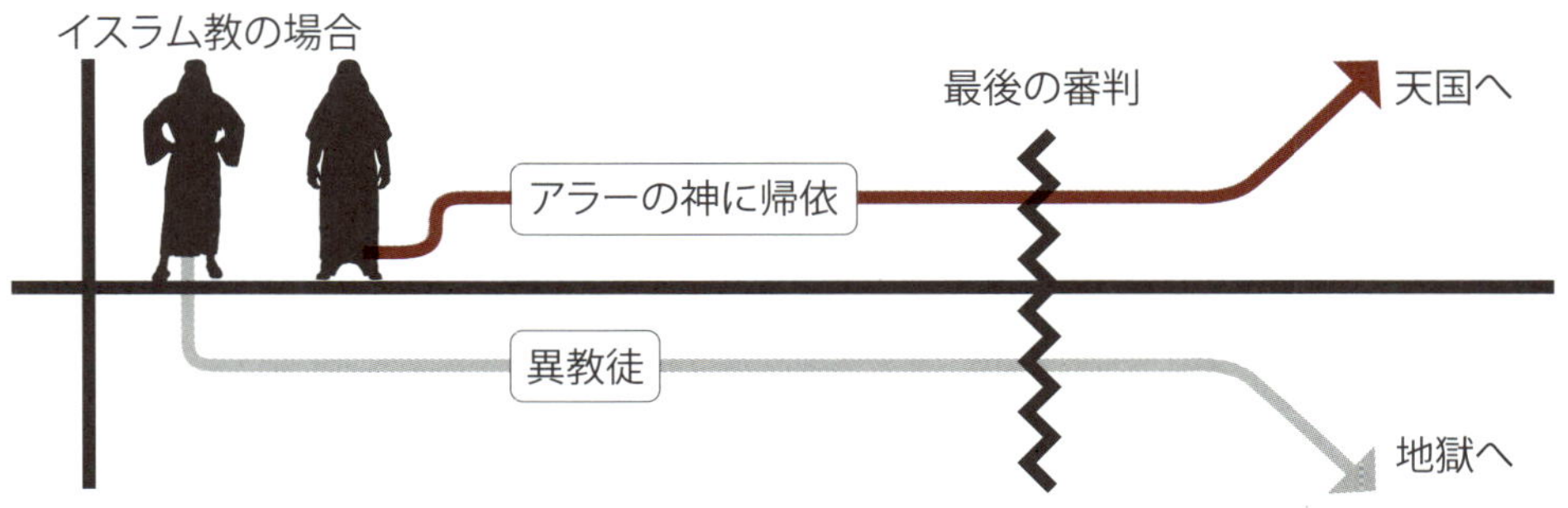

罪を贖うために十字架にかかって死に、復活したことにより、主イエスの愛によって人々は天国に行くことができるようになったという。

†ハルマゲドンとキリストの再臨

世の終わりを最も衝撃的に告げるのは新約聖書の「ヨハネの黙示録」16章である。７人の天使が神の怒りを盛った７つの鉢を持って現れる。それによって地は災いに満たされ、汚れた霊どもがハルマゲドンと呼ばれるところに王たちを集め、いわゆる最終戦争が起こることになる。その戦いがサタンの敗北に終わった後、いよいよ最後の審判である。そのとき、イエス・キリストが再臨するというのが「ヨハネの黙示録」の結末で、「主イエスよ、来てください」と求める者に神は「わたしはすぐに来る」と答えた。そして、「ヨハネの黙示録」は「主イエスの恵みが、すべての者と共にあるように」という言葉で終わる。

イエスの再臨は最後のセーフティネットであり、この言葉は聖書全体の結びとなっている。

キリスト教徒のイメージの原型——1

尖塔 人間が自然を超克する証として

平戸ザビエル記念教会の美しい尖塔

†神は権利を保証する

旧約聖書「創世記」で神は「動いている命あるものは、すべてあなたたちの食糧とするがよい。私はこれらすべてのものを、青草と同じようにあなたたちに与える」と人に告げた。人間は地上を支配し、管理する責任と義務を負う者になったのである。

これは遊牧社会の「動物系」の宗教の話で、稲作民族で「植物系」の我々にはずいぶんきつい言い方のような気がする。しかし、宗教とはそういうものである。たとえ自然の獣や木の実でも、それを自分のものにするには誰かの許可がなくてはならない。狩猟民が狩りの森に入るときに神の祭りをするのは、その許可を得るためだ。そして、他の集団に対して「この土地はおまえのものだ」という神の言葉は、自分たちがそこに暮らす権利を保証するものとなる。日本の『古事記』でも同じようなことが語られており、旧約聖書の古層のような民族宗教や原始宗教の段階で顕著である。

神を祀ることは、人間がただ動物のように自然の中に生きているのではなく、神の名のもとに自然を超えることを意味する。それを目に見える形で表したのが、ピラミッドや日本の古墳のような巨大な人造物だった。

†神の栄光のもとで

十字架の中には横木が弓なりにしなってイエスが天に射出されるかのような形のものがある。典型的にはゴシック様式の教会の尖塔によって神の栄光が表されるが、キリスト教に限らず、イスラム教でも仏教でも、尖塔は築かれ、人々が礼拝してきた。それは、病気や死や争いなど、すべて地上的なものを超克することを祈るものである。

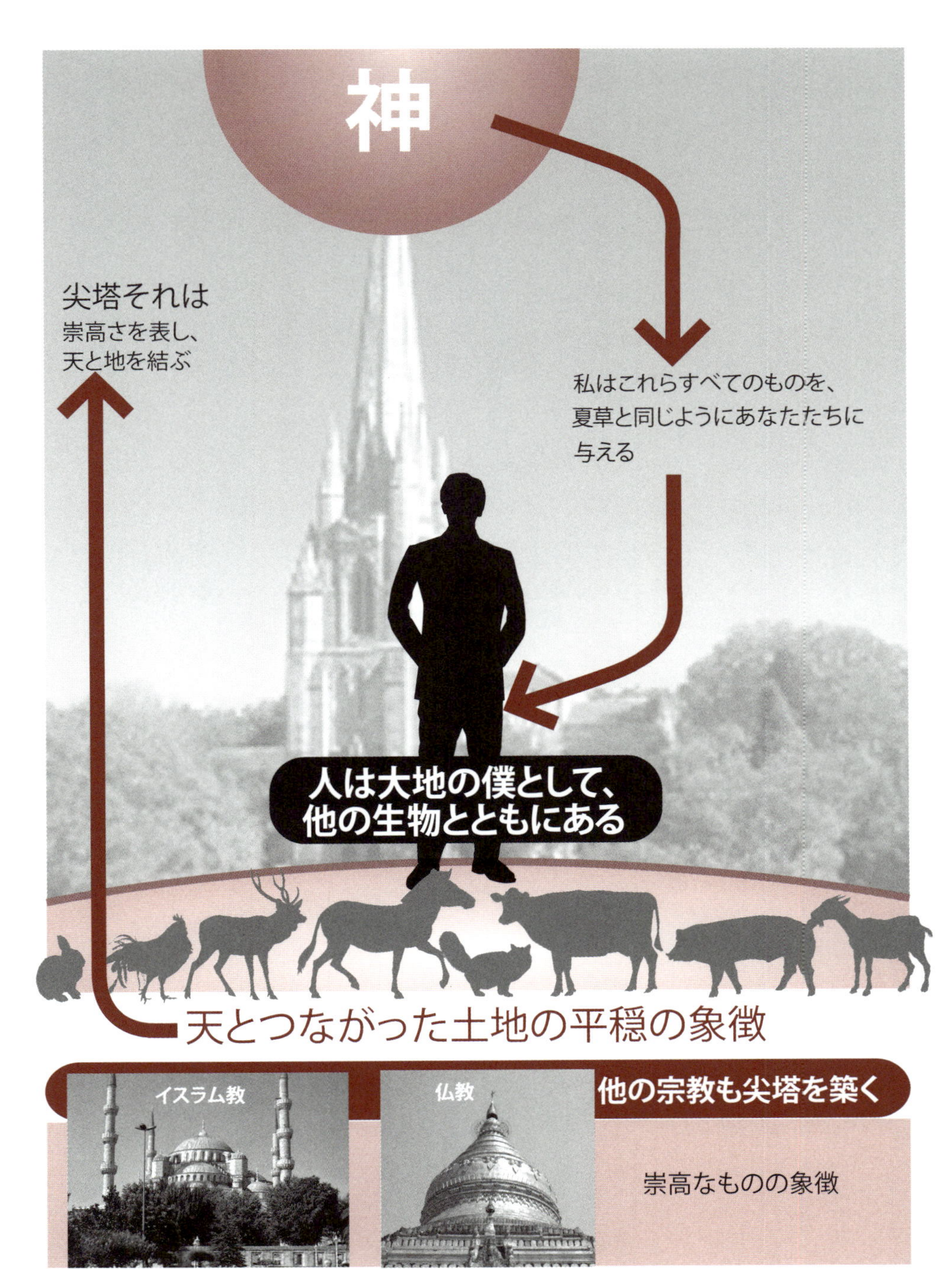

モスクの尖塔

パゴダの尖塔

キリスト教徒のイメージの原型——②

水
最も聖なるもの・天国の水

キリストが洗礼を受けたヨルダン川

†バプテスマ（洗礼）

イエス・キリストはヨハネという人からヨルダン川でバプテスマを受けたと伝えられている。それは水による清めで、「洗礼」と訳されている。

新約聖書「マタイによる福音書」28章には「あなたがたは行って、すべての民をわたしの弟子にしなさい。彼らに父と子と聖霊の名によって洗礼を授け、あなたがたに命じておいたことをすべて守るように教えなさい」というイエスの言葉があり、洗礼を受けることによってキリスト教徒になる。クリスチャンネームを洗礼名ともいうのは、そのためである。

†天国の水

日本では神社に手水舎があり、お参りするときに手を洗って清めることが誰でも知っている作法になっている。お寺にもよく手水舎がある。

また、仏教には沐浴（日本では滝に打たれたりする）や灌頂（頭に水を注ぐ入門の儀式）があり、水のお清めは当たり前である。

バプテスマのヨハネはユダヤ教徒だったはずだが、ユダヤ教にも洗礼の儀式はあった。

砂漠では水は聖なるものとされた。典型的には砂漠のオアシス都市に造られたイスラム庭園ではたいてい中央に池や噴水があり、理想の天国のイメージをつくっている。

仏教でも、たとえば極楽の宝池の美しいことが繰り返し説かれている。

ヨーロッパの庭園でも、池と噴水が重要である。そもそも庭園は天国のような理想郷のイメージで造られる。そこには聖なる水がなくてはならないのである。

砂漠の民にとって、水は天国のイメージ

キリスト教徒もイスラム教徒も、水の庭園で天国を表した

ベルサイユ宮殿の噴水

タージマハール寺院

キリスト教徒のイメージの原型――3

森
悪霊と妖精・恐れと魅惑の異界

ドイツ シュヴァルツヴァルト（黒い森）

†聖なる砂漠

イエスの生涯や聖人像を描いたイコン（聖画）には背景に砂漠の風景がよく見られる。イエスが生まれたパレスチナあたりの乾燥地帯のイメージがもとになったのか、乾燥地帯に聖地を求めて修行する者もいた。代表的な聖地がトルコのカッパドキアである。かれらを修道士とは別に隠修士という。

†魔境の森

キリスト教がヨーロッパに広がると、そこは深い森に囲まれていた。森は得体が知れない魔物の世界で、砂漠の明快な論理の神の世界とは相容れない。そこに魔女やドラキュラなど、神に反逆する悪霊が語り出された。

一方、森は恵みの大地でもあり、マリヤが大地の恵みの女神と習合して聖母マリヤ信仰として広まった。クリスマスのサンタクロースも森の人である。今では『指輪物語』や『ホビットの冒険』のオークなど、森はファンタジーの源泉ともなっている。

といっても、ドイツでは中世に耕地化が進んで、ほとんど森が切り払われてしまったことがある。ドイツの森の多くは、日本の奥山に比べれば、浅い里山の雰囲気である。

イギリスでは牧場の広がりや製鉄用の木炭の生産のために森林が切り払われた。

それぞれ理由のあることだが、それには森への恐怖も働いていただろう。

ひるがえって日本は森林が国土の7割を占め、しかも鬱蒼と樹木が茂っている。山がちの地形や雨の多さもさることながら、森を嫌う神がいないことも、日本には深い森が残っていることに深く影響していよう。

異界の森には
魔物が棲み
魔女が迎える

シェークスピア「真夏の夜の夢」
タイタニアとオベロン
1969年頃発行のFUJEIRA切手より

森ではきのこの
妖精が遊ぶ

グリム童話「ヘンゼルとグレーテル」
森の魔女に出会う
1910年代にライプツィヒで作られた
絵はがきの挿絵。作者不詳

キリスト教徒のイメージの原型――4

ドラゴン 神に敵対するものの象徴

スロベニアの首都リュブリャナの中心にあるドラゴン像

†ドラゴンと悪魔

ドラゴン（竜）が王女をさらい、勇者が救い出す。これはヨーロッパ中世の騎士物語から映画『スター・ウォーズ』などのスペース・オペラに至るまで、美女と英雄物語の基本構造である。

ドラゴンはギリシャ語のドラコーン（大蛇）が語源で、新共同訳聖書では「竜」と表記。それは悪魔の化身で「ヨハネの黙示録」12章で次のようにいう。

「一つのしるしが天に現れた。見よ、火のように赤い大きな竜である。これには七つの頭と十本の角があって、その頭に七つの冠をかぶっていた。（中略）竜は子を産もうとしている女の前に立ちはだかり、産んだら、その子を食べてしまおうとしていた」

この巨大な竜は「年を経た蛇、悪魔とかサタンとか呼ばれるもの、全人類を惑わす者」である。しかし、大天使ミカエルが戦いを挑み天上から投げ落として、「今や、我々の神の救いと力と支配が現れた」ということになり、まさに正義の騎士物語の原イメージである。

†ドラゴンと龍

ここには「年を経た蛇」とあるが、同13章には「この獣は、豹に似ており、足は熊の足のようで、口は獅子の口のようであった」とあり、足をもつ獣型の竜である。それに対して、アジアの竜は大蛇のイメージに近い。インドのナーガはコブラからイメージされる蛇神で、守護尊のひとつ。

中国の龍は東西南北の四神のうち、東方に青龍が位置する。また、天の中央に黄龍がいるといい、龍は皇帝の象徴とされる。日本の龍も中国の影響が強い。

**中米の
アステカで
発見された、
神話の蛇**

**後にこの蛇が
東西世界では**

東　まったく正反対の存在となる　西

善

**オリエント世界では、
竜は水に関わる神として
崇められた**

中国では
富と幸運
の象徴
青龍となる

龍神図
日本でも、龍神は強運と力の象徴

悪

**蛇はドラゴンとなり、
永遠に神に
敵対するものと
なった**

キリスト教徒のイメージの原型――5

パン キリストの身体・命のみなもと

ホット・クロス・バン

イースターの折、キリストの復活を祝い家庭で焼かれる、十字架の模様のパン

†イエス・キリストの肉

最後の晩餐のとき、イエス・キリストはパンと杯を手に取って、「これがわたしの体である」「これがわたしの血である」と言って弟子たちに与えたと記されている（新約聖書「コリントの信徒への手紙一」11章）。それによってパンはイエス・キリストの肉、赤ワインはキリストの血とされ、教会のミサや聖餐式でパンが与えられる。ワインにひたしたパンのこともある。

パンが神の肉であるというような象徴的な意味をもちえるのは、日本の米と同じく食料の基本だからだ。

イースター（復活祭）に食べる十字架の模様を入れたホット・クロス・バンは、今では日常食になっているが、もとは病気に効く霊力があるものとされ、家の火難除けのお守りにもなった。

†太古への回帰

伝統的な宗教の行事では、正月のお節料理のように、民族の原点に返る食べ物が見られる。

ユダヤ教の過越（すぎこし）の祭りで種なしパンを食べるのは、旧約聖書に書かれている古い伝承がもとになっている。

キリスト教の聖餐式でも種なしパンが使われる。また、薄く焼いたウエハース状のパンがよく使われるのも、原初のパンをしのばせる。

†ケーキと餅

パンは、一方で粗末な食べ物をも意味する。それに対して豊かさの象徴はケーキ（お菓子）である。

クリスマスのケーキは、cakes and ale（お菓子と祝い酒）のフェスティバルの食べ物だが、円形なのは月や光を表すという。正月の鏡餅が円形なのと同じである。

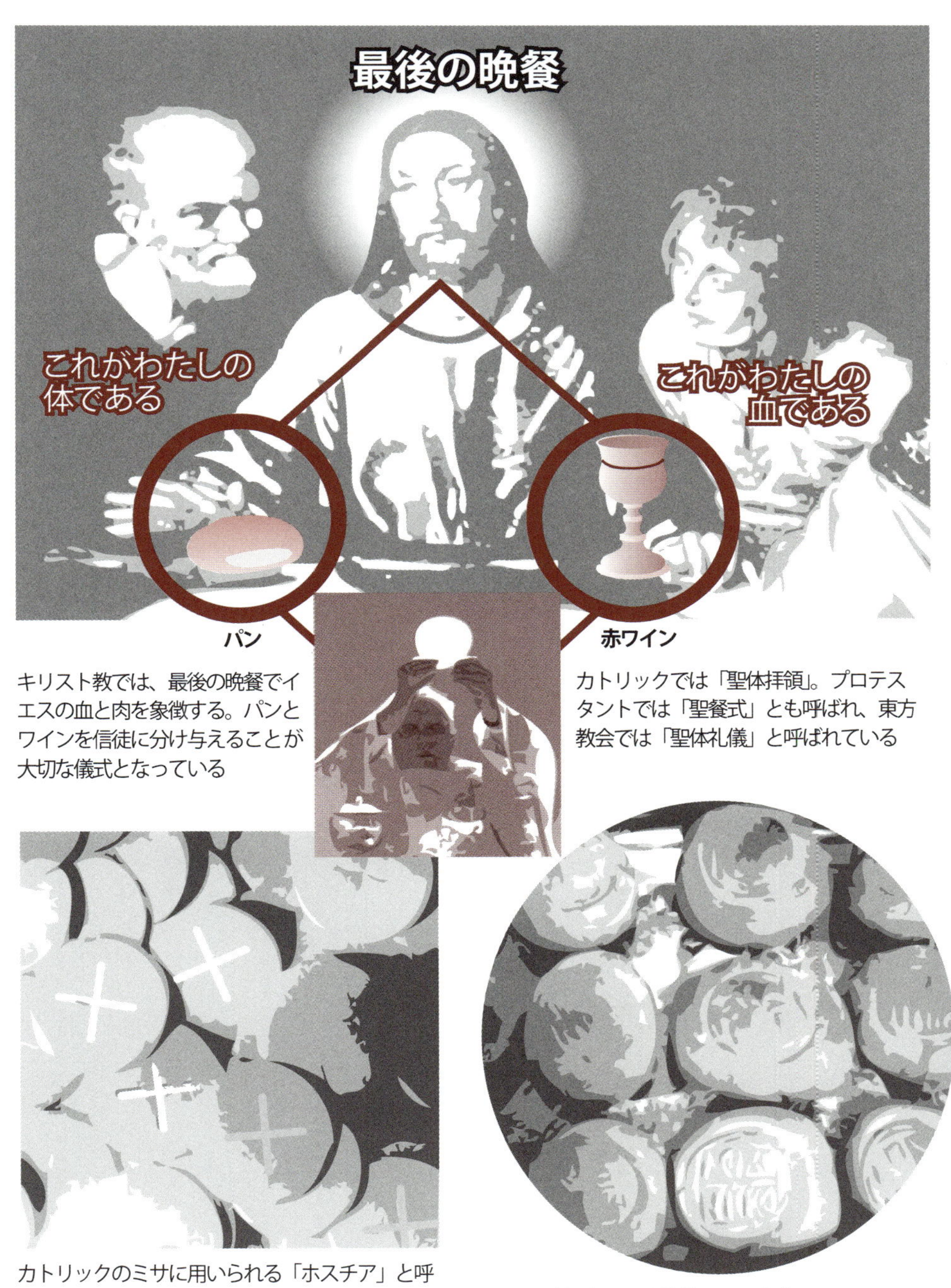

キリスト教では、最後の晩餐でイエスの血と肉を象徴する。パンとワインを信徒に分け与えることが大切な儀式となっている

カトリックでは「聖体拝領」。プロテスタントでは「聖餐式」とも呼ばれ、東方教会では「聖体礼儀」と呼ばれている

カトリックのミサに用いられる「ホスチア」と呼ばれる、薄いウエハース。イエスの時代の無発酵（種なし）パンを象徴している

東方教会の聖体礼儀には、発酵した小さな聖パン「プロスフォラ」が用いられる

動物
支配しつつ畏怖するもの

狼男の一般的なイメージ

†支配するもの

旧約聖書「創世記」で神が「動いている命あるものは、すべてあなたたちの食糧とするがよい」と告げたことから、人間は動物を支配し、家畜にして食べてよいことになったという。

これは当時の牧畜を伴う農耕社会の生活を反映したものだろう。西欧の農耕社会でも、牧畜と小麦づくりは切り離せない関係で、いわゆる有畜農業が行われた。日本人と欧米人では家畜やペットの扱い方や感覚にかなりの違いがある。

†動物裁判と生類憐みの令

江戸時代の5代将軍徳川綱吉が生類憐みの令を出した（1685年）。奈良時代から天皇が病気になったりすると殺生禁断の令を布告して神仏の加護を祈ることが行われてきたが、特に有名なのが綱吉の生類憐みの令である。

同じ頃、ヨーロッパでは動物裁判という奇妙な裁判が行われた。人に危害を与えるなどの罪を犯した動物が教会裁判にかけられたのである。よく訴えられたのは、まだイノシシに近い凶暴さをもっていたブタで、縛り首の判決を受けて処刑されたりした。また、動物はさまざまな寓意で語られる。ロバやブタが愚かな生き物の代表格、羊は従順、犬は忠実など、家畜の性格がイメージされる。

一方、野生動物は、人にない力をもつ異界のものとして畏怖される。狼、ライオン、蛇などは、さまざまな神話や民話の物語において伝えられてきた。聖書には、獣や鳥、魚などが登場し、魚はイエスのしるし、鳩は平和のシンボルなど、さまざまな意味を付加されている。

異界
人間が支配できない世界の動物
旧約聖書
「創世記」
神
「動いている命あるものは、
すべてあなたたちの食糧と
するがよい」
人間が支配する世界
WEREWOLF
ZONE
特に人を襲う狼は
恐れられた

食物のタブー

旧約聖書「レビ記」11章に、人が食べてよい生き物は蹄が割れていて反芻するもの（牛・羊など）、海の生き物でひれ、うろこのある魚といった食物の定めがある。これに外れるものは食べてはいけないのだが、なぜ食べてはいけないのか。その理由は汚れているからとしか書かれていない。

食のタブーはどの民族にもあり、それぞれの食文化をつくっている。食べる習慣がないと、気持ち悪くて食べられないという生理的嫌悪感を生み、神の定めとして記されていなくても、食の対象にはならない。

イスラムでは『コーラン』にブタ肉が死肉などと並んで禁忌すべきものとして記されているが、やはり、その理由は書かれていない。それを宗教的タブーだと考えると理解しにくいが、食文化にないからだと考えると納得できることである。日本にも食のタブーは多いのだから。

キリスト教徒のイメージの原型――7

天使と悪魔 天国と地獄からの使者

サタンを倒すモン・サン=ミシェルの聖ミカエル像

†翼をもつ神の使い

天使は神の使いである。聖書の中ではマリヤに懐胎を告げる大天使ガブリエル、剣を持つ守護者ミカエルなどが有名で、よく聖画に描かれている。

愛のキューピッドは聖書には登場しない。それはギリシャ神話の愛の神エロスが天使のイメージと結びついたものだ。

†悪魔つき

天使が翼をもつのに対し、サタン（悪魔）は尻尾をもつ。それは動物的なものの象徴である。もとは神に仕える天使だったが、堕落して神に逆らい、人を誘惑して悪に誘う者になったという。その最初がエデンの園で悪魔の化身とされる蛇がイブに善悪の知識の木の実を食べるようにそそのかしたことだった。

悪魔は地獄の長でもある。誘惑や恐怖で人を試し、地獄に誘う恐ろしい悪霊である。そこに悪魔に魂を売り、デーモン（悪霊）と契約した魔女という存在が想定され、中世には忌まわしい魔女狩りが引き起こされた。そして現在も、人についた悪魔を祓うというエクソシストが存在する。

†民族差別を生んだ悪魔観

安土桃山時代に来日した宣教師たちは仏教を「悪魔の教え」と言った。自分たちの文化秩序とは離れた異文化は神の秩序に反するもので、そこから人々の魂を救い出すことが神に与えられたミッションであると考えられたのである。

異文化を悪魔的なものとする感性は、戦時下の日本で「鬼畜米英」という言葉があったように、世界的なものでもある。しかし、ユダヤ教・キリスト教の悪魔は明確に神への反逆者としての性格をもち、差別視につながりやすいことは否定できない。

智天使ケルビムは、その姿が時代を経るに従い、愛らしいキューピッドの姿へと変化する

神の右側に座す大天使ルシファーは、神に代わる存在になろうとし、その怒りをかい、天界から堕とされる

ルシファーがつくったサタンの世界
神から天界を追われたルシファーと多くの堕天使たちは、エルサレムの地中深くに落ち、そこに地獄を作ったと伝えられる

サタン　地獄で悪魔（サタン）となったルシファー

キリスト教徒のイメージの原型――8

黄金
神の権威の象徴として

帝国十字架
ウイーン、王宮宝物館の黄金の十字架。内部に聖遺物が納められていたと伝えられる

†王の象徴

新約聖書「マタイによる福音書」2章では、東方から占星術の学者たちが星に導かれてマリヤの家を訪ね、幼子のイエスに礼拝して黄金と乳香と没薬（香料）を献げたという。

かれらは「ユダヤ人の王としてお生まれになった方」を求めて来た。黄金はその王を象徴する。ただし、聖書で黄金についての記述はこれくらいである。その後、キリスト教がローマ帝国の宗教となり、各地の王侯によって教会が建てられるようになると、神は「ロード（主君）」としての性格を強めた。

その点は仏教も同様である。ブッダは富も地位も捨てて出家したのだが、やがて金色の像が祀られるようになり、経典には「ラージャ（王）」と呼ばれる仏が多く登場する。

†黄金の誘惑

各地の王侯や商人によって黄金は富そのものとして蓄積された。15世紀からの大航海時代にはスペインの艦隊が伝説のエルドラード（黄金郷）を実証するかのように南米インカ帝国に蓄積された黄金を略奪し、西洋諸国が世界に植民地を広げていく大きな動機になった。

†錬金術

不老長寿の霊薬などをつくる魔術の延長で、金をつくり出そうとする錬金術も中世に盛んだった。中世ヨーロッパの錬金術の技法では金属の精製法のほか、蒸留・昇華などの装置が開発され、近代科学の母胎になった。

そして科学が発達した現代でも怪しげな錬金術の魔力は引き継がれ、類似の儀式が悪魔祓いのために行われるなどカルトの母胎ともなっている。

右、ドイツ・ケルン大聖堂祭壇画。
東方の三博士の１人メルキオールが、
幼子イエスに王位の象徴である黄金を
手渡している

上、セビリアの大聖堂の世界最大の
黄金の祭壇衝立。スペインの富が教
会芸術に結実する

右、ポルトガル・エヴォラ、サン・
フランシスコ教会の黄金の内陣。
ブラジルの金が使われた

神聖ローマ皇帝フリードリッヒ1世の王冠
王権の象徴の王冠はキリストの十字を戴く

オーストリア、メルク修道院
18世紀に造られた、黄金で絢爛と彩られた
バロック様式の礼拝堂

キリスト教徒のイメージの原型——9

宇宙
神の摂理そのものとして

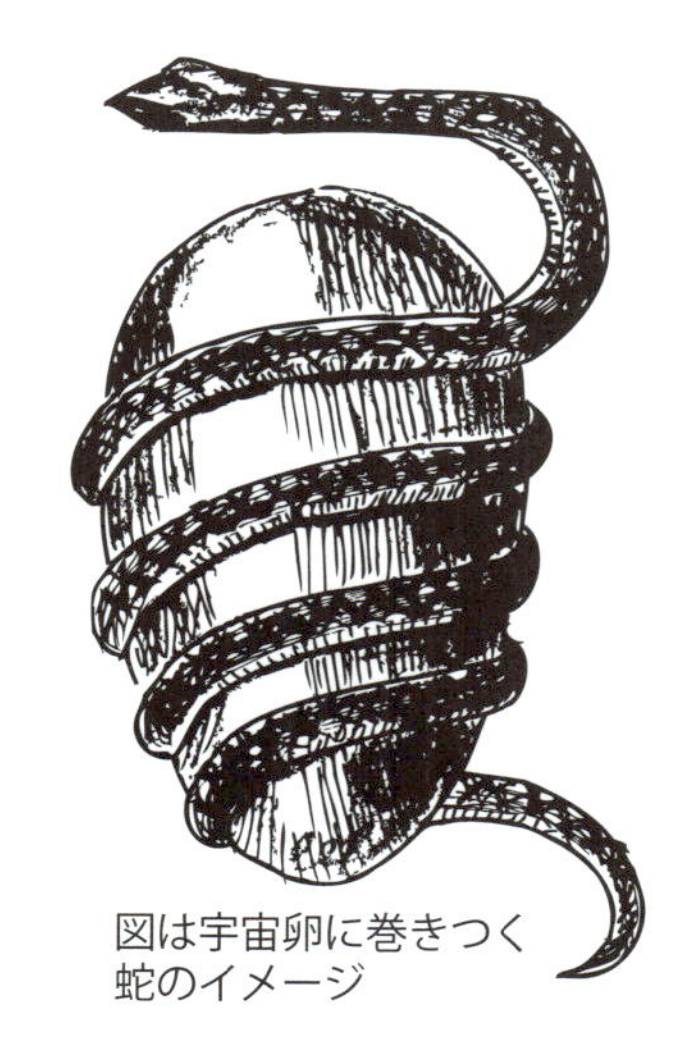
図は宇宙卵に巻きつく蛇のイメージ

†神の大地と空

旧約聖書「創世記」の冒頭は「神は天地を創造された」という。初め、地は混沌だったけれど、神は夜と昼、空と水を分け、その水の中に陸地を造って草や動物や人を住まわせたという。

宇宙の始まりは卵で象徴されることがある。卵の中の液体は原初のカオスであり、万物を生み出す宇宙霊が封じられているという。

そして生み出された大地は動かないものと考えられたが、イタリアのガリレオ（１５６４〜１６４２年）が地動説を唱えると、教会裁判は神への反逆として終身刑を宣告した。しかし、ガリレオは生涯、敬虔なカトリック信徒であり、二人の娘を修道院に入れるほどだった。万有引力の発見者ニュートンも熱心に神学を研究するプロテスタントであり、錬金術師でもあった。

そもそも大地は神の恵みであり、太陽や月がめぐる空にも神の意思が働いている。そうであれば、天地の万物は神の摂理のままに合理的に運行しているはずだということが物理現象の法則の発見につながった。その意味で神学は近代科学の母胎だったのである。

†太陽と月

太陽は恵みと力のみなもとであり、古代エジプトではファラオのシンボルだった。半乾燥地帯の遊牧社会では太陽より月が好まれ、今の国旗にもよく月が描かれている。満ちては欠け、欠けては満ちる月は不老不死の象徴でもある。

†占星術

夜空をめぐる星はさまざまな星座の物語を生み出した。星のめぐりは個人の運勢にも関わるものとされ、世界の各地で占星術が発達した。今も星座の十二宮や星宿の占いはたいへん盛んである。

キリスト教以前の他民族の宇宙イメージ

古代バビロニアの宇宙イメージ
人間の知覚の及ばない、山の向こうや天空の先は概念化されていない

北欧神話の宇宙樹のイメージ
世界の中央に大樹がそびえ、世界を支えている

古代インドの宇宙イメージ
巨大な亀に支えられた3頭の象が大地を支え、その中心に須弥山がある

聖書の中の宇宙イメージ
天界の水が洪水を起こした

「創世記」7章11節の、ノアの洪水の箇所で、洪水の原因としてこの宇宙の仕組みが述べられている

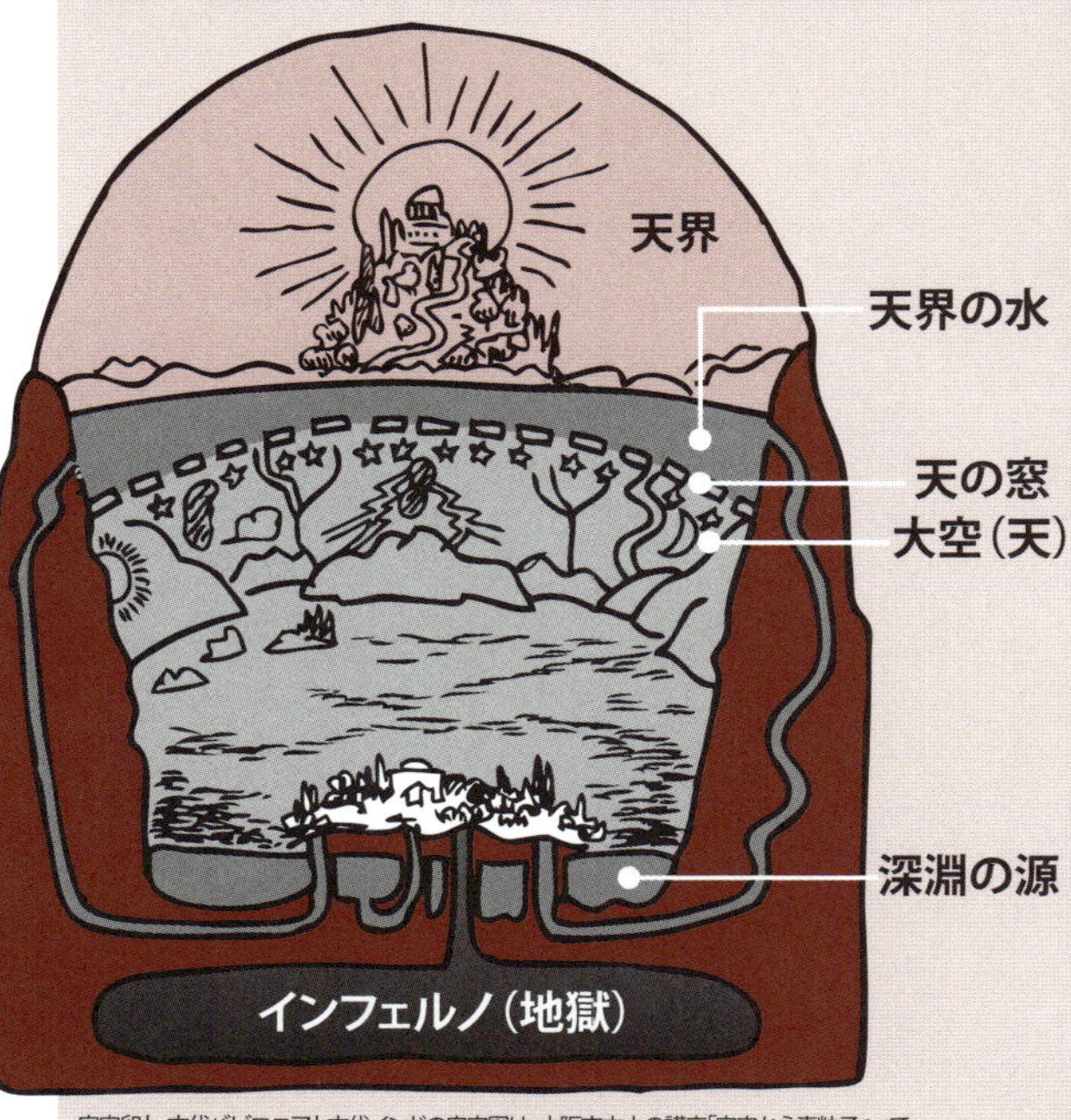

宇宙卵と、古代バビロニアと古代インドの宇宙図は、大阪市立大の講座「宇宙から素粒子へ」で、神田展行氏講義「宇宙の構造」中の掲載図版を参考に描き起こした。
また、聖書の中の宇宙イメージは、中島路可氏の「教会にいこう」中、キリスト教にまつわるまめ知識19で掲載された図版（フランシスコ会訳『創世記』289ページ）を参考に描き起こした。

宇宙の運行それ自体が、神の摂理そのものである

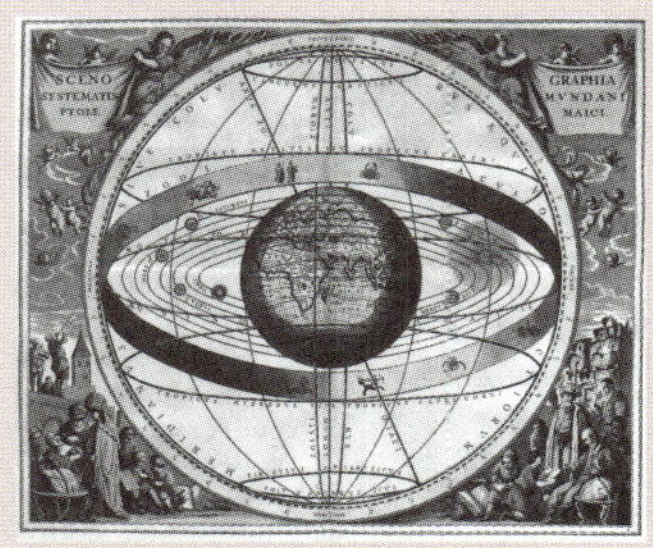

天動説の図　16世紀のもの
不動の天地は神の恵み。その周囲を回る太陽、星たちにも、神の意思は働く

ホロスコープの図
天体の運行から神の摂理を読み取り、この世界に生きるものの運命を知ろうとホロスコープが描かれる

キリスト教徒のイメージの原型――10

一神教と多神教どちらにも共通の性格

一神教でも実際は多神教的

キリスト教は、いわゆる一神教である。しかし実際には、聖母信仰のマリヤ、古代ヨーロッパのケルト人の風習を受け継ぐというハロウィンなど、広まった土地の伝承と習合して信仰の内容はさまざまである。実際には多神教といえる面がある。

一方、八百万（やおよろず）の神々を祀る日本の宗教は多神教の典型だと思われる。しかし、神社に参詣するとき、その神社の祭神の名を気にする人はあまりいない。神々は多数いても、特定の神への信仰は薄く、本質は古代から「カミ」と呼ばれてきた霊的なもので、目には見えない。その点で日本の八百万の神々には一神教の性格がある。

阿弥陀如来や観音菩薩・地蔵菩薩など、多数の「ホトケ」も本体はひとつで、法身と呼ばれる無形のもの。多くの如来や菩薩は世の人々を救うために仮の姿をとって現れたものだといい、やはり一神教の性格をもっている。

「正義」の旗が立つとき

日本では寺社をはじめ路傍の社や石仏などが無数にあり、初詣や神社の祭礼などの神事、お彼岸やお盆の仏事も盛んである。しかし、神や仏を信じているか問われれば、そうでもない。そのため、日本人の多くは無宗教だという。

実のところ宗教は生活の中の風習や慣習として生きている。ユダヤ教徒・キリスト教徒という場合も、それぞれの歴史と文化の中で培われた風習や思考・行動のパターン（文化）をもつ人々のことで、キリスト教徒だからといって、必ずしも神を信じているわけではない。しかし、ユダヤ教の安息日やキリスト教の日曜日の礼拝など、日本に比べれば宗教ごとの慣習が明確なうえ、他の宗教・民族の人々と近接して暮らしてきた歴史がある。そのため、「あなたの宗教は？」と問われることが多い。それが紛争に発展することもある。キリスト教やイスラム教では殉教者を聖人として祀る風習があり、それが一種の英雄のイメージになっている。そして時に一神教の原理主義が強まって「正義」の旗が立てられ、それまでの平穏が破られてしまうこともある。国際社会へのアメリカの介入や西アジアのイスラム教原理主義・過激派の台頭にも、そうした背景がある。

第3章

キリスト教の常識を知る［旧約聖書の世界］

キリスト教の聖典
旧約聖書と新約聖書

ユダヤ教、キリスト教、そしてイスラム教
成立の大きな流れをつかもう

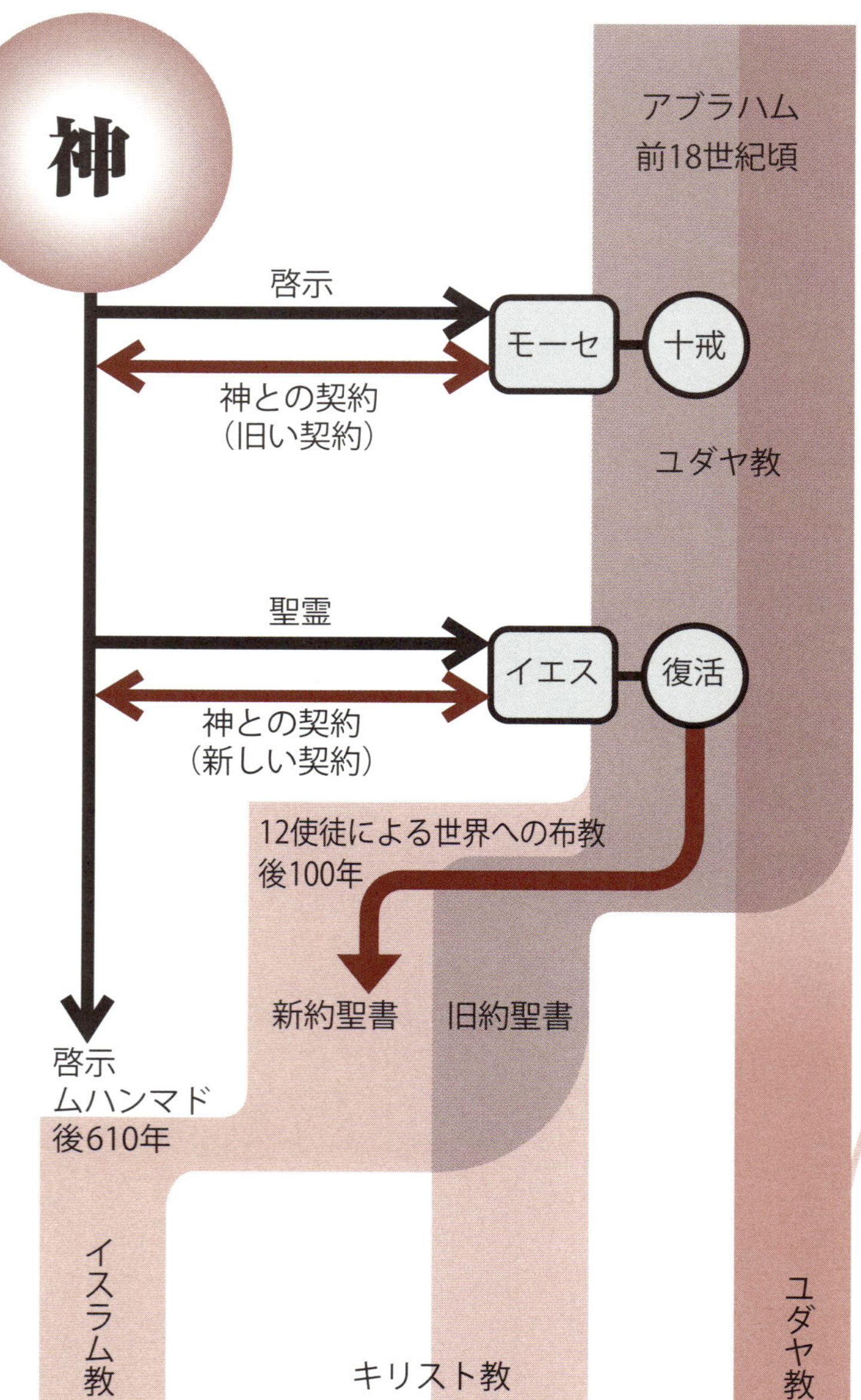

世界の三大一神教は、こうして現代に続いている

3つの宗教が
神の啓示の書に始まる

†神と交わした新旧の契約の書

キリスト教の聖典である聖書には、旧約聖書と新約聖書の2種類がある。旧約・新約の「約」とは、神と交わした「契約」を意味し、旧約聖書は古代イスラエルの民による「旧い契約」、新約聖書はイエス・キリストによる「新しい契約」を記したものである。

旧約聖書では、やがて人々を救うメシア（救世主）が現れることが約束されている。そのメシアとして遣わされたイエスの教えが記されているのが新約聖書だ。キリスト教では新約に書かれたイエスの言葉が主に重視されるが、新約と呼応する旧約なくして聖書は語れない。

†旧約聖書は三大一神教の源

旧約聖書は、キリスト教だけでなく、ユダヤ教の聖典でもあり、イスラム教の教えの根幹ともなっている。

ユダヤ教は、紀元前5世紀半ば頃に成立し、キリスト教の源流ともなったユダヤの民族宗教。キリスト教との決定的な違いは、旧約聖書を唯一の聖典とする点にある。新約聖書にメシアとして描かれるイエスを認めず、メシアの到来を今も待ち望んでいるからだ。そもそも「旧約」は「新約」に対する呼び方である。ユダヤ教の聖典は旧約聖書にあたるもので「タナハ」と総称される。

一方、イスラム教は西暦６１０年頃、神の啓示を受けたムハンマドによってアラビア半島に興り、『コーラン』を聖典とする。一見するとまったく異なる宗教のように思えるが、旧約聖書に登場する預言者アブラハムの宗教を受け継ぐ点で、ユダヤ教、キリスト教と源流を同じくする。また、旧約聖書に登場するノアやモーセ、さらには新約聖書のイエスを預言者として認めたうえで、ムハンマドこそが最後にして最高の預言者だとするのがイスラム教なのだ。

これら3つの宗教の共通点は、唯一の神を信じる一神教であること。日本の神道やインドのヒンドゥ教のように、さまざまな神を信仰するのではなく、ただひとりの神に仕える。その唯一絶対の存在である神の言葉が書かれているのが、聖書なのである。

神の啓示とは？

ユダヤ教・キリスト教・イスラム教は啓示宗教だといわれる。神仏の「お告げ」という意味での啓示はどの宗教にもあるが、この3つの宗教は預言者すなわち啓示を受けて神の言葉を預かった者の言動が書かれた書物（新旧の聖書と『コーラン』）を聖典とするところが際立った特色である。十戒を授かったモーセ、イスラエルの祖のアブラハムなどは旧約聖書の預言者であり、イエスも預言者だったが、神の子として自ら告げた教えが新約聖書に記されている。福音書の記述者であるマタイ、ヨハネなどはイエスの言葉を伝える弟子で預言者ではない。イスラム教では、預言者は過去に数多く出現したという。それは人々の性質に合わせて神が啓示を垂れたからだ。アブラハムもイエスも神の啓示を受けた預言者だが、ムハンマドが最終の預言者として神に選ばれた。それが聖典『コーラン』の言葉になった。

旧約聖書の概要

神の民の歴史を綴る旧約聖書

ユダヤ民族の由来を語る

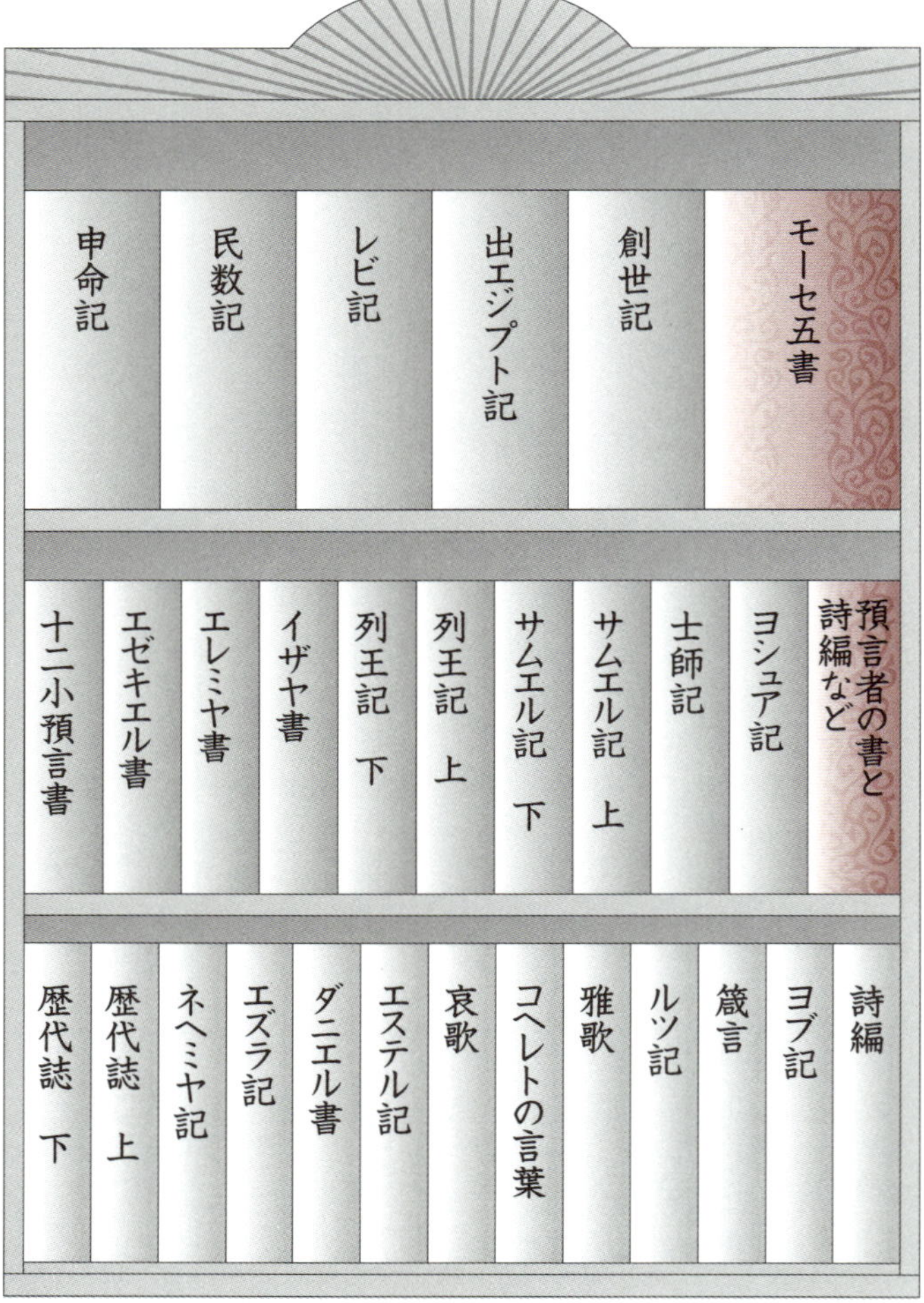

モーセ五書
創世記
出エジプト記
レビ記
民数記
申命記

預言者の書と詩編など
ヨシュア記
士師記
サムエル記　上
サムエル記　下
列王記　上
列王記　下
イザヤ書
エレミヤ書
エゼキエル書
十二小預言書

詩編
ヨブ記
箴言
ルツ記
雅歌
コヘレトの言葉
哀歌
エステル記
ダニエル書
エズラ記
ネヘミヤ記
歴代誌　上
歴代誌　下

†民族史を記す書

旧約聖書の原文は、古代イスラエルの言語であるヘブライ語。紀元前12世紀以降、さまざまな時代に書かれた書を編纂し、紀元1世紀後半に成立したとされる。

旧約聖書は、まず冒頭の「創世記」で神による天地創造を告げる。そして楽園追放やノアの箱舟などのエピソードの後に父祖アブラハムが登場。さらにモーセによるエジプト脱出後に神は十戒を示した。そうした始原の物語が「モーセ五書」である。

続いてダビデ王やソロモン王の栄光の時代、預言者たちが受けた啓示の言葉などが綴られている。それらのことは多くの文書に伝えられ、新共同訳聖書には上図のほかの文書も収められている。

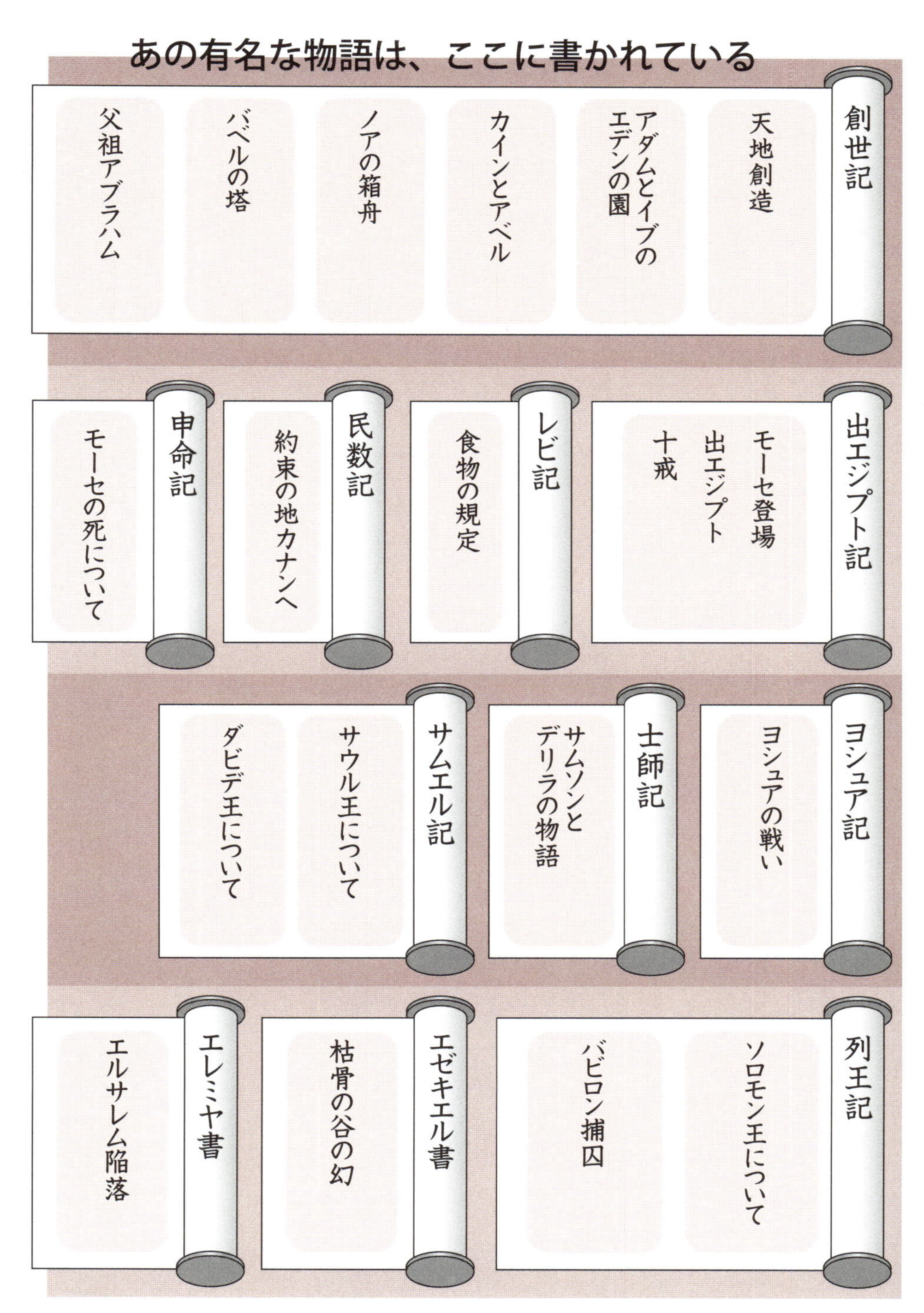
あの有名な物語は、ここに書かれている
創世記
天地創造
アダムとイブの
エデンの園
カインとアベル
ノアの箱舟
バベルの塔
父祖アブラハム
出エジプト記
モーセ登場
出エジプト
十戒
レビ記
食物の規定
民数記
約束の地カナンへ
申命記
モーセの死について
ヨシュア記
ヨシュアの戦い
士師記
サムソンと
デリラの物語
サムエル記
サウル王について
ダビデ王について
列王記
ソロモン王について
バビロン捕囚
エゼキエル書
枯骨の谷の幻
エレミヤ書
エルサレム陥落

創世記の地
旧約聖書が語る歴史の舞台――1

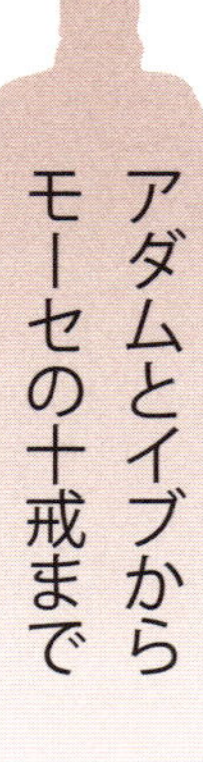

アダムとイブからモーセの十戒まで

†エデンの園から十戒まで

旧約聖書の冒頭、創世記と出エジプト記には、日本でもおなじみの物語が目白押し。伝説の部分も多いが、記述から推測される物語の舞台をたどってみよう。

まず、最初の人類アダムとイブが住んだ「エデンの園」。その神話の地がどこなのかについては諸説ある。また、楽園を追われたアダムとイブの息子、カインが弟アベルを殺害したのは、シリアの首都ダマスカスにあるカシオン山だともいわれている。

やがて神は人類の悪を滅ぼすために洪水を起こし、ノア一族だけを箱舟に乗せて救う。この「ノアの箱舟」の物語は、トルコのアララト山が舞台である。

また、神の怒りを招いた人類の驕りの

2
アダムとイブ
エデンの園

3
カインとアベル
人類最初の殺人

4
ノアの箱舟
洪水による
世界のリセット

5
バベルの塔
人類の驕りへの
神の怒り

6
ユダヤの祖
アブラハム
A アブラハムの誕生
B 神の啓示
C カナンの地へ

7
A モーセ登場
B モーセの出エジプト
C モーセの十戒

象徴、「バベルの塔」は、バビロニアの首都バビロンに建てられた聖塔ジッグラトがモデルとされている。そして、イスラエルの民の祖となるアブラハムが誕生したのは、メソポタミア地方カルデアのウル（イラク南部）。アブラハムはハラン（トルコ南東部）で神の啓示を受け、約束の地カナン（パレスチナ）に移り住んだ。

しかしその子孫は、飢饉のためカナンからエジプトに移住。やがてエジプト人に弾圧されるようになると、神の啓示を受けたモーセに導かれ、エジプトを脱出して再びカナンを目指す。これが「出エジプト」の物語であり、その道中、モーセが神から「十戒」を授かったシナイ山は、エジプトにあるジェベル・ムーサ（モーセの山）だともいわれている。

旧約聖書が語る歴史の舞台――2
ユダ・イスラエル王国の繁栄

栄華と背信
そして分裂と滅亡へ

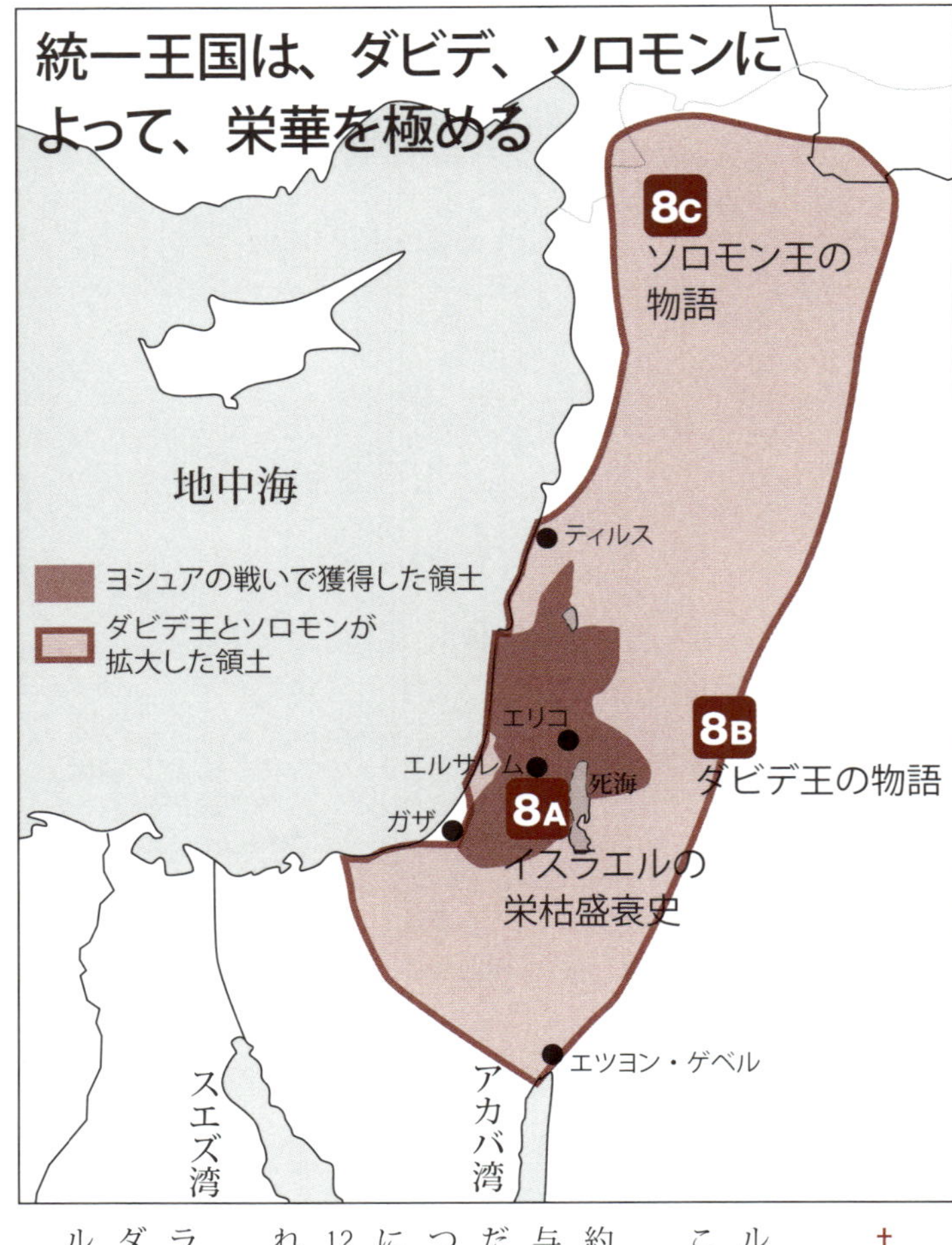

†王国の栄華から分裂・滅亡へ

旧約聖書では、モーセ以降のイスラエル民族の歩みが、史実を交えて語られる。ここではその概略を追ってみよう。

モーセの後継者となったヨシュアは、約束の地カナン獲得に乗り出した。神に与えられたとはいえ、肥沃な農耕地帯だったこの地には、すでに先住民がいくつもの町を築いていた。ヨシュアは戦いによって領地を次々獲得し、イスラエル12部族に分配。その後、「士師」と呼ばれる指導者による士師の時代が続く。

そして紀元前1020年頃には、イスラエルに王国が誕生。2代目王となったダビデは、イスラエル統一を果たし、エルサレムを獲得して都を置いた。

ダビデの子ソロモン王の治世、王国は

「ソロモンの栄華」と呼ばれる黄金期を迎える。諸外国との通商によって栄え、その領地は北はユーフラテス川沿いのティフサから、南は紅海までになったという。

しかし、ソロモンの死後、サマリアを首都とする北のイスラエル王国と、エルサレムを首都とする南のユダ王国とに分裂。さらに、北王国はアッシリアに、南王国は新バビロニアに滅ぼされてしまう。神の都エルサレムは陥落し、ソロモンの家系であるユダの部族は、バビロニアに捕囚として連れ去られていく……。

以上のあらましを踏まえ、次からは、それぞれの物語を詳しく見ていこう。

8
A イスラエルの栄枯盛衰史
B ダビデ王の物語
C ソロモン王の物語

9
イスラエル王国の分裂

10
エルサレムの復興

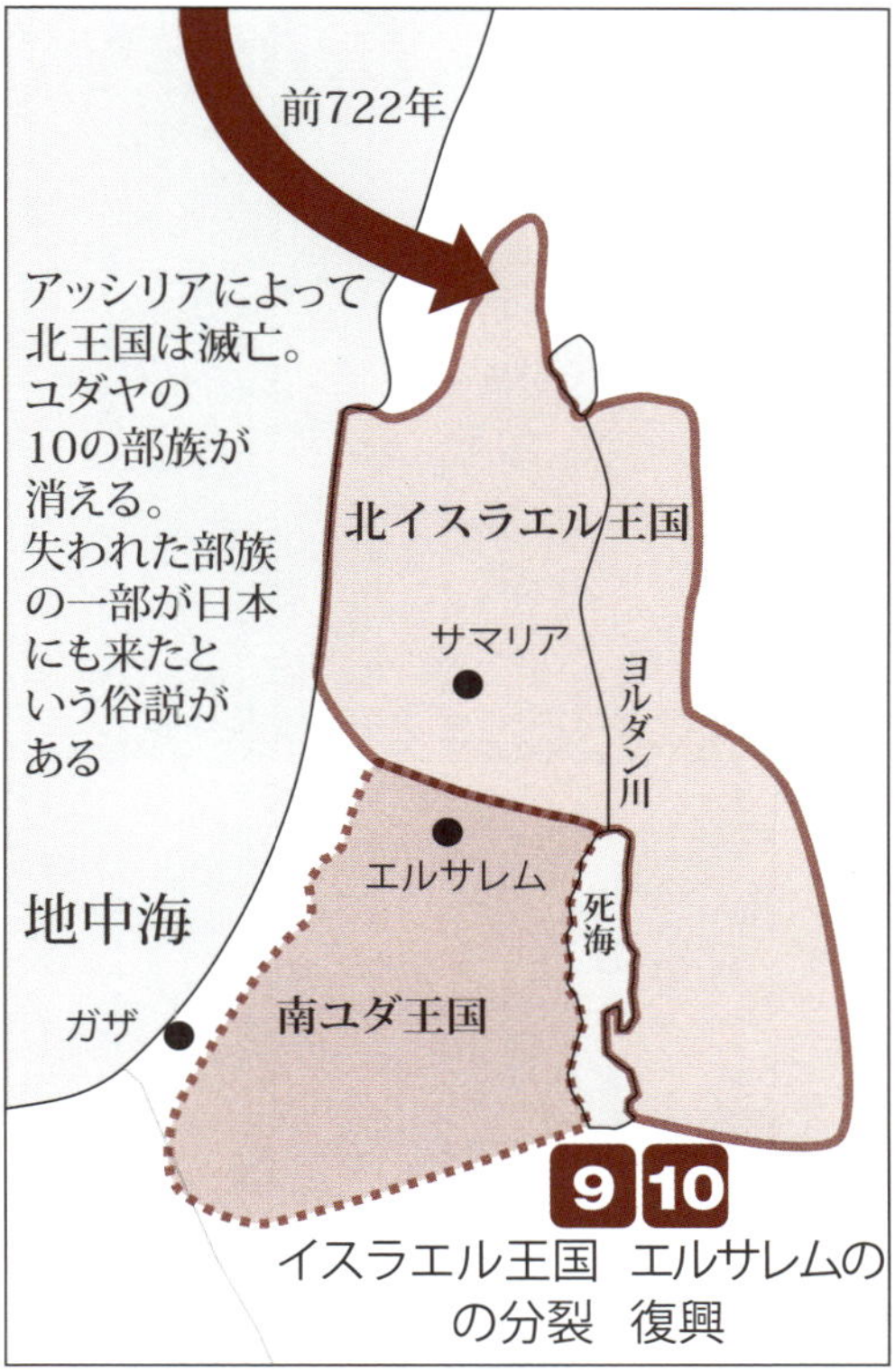

ソロモン王の死後 南北に分裂した王国

前722年
アッシリアによって北王国は滅亡。ユダヤの10の部族が消える。失われた部族の一部が日本にも来たという俗説がある
北イスラエル王国
サマリア
ヨルダン川
エルサレム
死海
地中海
ガザ
南ユダ王国
9 イスラエル王国の分裂
10 エルサレムの復興

「ユダヤ」と「イスラエル」

旧約聖書の民は「ユダヤ」とも「イスラエル」とも呼ばれる。歴史上は、ダビデ・ソロモン時代の王国はイスラエル、分裂王国時代には、南王国がユダ、北王国がイスラエルを名乗った。南北両王国を呼ぶときはイスラエルが用いられた。

前6世紀後半以降は、エルサレム神殿を中心とした宗教共同体とその地がユダヤと呼ばれたが、彼らはイスラエルという呼称も併用し続けた。

今日、ユダヤは主に民族、宗教、文化に、イスラエルは国や国土に用いられる。

言語はヘブライ語。「ヘブライ」の起源は詳細不明である。

旧約聖書の世界——天地創造の物語 1

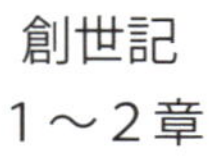

創世記
1〜2章

1週間と休日の由来

1日目

神は言われた。

「光あれ。」

こうして、光があった。

神は光を見て、良しとされた。

神は光と闇を分け、光を昼と呼び、闇を夜と呼ばれた。

神は言われた。
「水の中に大空あれ。
水と水を分けよ。」
神は大空を造り、大空の下と大空の上に
水を分けさせられた。そのようになった。
神は大空を天と呼ばれた。

神は言われた。
「天の下の水は一つ所に集まれ。
乾いた所が現れよ。」（中略）
神は言われた。
「地は草を芽生えさせよ。種を持つ草と、
それぞれの種を持つ実をつける果樹を、
地に芽生えさせよ。」
そのようになった。

4日目

神は言われた。
「天の大空に光る物があって、
昼と夜を分け、季節のしるし、
日や年のしるしとなれ。
天の大空に光る物があって、
地を照らせ。」
そのようになった。

5日目

神は言われた。
「生き物が水の中に群がれ。
鳥は地の上、天の大空の面を飛べ。」
（中略）
神はそれらのものを祝福して言われた。
「産めよ、増えよ、海の水に満ちよ。
鳥は地の上に増えよ。」

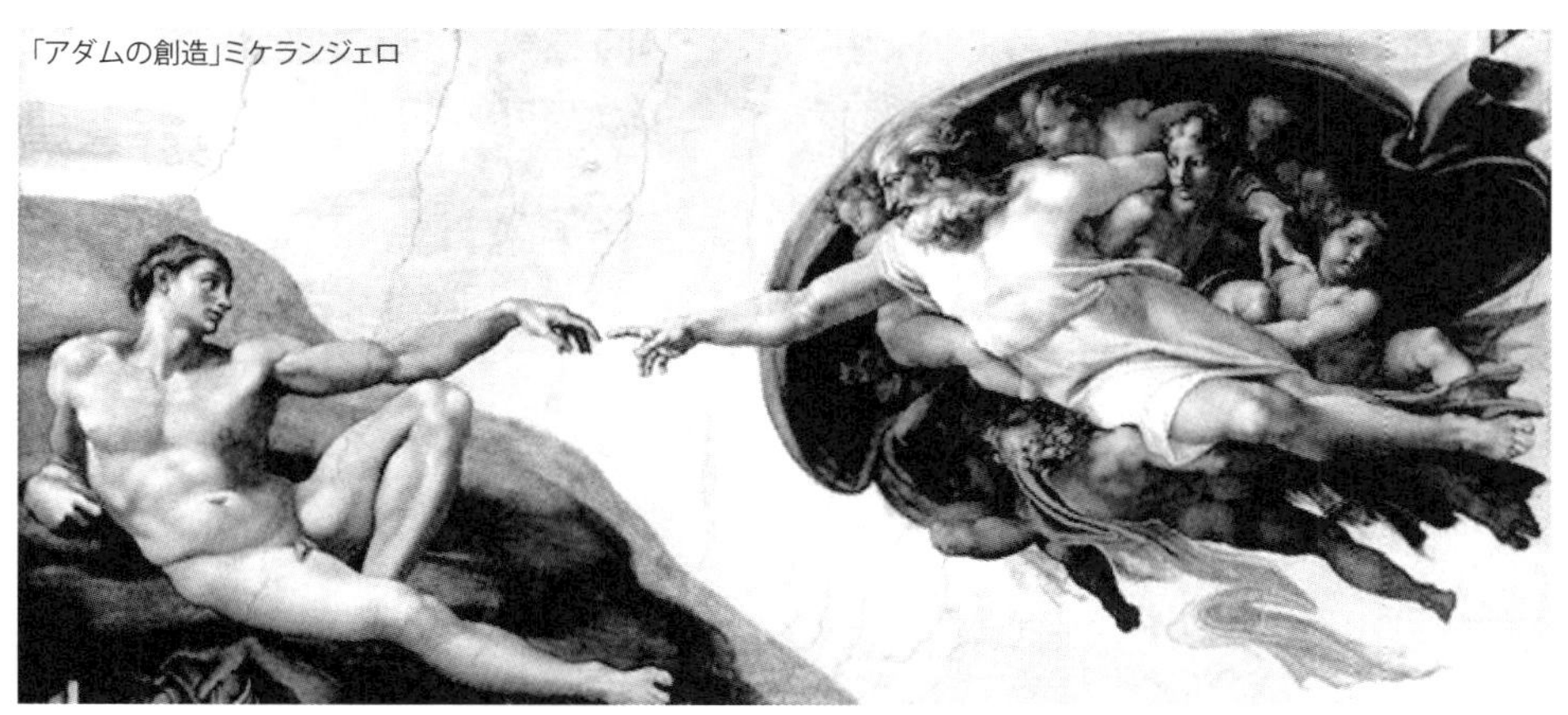

「アダムの創造」ミケランジェロ

6日目

神は言われた。
「我々にかたどり、我々に似せて、
人を造ろう。そして海の魚、空の鳥、家畜、
地の獣、地を這うものすべてを支配させよう。」
神は御自分にかたどって人を創造された。

7日目

神は御自分の仕事を離れ、安息なさった。ユダヤ教では土曜日。キリスト教ではイエスの復活を日曜日として礼拝。イスラム教では金曜日を礼拝の日とし、それぞれ休日になる。

旧約聖書の世界――2
エデンの園からの追放

創世記
2～3章

人間の知恵と罪

†人類が犯した最初の罪

神は土のちりから人を造り、その鼻に命の息を吹き入れた。聖書に登場する最初の人類、アダムの誕生である。

アダムが住まわされたのは「エデンの園」。川があたり一帯を潤し、実をつけた美しい木々が茂る楽園で、神はただひとつのことをアダムに禁じた。「善悪の知識の木からは、決して食べてはならない。食べると必ず死んでしまう」と。

神はまた、アダムのあばら骨から女イブを造り、アダムの妻として与えた。ふたりは一糸まとわぬ姿だったが、それを恥ずかしいとも思わなかった。

ある日、狡猾な蛇が、知恵の実（善悪の知識の木の実）を食べても「決して死ぬことはない。それを食べると目が開け、神のように善悪を知るものとなる」とイブを唆す。

イブは禁じられた実を食べ、夫にも分け与えた。すると、ふたりの目が開け、自分たちが裸でいることが急に恥ずかしくなり、いちじくの葉で腰を覆うのだった。

ふたりが木の実を食べたことは、すぐに神の知るところとなった。アダムは妻のイブを責め、イブは蛇に責任を転嫁した。そんなふたりを神はとがめ、楽園にある「命の木」を食べて永遠の生を得る

人は死ぬ者になった

楽園からの追放

人間は知恵を得たが……

神

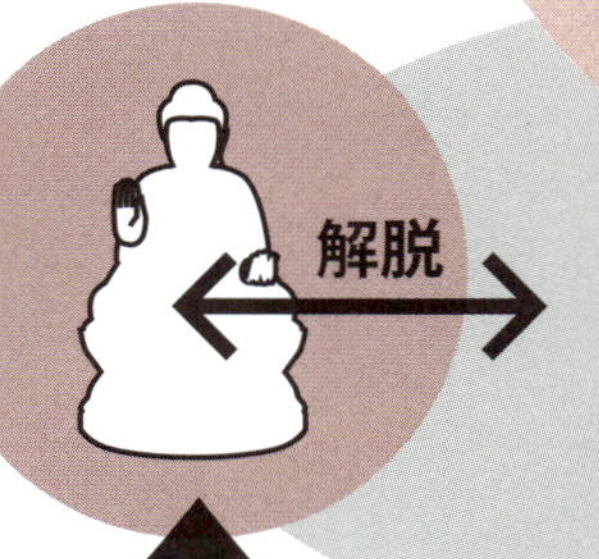

解脱

神と一体となった世界

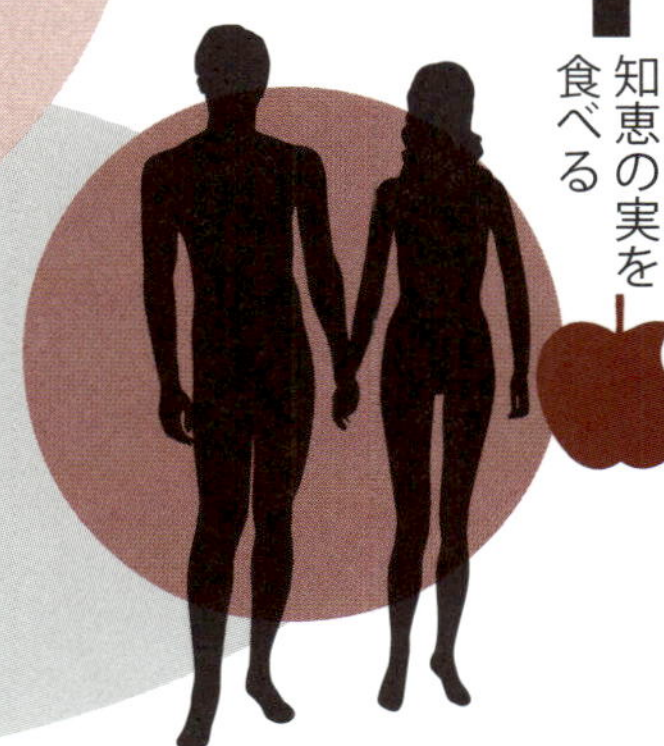

知恵の実を食べる

エデンの園

人間の知恵の世界

自我が目覚め
欲望が目覚め
善悪の判断をする
これは神のみが行いえること

仏教の修行は自我の滅却

仏教はこの世界からの離脱を目指す

ことがないようにと、楽園から追放した。

そしてこのときから、女には産みの苦しみ、男には労働の苦しみが与えられることになったのだという。

†知恵と罪

旧約聖書の楽園追放の物語では、イブが知恵の実を食べ、夫のアダムにも食べさせた。キリスト教ではそれが人間の罪の始まりだと解釈される。

では、なぜ知恵をもつことが罪なのか。それは神のように賢くなろうとしたからである。

また、アダムとイブはいちじくの葉で腰を隠した。そうした自我にこだわることも罪とされる。

しかし、そのことを罪と認識するとき、人は新たに神の前に立ち、懺悔の祈りを捧げることになる。

実は仏教でも同じようなことが説かれている。仏教では「無我」の境地になることを理想とするが、それは仏の前で罪障を悔い、自己を投げ出すことにより可能とされる。

旧約聖書の世界 3

カインとアベルの物語

創世記
4章

最初の殺人

何がカインとアベルを分けてしまったのか

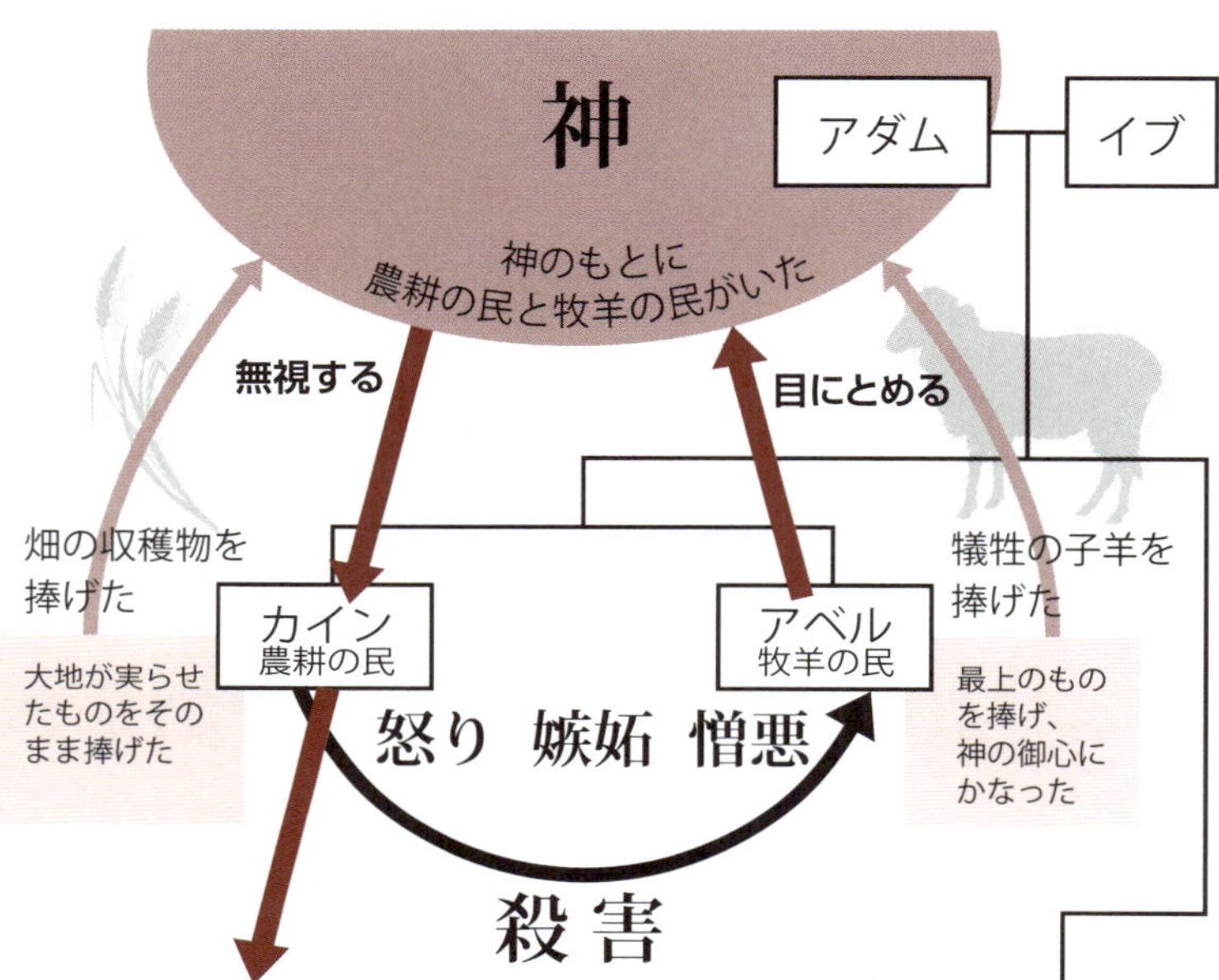

神はカインに印をつけてエデンの東をさすらう者とした。このカインの末裔たちは、都市を造り、道具、楽器をつくり、人類の文化・文明の礎を築いたと伝えられている。
しかしアダムとイブの三男セトの子孫の文明は暴力と快楽にまみれたものとなり、神による洪水で滅んだと伝えられる

「弟アベルを殺すカイン」ギュスターヴ・ドレ

†嫉妬が招いた最初の殺人

楽園を追われたアダムとイブは、ふたりの息子を授かった。成長した兄カインは土を耕す者となり、土の実りを神に捧げた。一方、弟アベルは羊を飼う者となり、初めて生まれた肥えた子羊を神に捧げた。しかし神が顧みたのは、アベルが捧げた子羊だけ。カインの捧げ物には目をとめなかったのだ。

カインは怒り、顔を伏せた。すると神は言われた。「どうして怒るのか。どうして顔を伏せるのか。もしお前が正しいのなら、顔を上げられるはずではないか。正しくないなら、罪は戸口で待ち伏せている」と。

カインのいたたまれない感情は、弟アベルへの嫉妬と憎しみに変わる。そして、弟を野原に連れ出し、自らの手で殺してしまう。さらに、神に「アベルは、どこにいるのか」と問われたカインは、「知りません」と答えた。殺人に次いで、嘘という罪をも犯してしまったのだ。

呪われた者となったカインに、神はこの土地から離れ、地上の放浪者となることを命じた。そして、さまよい人となって命をねらわれることを恐れるカインに、「だれも彼を撃つことのないように」と印をつけた。

こうしてカインは神の前を去り、エデンの東、ノド（さすらい）の地に住むことになったのである。

神はなぜカインの捧げ物を無視したのか。これについてはさまざまな解釈があるが、たとえ神に選ばれない理由が理不尽だったとしても、罪の誘惑に身を委ねたことこそがカインの過ちだった。

†農耕の民と牧羊の民

このカインとアベルの物語は、人間はねたみ・憎悪によって弟を殺したカインの末裔であることを示し、人の罪深さの自覚を促すエピソードである。

しかし歴史的には、古代の西アジアの生産形態の変化を反映した物語だと考えられる。カインは農耕の民であり、その周辺に暮らしていた牧羊の民がアベルである。古代西アジアの都市文明は農耕を経済基盤とし、牧羊の民はその周辺の弱小民であった。

楽園追放と永劫回帰

物理的な時間では〈きのう〉と〈きょう〉の間にあるのは時間の経過だけだが、人間にとって〈きのう〉と〈きょう〉は同じではない。

人の１年には何度か、平日とは異なる特別の日があることによって〈時間の再生〉が起こる。特に大晦日と元日の間には、まるで世界全体が新しくなるかのような大きな違いがある。ユダヤ教の過越の祭りやキリスト教のクリスマスも毎年繰り返されることによって時が再生される。

時は回帰し、終わりはない。ところが、エデンの楽園からの追放によって、現在は最後の審判の時に向かって進んでいく途中だという観念が生まれた。人はその間に罪を悔い改めねばならない。

これに対して、ドイツの哲学者ニーチェは永劫回帰の思想を説いたが、それには超人の意思が必要だという。

旧約聖書の世界—④ ノアの箱舟の物語

創世記
6～9章

神は洪水を起こして人を滅ぼそうとした

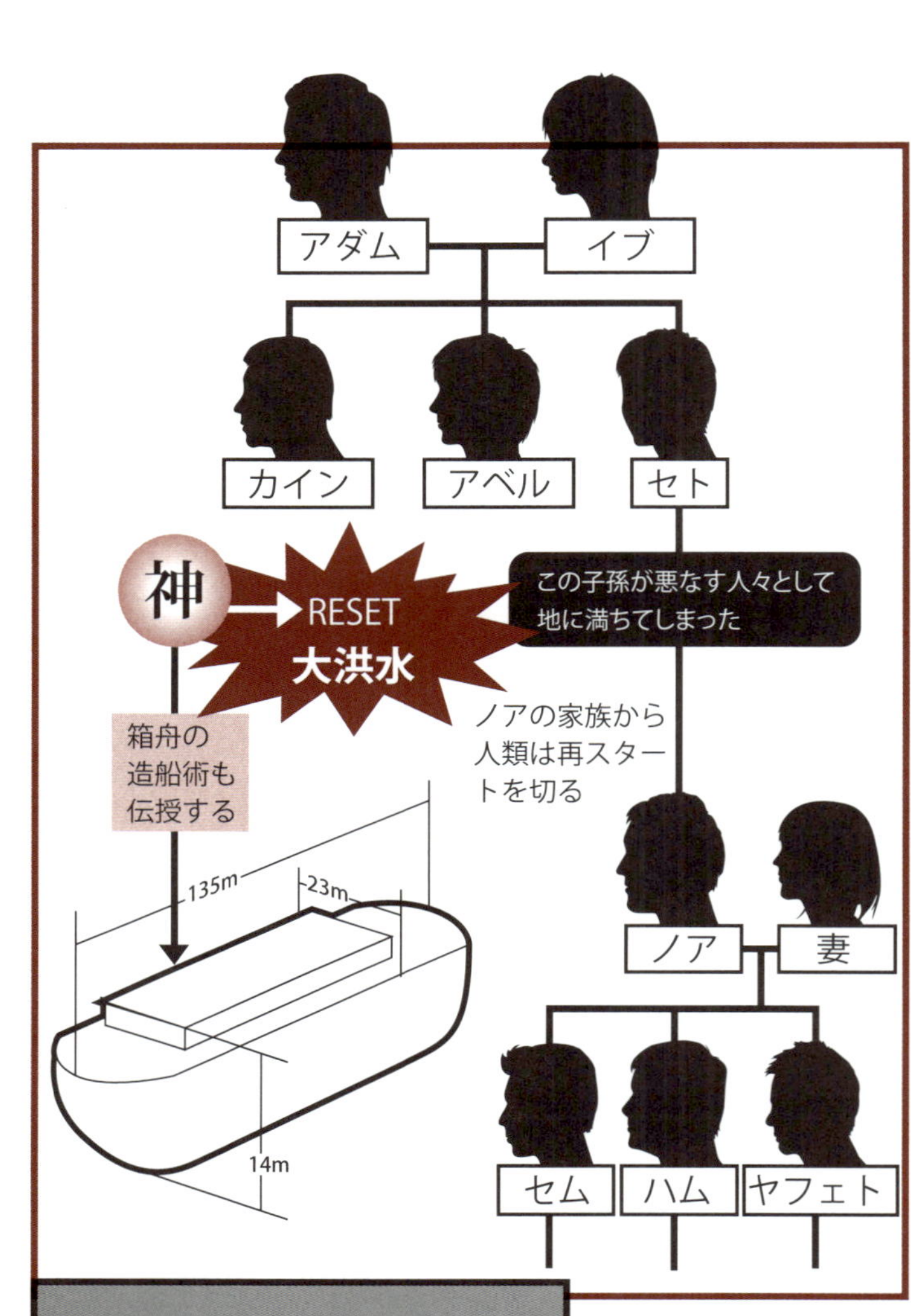

アララト山
トルコ東部にある標高5185mの山。この山頂に「箱舟」が流れ着いたという伝説があり、箱舟探索も行われてきた。近年、人工衛星の画像に、それらしき構造物が写っていたという話もある

†人類再生のための大洪水

アベルが死に、カインが去った後、アダムとイブは三男セトを授かった。時が経ち、その子孫が地上に増えるにつれ、人の悪もまた地に満ちるようになった。心を痛めた神は、人を創造したことを後悔し、洪水を起こして地上から滅ぼそうとした。

「わたしは人を創造したが、これを地上からぬぐい去ろう。人だけでなく、家畜も這うものも空の鳥も。わたしはこれらを造ったことを後悔する」

しかし、神に従う人ノアだけは、神の庇護を得た。

神はノアに箱舟をつくるよう命じ、そのつくり方さえ伝授した。長さ３００アンマ（1アンマは約45センチ）、幅50アンマ、高さ30アンマの巨大な箱舟。そこにノアの家族と地上のあらゆる生き物ひとつがいずつを乗せるよう、神は命じた。やがて洪水が起こり、雨が40日40夜降り続いた。そして地上のあらゆる命がぬぐい去られてしまった。

１５０日経ってようやく水が引き始めると、それまで水上を漂っていた箱舟はアララト山の上にとまった。その40日後、ノアは箱舟の窓からカラスと鳩を空に放ってみたが、どちらもすぐに舞い戻ってきた。まだあたり一面が水に覆われていたからだ。

その7日後、再びノアが鳩を放つと、オリーブの葉をくわえて戻ってきた。それは地上から水が引いた印だった。

神はノアに、二度と洪水によって地を滅ぼすことはしないと約束し、契約の印として雲の中に虹を置いた。

このノアの箱舟によって、鳩は平和の象徴とされる。

旧約聖書の物語はいったん収斂する。アダムとイブに始まる子孫たちは、ノアの一族を除いて、この地上から一掃された。

ここで語られているのは、人間の罪によって自然全体が滅ぼされたことである。そして次のステージでは、神の意思によって選ばれた「残った人」の救いの物語となるのだが、そこに至るには、まだまだ人間たちの神への反逆の物語「バベルの塔」などがある。

父祖伝説と洪水神話

罪深い人間たちを地上から一掃し、選ばれた者たちで世界を再出発させる。こんな洪水伝説は世界各地で伝えられている。

最古のものは４０００年以上も前に遡るメソポタミアの『ギルガメシュ叙事詩』。神々が起こす大洪水の前に、知恵の神エアに教えを受けた老人ウトナピシュティムが箱舟を造って助かる物語だが、老人は7日目に鳩、次いでカラスを地上に放った。その鳥たちが戻ってこないので、地上から水が引いたことがわかり、洪水の終息を知る。

インド神話にも同様の話がある。最高神ヴィシュヌは大洪水を起こして人々を滅ぼしたが、マヌと7人の賢者だけは船に乗せて助けた。このマヌたちが新しい人類の祖になり、以後の人間たちのために「マヌ法典」をつくったと伝えられる。この「マヌ法典」が現在のヒンドゥ教の基礎になった。

旧約聖書の世界——5
バベルの塔の物語

創世記
11章

この塔の建設を発案したのはノアの子孫のニムロドだと伝えられている

バベルの塔

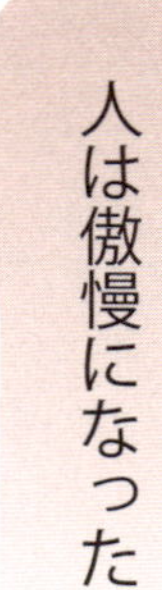

人は傲慢になった

†言葉の異なる多民族の誕生

洪水の後、「産めよ、増えよ、地に満ちよ」と神に祝福されたノアとその息子たちは、その言葉どおり子孫を増やしていった。その頃彼らは皆同じひとつの言葉を話していた。

東方から移動し、シンアルと呼ばれる平野に住み着いた人々は、石の代わりにレンガを焼き、しっくいの代わりに天然のアスファルトを用いることを覚えた。技術を手に入れた人々は、しだいに野心を抱くようになり、こう語り合った。

「さあ、天まで届く塔のある町を建て、有名になろう。そして、全地に散らされることのないようにしよう」

天を目指して建てられていく塔を見て、神は人々の傲慢さを嘆いた。

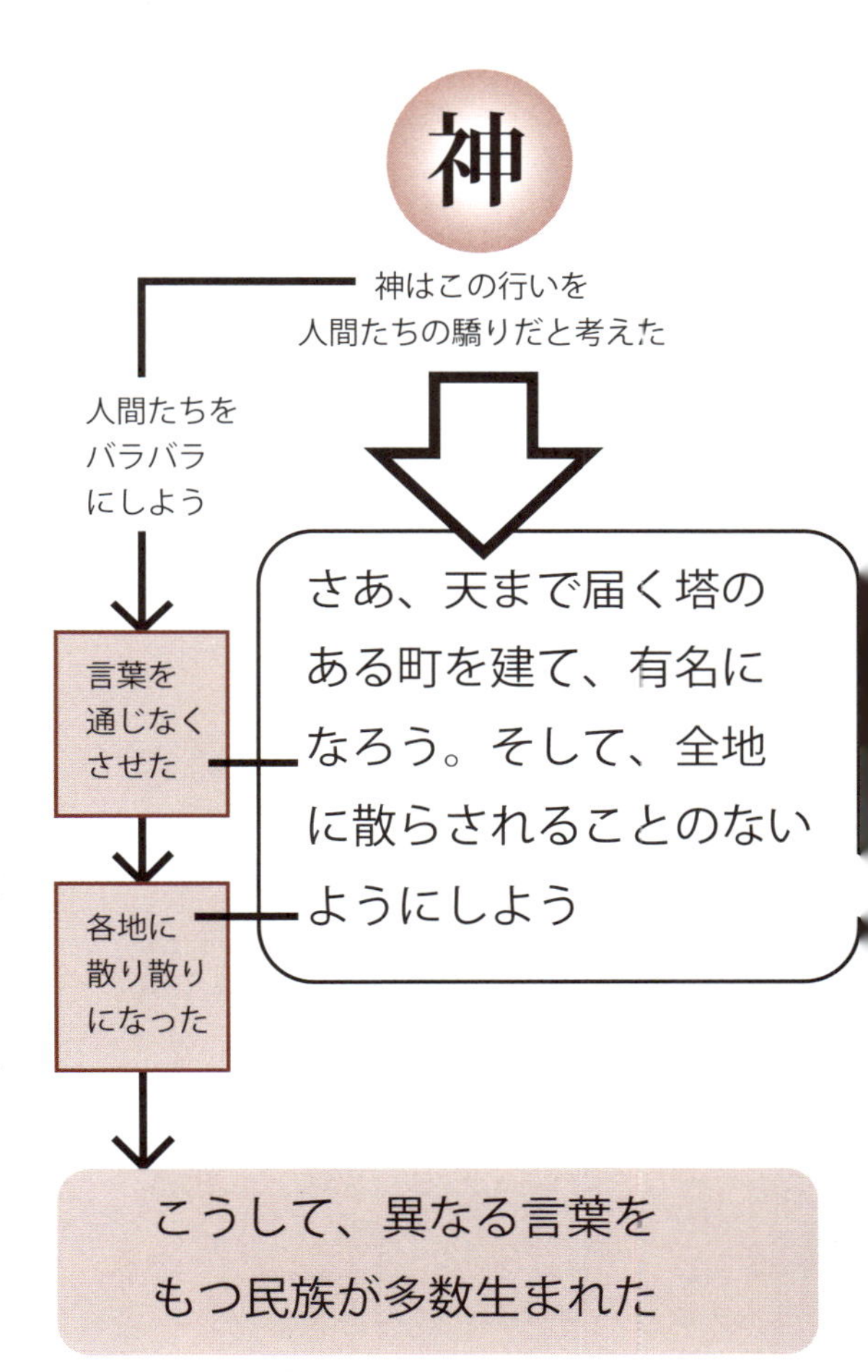

「彼らは一つの民で、皆一つの言葉を話しているから、このようなことをし始めたのだ。これでは、彼らが何を企てても、妨げることはできない」

そこで神がしたことは、人々の言葉を混乱させ、互いの言葉が通じないようにすることだった。何を言っても相手に伝わらない。耳をそばだてても相手の言葉がわからない。もはや塔の建設どころではなかった。人々は町を築くことをやめ、各地に散っていった。

人類はこのときから異なる言葉をもつようになったという。この町は、ヘブライ語で混乱を意味する「バラル」から、「バベル」と名づけられた。

一説によれば、バベルの塔のモデルは、紀元前６世紀、新バビロニア王国のネブカドネザル２世が王都バビロンで大修復した階段状の聖塔、ジッグラトではないかともいわれている。

3・11原発事故とバベルの塔

バベルの塔は神の領域を侵した人間の罪の物語である。２０１１年３月11日の東日本大震災による福島原発の事故も、人間がはたして原子力を制御できるのかという意味で、一種のバベルの塔を築いてしまったのではないかという不安を招いた。

それだけではない。遺伝子組み換え技術によって自然界にはありえない生物をつくり出している。70億人に達する世界人口を養うには、そうした生命科学を利用した農業改革がやむをえないとしても、畏れを知らない技術の発展は何か恐ろしい悲劇を招くのではないかという不安が増大している。出生前の遺伝子検査による産むか産まないかの選択も、かつてないものである。また、超高層ビルが林立する都市に象徴されるエネルギーの大量消費は地球環境の激変を招こうとしている。

このバベルの塔の先に何があるのだろう？

旧約聖書の世界 6

アブラハム一族の物語

創世記
12～50章

イスラエル12部族の父祖

アブラハムと神との契約、そして約束の地カナンへ

ノアの息子セムの子孫、テラの子であるアブラハムは、神に選ばれ、75歳のとき神の啓示を受けた。

「生まれ故郷、父の家を離れて、私が示す地に行きなさい。あなたを大いなる国民にし、祝福する」

このときユーフラテス川中流のハランにいたアブラハムは、神の言葉に迷いなく従い、妻や甥などを伴って南に下り、カナンの地に移る。地中海と死海とにはさまれたこの土地を、神はアブラハムとその子孫に与えることを約束した。イスラエル民族の歴史はここから始まる。

ノア
テラ　セム から9代目
ここまでは人類全般
アブラハムからイスラエルの民の歴史が始まる
ハガル　アブラハム　サラ　ハラン
イシュマエル　イサク　リベカ
エサウ　ヤコブ　ラケル
ヨセフ

神はアブラハムに、イサクの犠牲を要求する

老齢のアブラハムが、ようやく授かった息子イサク。しかし神は、その子をいけにえとして捧げることを命じた。示された山に登り、幼な子に刃物を向けようとするアブラハム。犠牲も惜しまぬ姿を見た神はそれをさえぎり、一族の繁栄を約束する。

ヤコブの夢に現れた神が一族の繁栄を告げる その一族がイスラエル12部族に

イサクの子ヤコブは、彼があざむいた兄エサウの怒りをかい、逃亡の旅に出る。その道中、夢に神が現れ、子孫繁栄を告げられた。やがて東方の地に落ち着き、財を築いたヤコブは、カナンに戻って兄と和解する。神は再びヤコブの前に現れて言った。「あなたの名はもはやヤコブと呼ばれない。イスラエルがあなたの名となる」。彼の12人の息子が、後のイスラエル12部族の祖となった。

ビルハ
ヤコブ
ラケル
ジルパ
レア
ゼブルン◎
イサカル◎
シメオン◎
ルベン◎
ユダ●
レビ
ヨセフ
アセテナ
マナセ◎
エフライム◎
ベニヤミン●
アシェル◎
ガド◎
ナフタリ◎
ダン◎

◎ 北イスラエル王国系
● 南ユダ王国系
（現在のユダヤ人の祖先）

ヨセフは夢解きによってエジプトで大成 そして、一族を呼び寄せるが……

12人の息子の中で、父ヤコブに可愛がられたヨセフは、兄たちにうとまれた末にエジプトに売られてしまう。しかし、神に守られたヨセフは、ファラオの見た夢を解き明かし、7年の豊作の後に7年の飢饉に見舞われると告げ、食料の備蓄を進言した。その言葉どおりとなり、ヨセフはファラオに次ぐ地位を与えられるまでになる。そうとは知らず、食料を求めてカナンからやってきた兄たちを許したヨセフは、一族総勢70人を、エジプトに呼び寄せるのだった。

ヨセフの息子たちを祝福するヤコブ

ヨセフが呼び寄せた一族がエジプトで一民族に成長した物語は再びここから始まる

旧約聖書の世界——モーセの登場

7 A

出エジプト記
1～12章

モーセの出生

1 イスラエルの民の新生男児皆殺しの危機が迫る

イスラエルの民はエジプトで子孫を増やし、国中にあふれた。さらに世代が変わり、ヨセフを知らないファラオが国を支配するようになると、イスラエルの民は国を脅かす危険な存在と見なされ、奴隷として酷使されるようになった。けれども、虐待されればされるほど、民は増え広がるばかり。エジプト人はますます彼らに嫌悪感を募らせた。

ついにファラオは全国民に命令を下す。イスラエル人の男児が生まれたら、「一人残らずナイル川にほうり込め」と。

2 モーセをパピルスの籠に入れて逃がす

ヤコブの12人の息子のひとり、レビの子孫のもとに男児が誕生した。3カ月間隠し育てたが、母はついにあきらめ、パピルスの籠に赤子を入れ、ナイル河畔の葦の茂みの間に置いた。

3 モーセ、エジプトの王女に救われ、養子となる

籠の中の赤子は、水浴びにやってきたエジプトの王女に拾われる。イスラエルの血を引く子と知りながら、王女は赤子を不憫に思い、モーセと名づけて養子として育てた。

モーセの前半生記

モーセ、エジプトに生まれる
↓
1　エジプトのファラオ、イスラエル民族の男児の虐殺を命じる
↓
2　家族、モーセをナイル河畔に置き去りに
↓
3　エジプトの王女に拾われ、養子として育てられる
↓
4　イスラエル人を虐待するエジプト人を殺害してしまう
↓
シナイ半島のミディアンに逃亡する
↓
土地の司祭の娘と結婚する
↓
5　神の山で燃える柴の炎の中から神の声を聞く
↓
神はモーセに、イスラエルの民をエジプトから連れ出すよう命じる
↓
躊躇するモーセを神は励ます
↓
エジプトに戻り、ファラオにイスラエルの民の解放を願う
↓
10の災いを起こし、ファラオを屈服させ、イスラエルの民をエジプトから脱出させようとする

4 エジプト人を殺害し、シナイに逃亡する

成人したモーセは、ある日イスラエルの民がエジプト人に虐待されているのを見て、思わず打ち殺してしまう。追跡を恐れ、モーセはシナイ半島のミディアンに逃れた。

そのとき井戸の木陰でモーセが休んでいると、土地の司祭の娘たちが水を汲もうとやってきた。

ところが、その地の羊飼いたちが娘たちを追い払おうとしたので、モーセは羊飼いから娘たちを守ってやった。

このことが縁で、モーセは、エトテロの娘ツィポラと結婚した。

5 燃える柴の炎の中から、神の声を聞く

ミディアンの地で妻をめとり、羊飼いとなったモーセは、あるとき神の山シナイ(別名ホレブ）に登った。すると、炎に包まれた柴が現れた。柴は燃えているのに、燃え尽きることがない。不思議に思って見ていると、神の声が聞こえた。神はモーセに、虐げられたイスラエルの民を救い、エジプトから連れ出すことを命じる。そして、躊躇するモーセに奇跡を行う力を授けた。

モーセはファラオのもとを訪ね、イスラエルの民の解放を直訴。さらに10の災いを起こしてみせ、ついにファラオは民族の脱出を許可した。

「今、行きなさい。
わたしはあなたを
ファラオのもとに遣わす。
わが民イスラエルの人々を
エジプトから連れ出すのだ」
出エジプト記　3章10節

旧約聖書の世界―⑦B 出エジプトの物語

出エジプト記
申命記

モーセの出エジプトのルートには
3つの説があるが、南ルートが有力

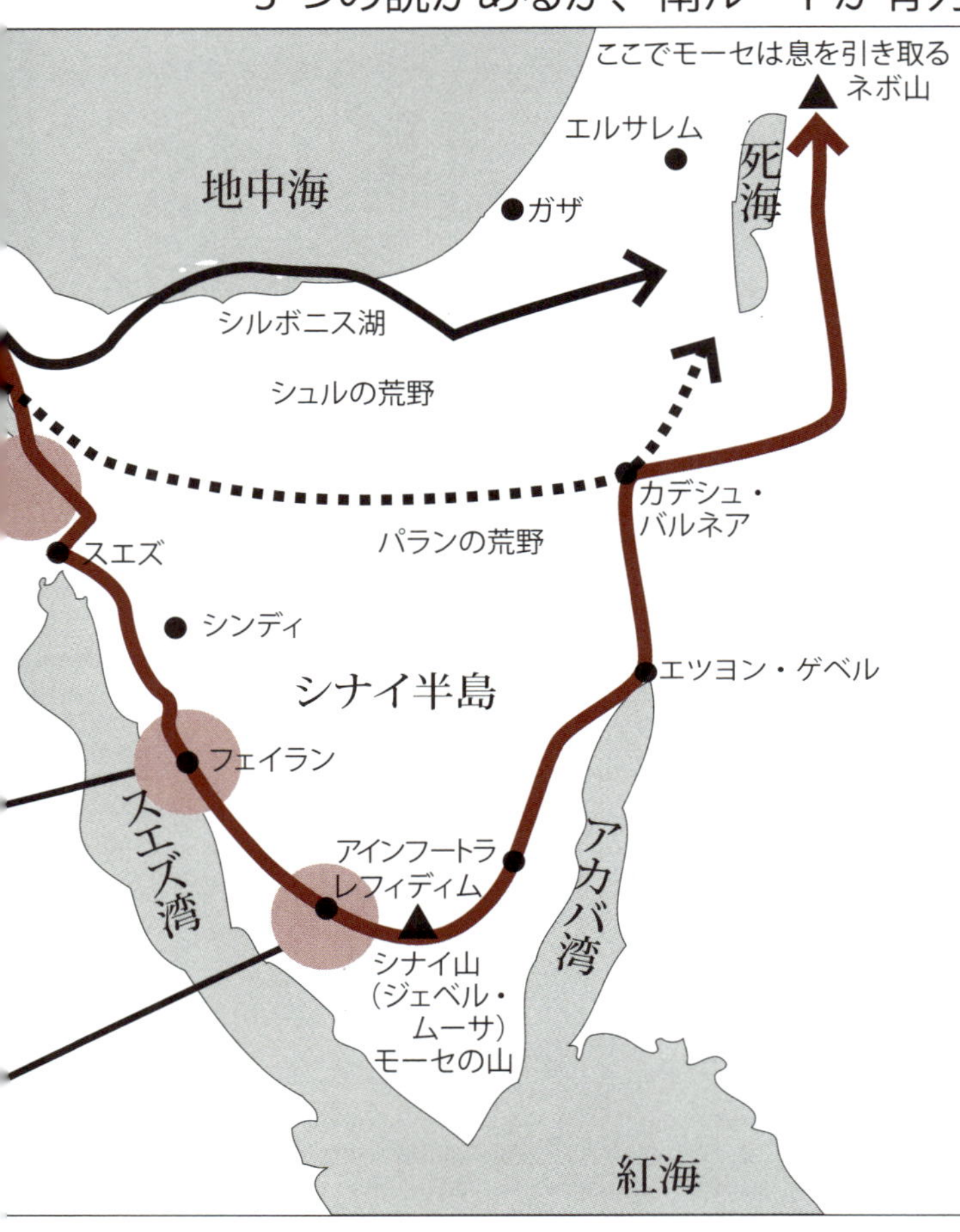

エジプトからの脱出

†40年に及んだ荒れ野の旅

成人男子だけで60万人、それに家族を加えた大集団が４３０年間住んだエジプトを脱し、荒れ野の道を進んだ。ファラオは奴隷たちを手放したことを後悔し、自ら大軍を率いてあとを追った。しかしモーセは、海をふたつに割る奇跡を起こして追っ手を振り切る。さらに旅の道中、数々の奇跡を起こして、イスラエルの民が神とともにあることを示して見せた。

３カ月後、一行はシナイ山の麓にたどり着く。この聖なる山でモーセは神から「十戒」を授かり、人々に伝えた。

一行はシナイをあとにすると、いよいよ乳と蜜の流れる土地カナンを目指した。40年にわたる荒れ野の旅の果てに、ヨルダン川の東岸までやってくる。対岸に広がる約束の地を、モーセはネボ山の頂きから見渡した。しかし「あなたはしかし、そこに渡って行くことはできない」と神に告げられたとおり、到着を目前にして120歳で天寿をまっとうした。

ピ・ラメセス
ナイル川
エジプ
北ルート
中央ルート
南ルート

モーセの奇跡❶ 海をふたつに割る

葦の海の手前で、イスラエルの民は、エジプト軍に追いつかれてしまった。しかしモーセが海に手を差し伸べると、激しい風が巻き起こり、海がふたつに割れて乾いた道が現れた。列をなし、海の中の道を渡りきる人々。そのあとを追ってエジプト軍が渡ろうとすると、モーセが再び手を差し伸べた。たちまち海は元どおりになり、エジプト軍をのみ込んだ。

モーセの奇跡❷ 飢えた民にマナが降る

荒れ野を進む人々は空腹を訴え、「エジプトでは食べるものに不自由しなかったのに､我々を飢え死にさせるつもりか」とモーセを責めた。するとモーセは､「神は夕暮れに肉を、朝にパンを与えてくださる」と答えた。その言葉どおり、夕方には多数のウズラが、朝には地表を覆い尽くすパンが現れた。人々はこのパンを「マナ」と名づけ、命をつなぐ。

モーセの奇跡❸ 岩から水を出す

レフィディムの地までやってくると、民は今度は「飲み水がない」と不平をこぼし始めた。そこでモーセが杖で岩を打つと、水がほとばしり出た。モーセはその場所を「マサ（試し）」と「メリバ（争い）」と名づけた。人々が、本当にイスラエルの民が神に守られているのかどうか不安に駆られ、モーセと争い、神を試したからである。

旧約聖書の世界――7C モーセの十戒の物語

出エジプト記
20章

『モーセと十戒の石板』
聖ニコラス大聖堂の
フレスコ画

モーセの持つ石板に刻まれた十戒

十戒

あなたには、わたしをおいて
ほかに神があってはならない
→ 一神教の原点

あなたはいかなる像も造ってはならない

あなたの神、主の名を
みだりに唱えてはならない
→ 偶像崇拝の禁止

安息日を心に留め、
これを聖別せよ
→ 安息日の厳守
安息日は神の天地創造を
確認する特別な日

あなたの父母を敬え

殺してはならない

姦淫してはならない

盗んではならない

隣人に関して偽証してはならない

隣人の家を欲してはならない。
隣人の妻、男女の奴隷、
牛、ろばなど隣人のものを
一切欲してはならない
→ 神に従う民として、
守らなければならない
掟の数々

ヤハウェを唯一の神とせよ

†神との契約「十戒」を授かる

モーセはシナイ山で十戒を授かった。

民を引き連れて、シナイ山にたどり着いたモーセは、民を麓に残し、ひとり山に登った。神はここでモーセに十の戒めを授ける。

その第一にあげられたのが、神は唯一であり、ほかに神をもってはならないこと。これが一神教の原点である。

モーセと神の間でなされたのは神とユダヤの民との契約であり、その契約を民が守ることで神から土地を与えられた。

ところで、エジプトに支配されたように苦難のユダヤの民が力強くあるためには、イスラエル12部族の強力な団結が不可欠だった。その団結の鍵が、世俗的な利害ではなく、すべての部族が同じ一つの神、唯一神に仕えることだった。2枚の石板に刻まれたという十戒は、イスラエル12部族の同盟の礎になった。

この十戒の舞台となったシナイ山は特定されていないが、シナイ半島南部にあるジェベル・ムーサだと伝えられる。アラビア語で「モーセの山」の意味である。

モーセの十戒と仏教の十戒

人間の集団には、家族であれ、地域であれ、それぞれに守るべき規則や掟がある。

ユダヤ教・キリスト教では基本的な戒律がモーセの十戒で、神から人に授けられた。仏教でもブッダ（釈迦）が定めたと伝えられる戒律がある。いちばんの基本は三宝（仏と法と僧）を敬うことで、最低限、それを尊重すればブッダの教団の一員として認められたという。

そのほかのことはブッダが一人ひとりに、そのつど、「このようにしなさい」「それはやめなさい」と語ったという。ブッダの滅後まもなく、長老たちが集まって第1回仏典結集（ぶってんけつじゅう）と呼ばれる集会（しゅうえ）がもよおされたときも、「わたしは世尊からこのように聞いた」とブッダの戒律を確かめ合った。その後、時代が下るにつれて戒律は細かく数え上げられたが、基本の10項目がある。それを十戒とも十善戒ともいう。

①不殺生戒（ふせっしょうかい）＝あなたは、殺すことなくありなさい。
②不偸盗戒（ふちゅうとうかい）＝あなたは、盗むことなくありなさい。
③不邪淫戒（ふじゃいんかい）＝あなたは、淫（みだ）らであることなくありなさい。
④不妄語戒（ふもうごかい）＝あなたは、偽りを言うことなくありなさい。
⑤不綺語戒（ふきごかい）＝あなたは、不誠実なことを口にすることなくありなさい。
⑥不悪口戒（ふあっくかい）＝あなたは、ののしることなくありなさい。
⑦不両舌戒（ふりょうぜつかい）＝あなたは、二枚舌を用いることなくありなさい。
⑧不慳貪戒（ふけんどんかい）＝あなたは、惜しむことなくありなさい。
⑨不瞋恚戒（ふしんにかい）＝あなたは、怒ることなくありなさい。
⑩不邪見戒（ふじゃけんかい）＝あなたは、ゆがんだまなざしで見ることなくありなさい。

モーセの十戒では6番目の不殺生が仏教の十戒ではトップである。

旧約聖書の世界——8A

ユダヤの民の栄華と王国の崩壊

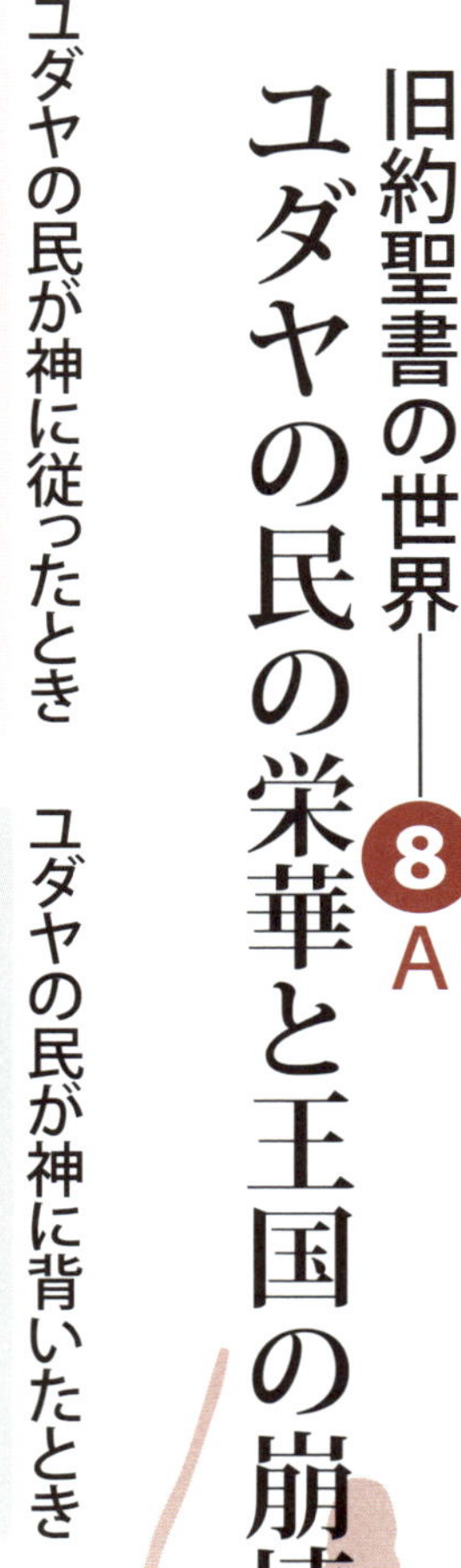

イスラエル王国の数奇な運命

ユダヤの民が神に従ったとき

ユダヤの民が神に背いたとき

サウル、
イスラエル最初の王

寵愛する

嫉妬と
殺意

少年ダビデ

サウル王は、ダビデの
才覚と勇気に嫉妬し、
自らの没落を恐れ、
ダビデ暗殺を試みる

ダビデ、敵の英雄
ゴリアテを破る

ダビデ英雄に

ダビデ、
イスラエル王国
を統一

ダビデの姦淫事件
その相手は
部下の妻

ダビデ死亡

生前に王位をめぐり、
息子たちが殺し合いを続ける

ソロモン

†王国史430余年のあらまし

イスラエルが周辺国に遅れて王制をしくようになったのは、紀元前1020年頃のこと。王国になってもなお、イスラエルの民と神との関係は、士師の時代となんら変わらなかった。すなわち、民が神に背いたときは罰が下り、神に従ったときは平穏が訪れる。罪と罰、悔い改めと赦し、この繰り返しが延々続いた。

預言者サムエルによって油を注がれ、最初の王となったのはサウル。神に選ばれて王となった彼は、民を率いて周辺の民族と戦い、相次ぐ勝利を収めた。しかし、自らが寵愛したダビデをねたみ、殺意を抱くようになる。戦場で命を落とし、後継ぎも失うことになった。

次なる王となったダビデは、イスラエ

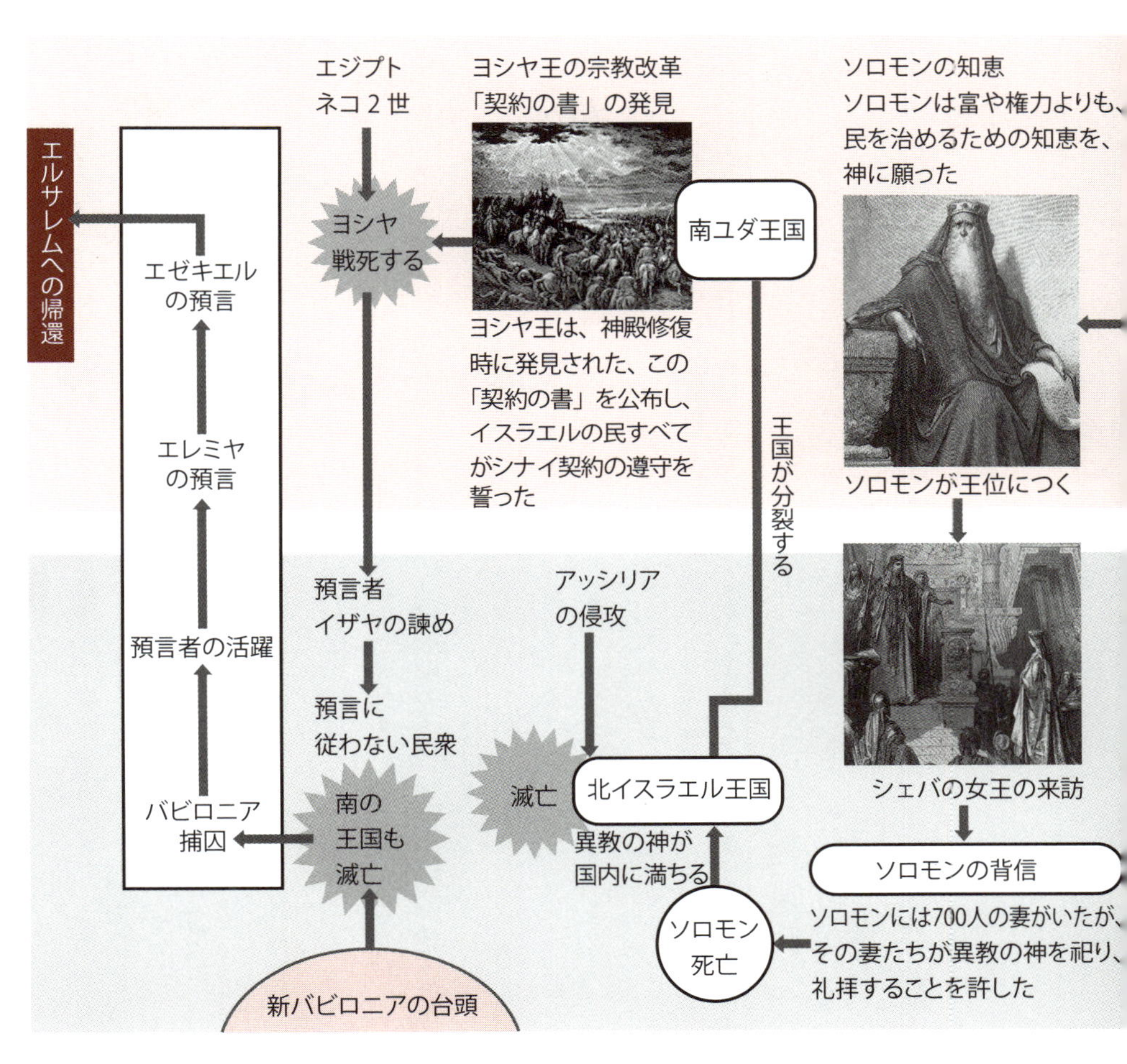

ル王国統一を果たしたが、戒律で禁じられた姦淫の罪を犯したため、息子たちを王位継承争いで次々亡くす。

その後を継いだ息子ソロモンは、富や権力よりも知恵を求め、王国に黄金期をもたらした。だが、外国から迎えた妻や愛人たちが、異教の神を祀ることを許してしまう。唯一の神との契約を破った罰として、イスラエル12部族のうち10部族から成る北のイスラエル王国と、ソロモンのユダ族が治める南のユダ王国とに国は分裂。その後、北の王国は大国アッシリアの侵攻を受けて滅びてしまう。

残ったユダ王国では、ヨシヤ王の時代、神殿の修復中に「契約の書」が発見され、モーセがシナイ山で授かった掟に今一度立ち返るようになった。しかし、ヨシヤ王の死後、またもや人々は「神の目に悪とうつること」を繰り返し、預言者エレミヤの忠告にも従わなかった。紀元前586年、ついに王国は新バビロニアによって滅ぼされ、ユダの民は「バビロニア捕囚」の憂き目を見ることになる。

こうして民は同じ過ちを繰り返し、そのたびに神は回生の機会を与え続けた。

旧約聖書の世界——ダビデ王の物語 8B

サルエル記
列王記

イスラエル王国の英雄

†豪傑ゴリアテを倒して英雄に

ダビデはベツレヘムの人エッサイの末息子として生まれた。瞳の美しい紅顔の美少年に育ち、竪琴の腕前を買われて、サウル王に仕えるようになる。

ある日、イスラエルと対立するペリシテの豪傑ゴリアテが、一騎打ちの相手を募るのを見て、ダビデは名乗りをあげた。幼い頃から羊の番をしていたダビデは、羊を襲う獣を倒す術を身につけていた。杖と小石を手にした少年を見て、ゴリアテはせせら笑った。油断したゴリアテに、ダビデは石投げ紐を使って小石を飛ばした。すると小石は大男の額に命中。剣も使わず、小石だけでペリシテの勇士を倒したダビデは、一躍英雄となった。

『ゴリアテを殺すダビデ』
ギュスターヴ・ドレ（1885年）

サウルはますますダビデを寵愛し、戦士の長に任命した。戦に出陣するたびに、勝利をあげて凱旋するダビデ。それを迎えた人々は、「サウルは千を討ち、ダビデは万を討った」と讃えた。

サウルは「ダビデには万、わたしには千か」とダビデをねたむようになり、ついにはダビデ殺害を家臣に命じた。

†統一王が犯した姦淫の罪

追っ手を逃れたダビデは転々と移りながら力をつけていった。やがてサウルはペリシテに敗れて戦死し、ダビデはついにイスラエル統一王国の王となり、エブス人からエルサレムを奪って首都とし、近隣諸国を制圧した。

しかし、そのダビデも、部下ウリヤの妻バト・シェバを寝とるという過ちを犯す。

以来、歯車が狂い始めた。

バト・シェバは息子ソロモンを産み落とす。ダビデにはすでに妻や側女との間に子がいたが、異母兄妹の姦通や、王位継承をめぐる争いにより、一族は醜い諍いを繰り返した。

年老いたダビデは、バト・シェバと預言者ナタンに説得されて、末子ソロモンに王位を譲る。そして、30歳で王となってから40年でその生涯を終えた。

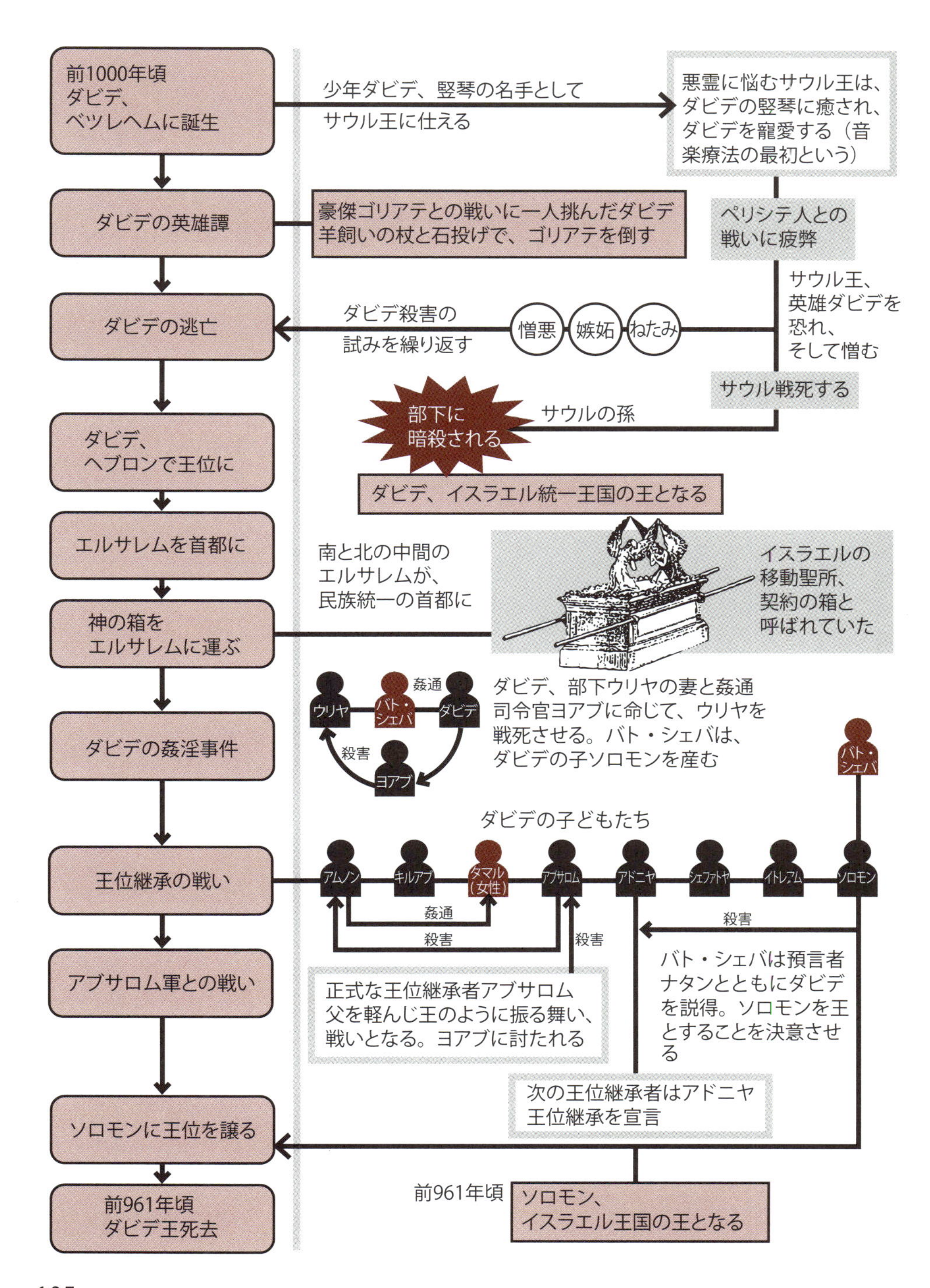

前1000年頃
ダビデ、
ベツレヘムに誕生
少年ダビデ、竪琴の名手として
サウル王に仕える
悪霊に悩むサウル王は、ダビデの竪琴に癒され、ダビデを寵愛する（音楽療法の最初という）
ダビデの英雄譚
豪傑ゴリアテとの戦いに一人挑んだダビデ
羊飼いの杖と石投げで、ゴリアテを倒す
ペリシテ人との
戦いに疲弊
サウル王、
英雄ダビデを
恐れ、
そして憎む
ダビデの逃亡
ダビデ殺害の
試みを繰り返す
憎悪
嫉妬
ねたみ
サウル戦死する
部下に
暗殺される
サウルの孫
ダビデ、
ヘブロンで王位に
ダビデ、イスラエル統一王国の王となる
エルサレムを首都に
南と北の中間の
エルサレムが、
民族統一の首都に
イスラエルの
移動聖所、
契約の箱と
呼ばれていた
神の箱を
エルサレムに運ぶ
ウリヤ
バト・シェバ
姦通
ダビデ
殺害
ヨアブ
ダビデ、部下ウリヤの妻と姦通
司令官ヨアブに命じて、ウリヤを
戦死させる。バト・シェバは、
ダビデの子ソロモンを産む
ダビデの姦淫事件
バト・シェバ
ダビデの子どもたち
王位継承の戦い
アムノン
キルアブ
タマル（女性）
アブサロム
アドニヤ
シェファトヤ
イトレアム
ソロモン
姦通
殺害
殺害
殺害
アブサロム軍との戦い
正式な王位継承者アブサロム
父を軽んじ王のように振る舞い、
戦いとなる。ヨアブに討たれる
バト・シェバは預言者
ナタンとともにダビデ
を説得。ソロモンを王
とすることを決意させ
る
次の王位継承者はアドニヤ
王位継承を宣言
ソロモンに王位を譲る
前961年頃
ダビデ王死去
前961年頃
ソロモン、
イスラエル王国の王となる

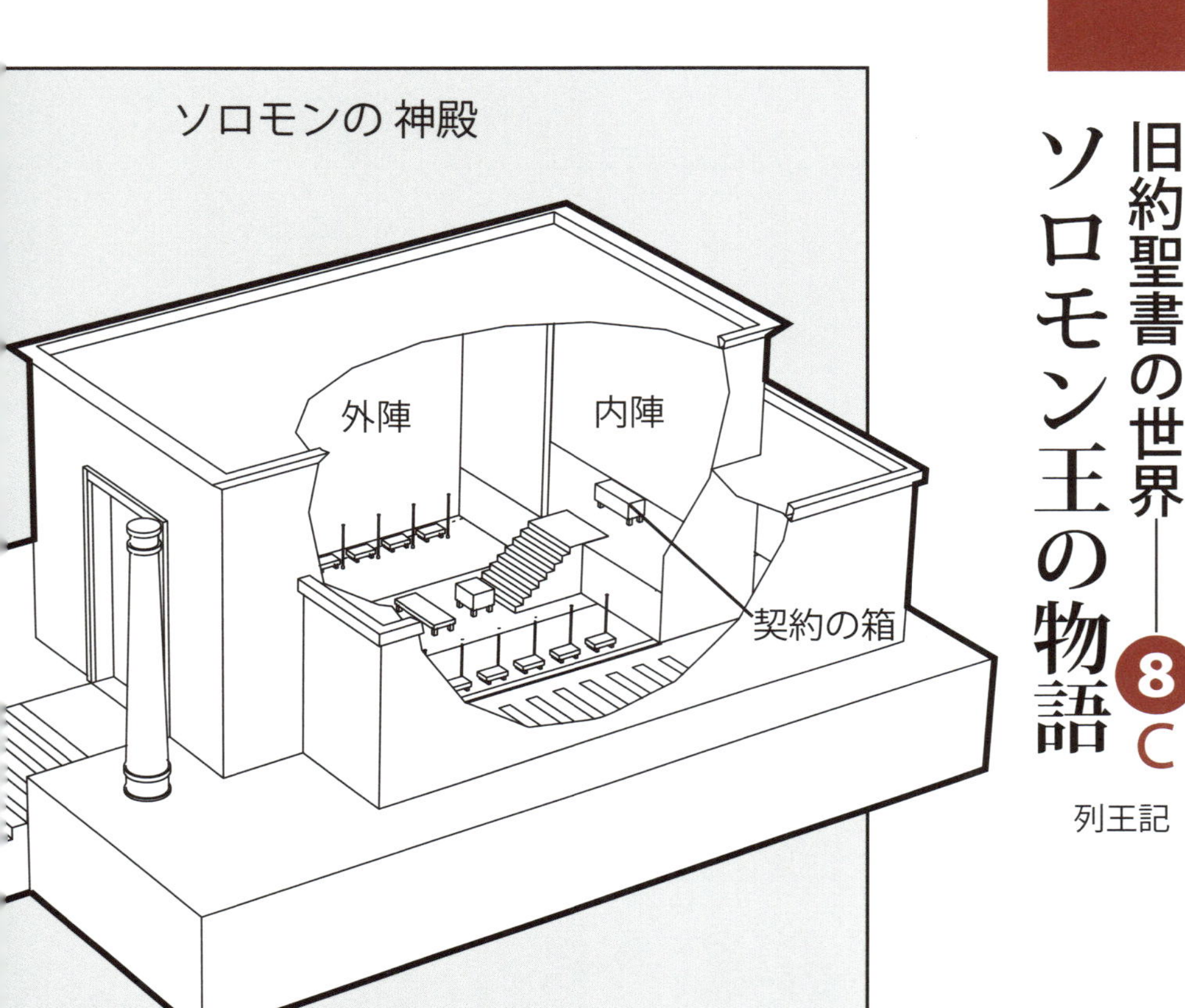

旧約聖書の世界 ソロモン王の物語 8 C

列王記

イスラエルのシンボルになったソロモンの紋章

†国を繁栄に導いた知恵の王

若き王ソロモンが1000頭のいけにえを捧げた夜、神が夢に現れ、「願うものをなんでも与えよう」と言った。「民を導くための知恵を」と答えるソロモンに、神は知恵も富も栄光も授けようと約束する。

あるとき、ふたりの女が赤ん坊を取り合って訴えを起こすと、ソロモンは剣を手に、赤ん坊をふたつに裂いて分けるよう命じた。ひとりの女は「この子をあの女にあげてください」と言い、もうひとりは「裂いてふたりにください」と言う。ソロモンは、最初の女が実の母と見抜き、赤ん坊を与えた。こうした知恵ある裁きの数々は、内外の評判となり、シェバの女王が知恵試しに訪れたほどだった。

ソロモンはエルサレムに絢爛たる神殿

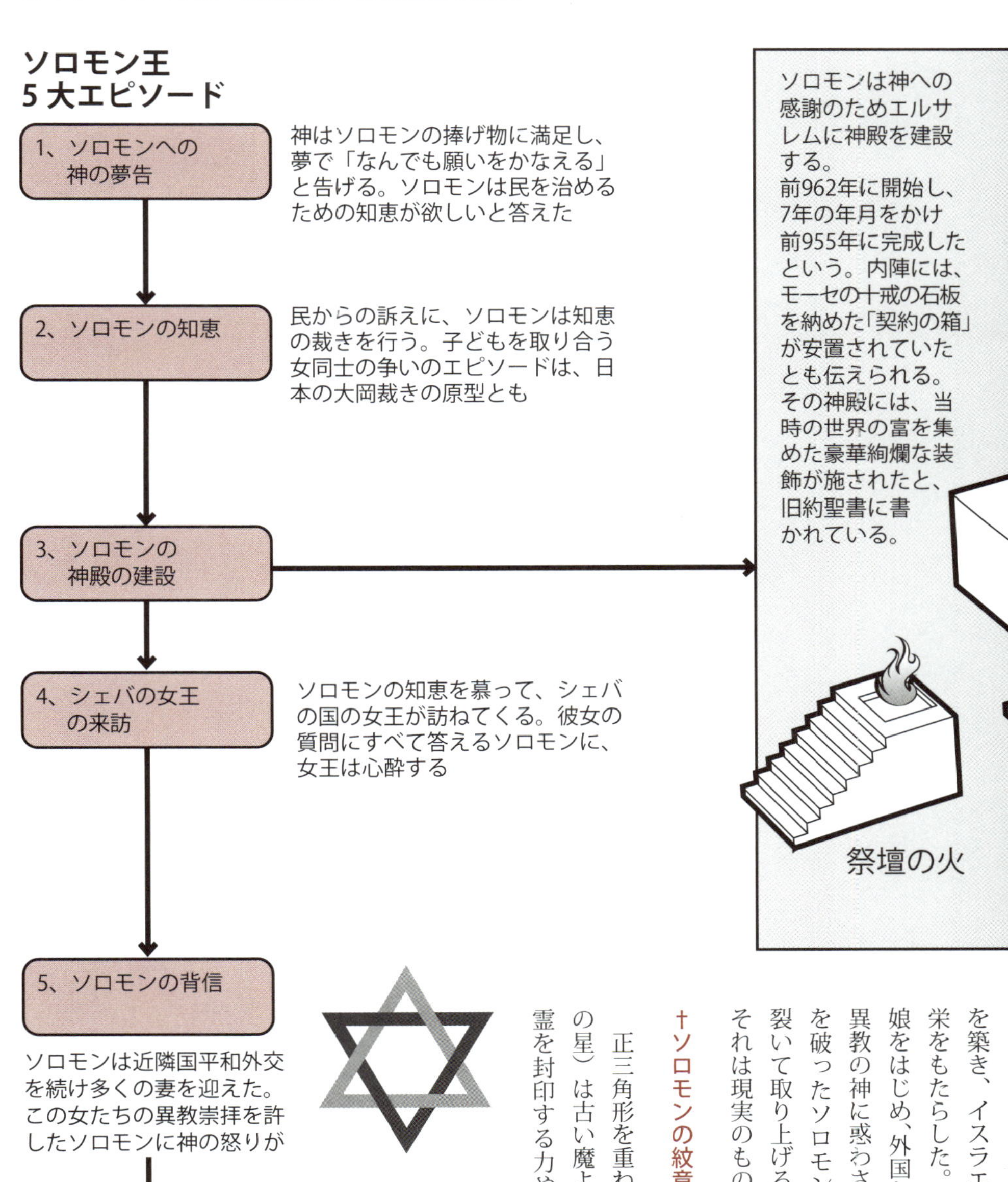
ソロモン王
5大エピソード
1、ソロモンへの神の夢告
神はソロモンの捧げ物に満足し、夢で「なんでも願いをかなえる」と告げる。ソロモンは民を治めるための知恵が欲しいと答えた
2、ソロモンの知恵
民からの訴えに、ソロモンは知恵の裁きを行う。子どもを取り合う女同士の争いのエピソードは、日本の大岡裁きの原型とも
3、ソロモンの神殿の建設
ソロモンは神への感謝のためエルサレムに神殿を建設する。

前962年に開始し、7年の年月をかけ前955年に完成したという。内陣には、モーセの十戒の石板を納めた「契約の箱」が安置されていたとも伝えられる。

その神殿には、当時の世界の富を集めた豪華絢爛な装飾が施されたと、旧約聖書に書かれている。

祭壇の火
4、シェバの女王の来訪
ソロモンの知恵を慕って、シェバの国の女王が訪ねてくる。彼女の質問にすべて答えるソロモンに、女王は心酔する
5、ソロモンの背信
ソロモンは近隣国平和外交を続け多くの妻を迎えた。この女たちの異教崇拝を許したソロモンに神の怒りが
前931年頃
ソロモン死亡する

を築き、イスラエル王国にかつてない繁栄をもたらした。しかし、エジプト王の娘をはじめ、外国から多くの妻をめとり、異教の神に惑わされるようになる。戒めを破ったソロモンに神は怒り、「王国を裂いて取り上げる」と告げた。王の死後、それは現実のものとなる。

†ソロモンの紋章

正三角形を重ねたダビデの盾（ダビデの星）は古い魔よけで、ソロモン王に悪霊を封印する力や英知を与えた指輪に、この文様が描かれていたとも伝えられる。中世以降はユダヤ人のシンボルとなり、現在のイスラエル国旗にも描かれている。

旧約聖書の世界――9

王国の分裂から消滅までの物語

列王記
歴代誌 下

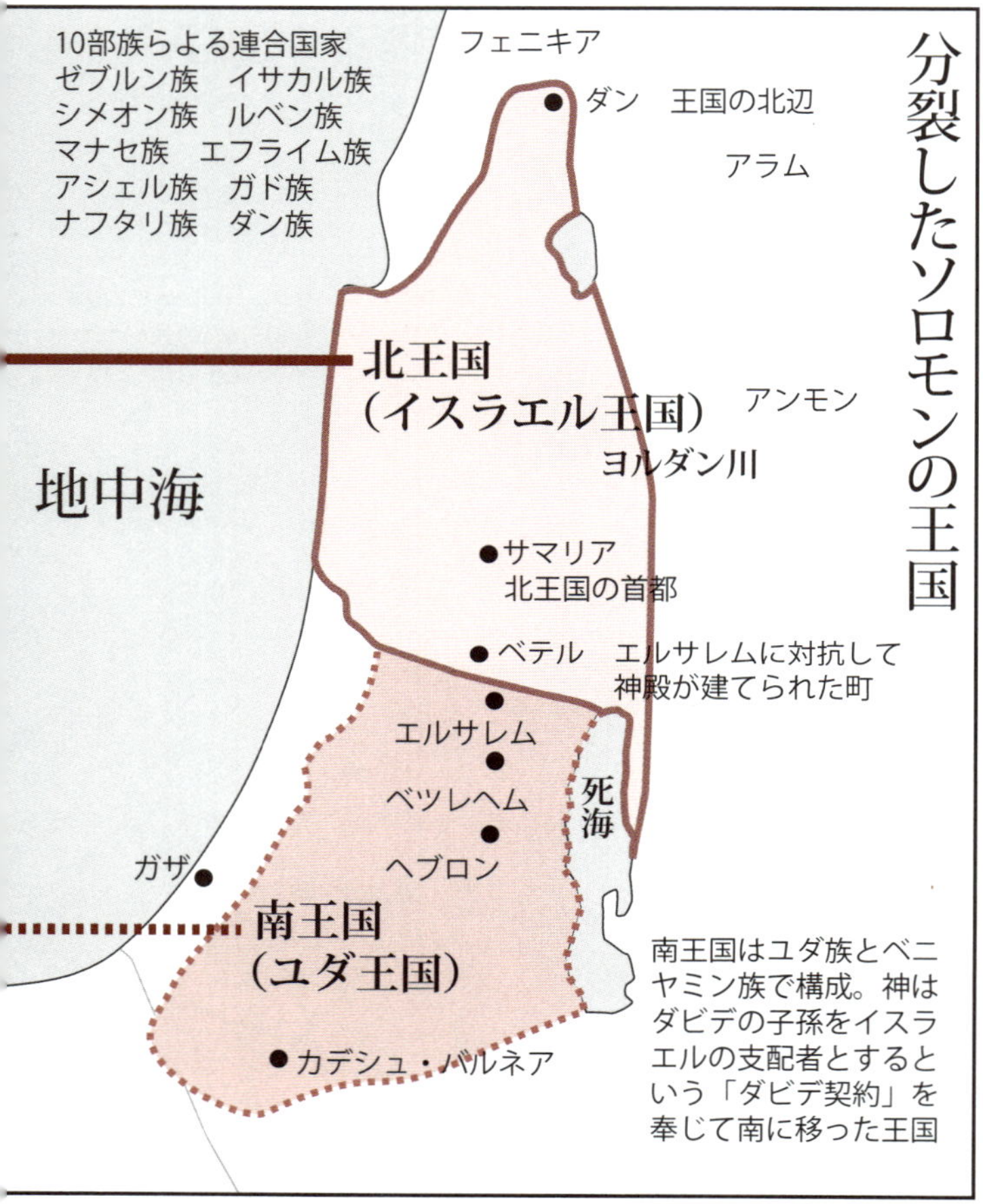

分裂したソロモンの王国

10部族らよる連合国家
ゼブルン族　イサカル族
シメオン族　ルベン族
マナセ族　エフライム族
アシェル族　ガド族
ナフタリ族　ダン族

フェニキア
ダン　王国の北辺
アラム
北王国
（イスラエル王国）
アンモン
ヨルダン川
地中海
サマリア
北王国の首都
ベテル　エルサレムに対抗して
神殿が建てられた町
エルサレム
ベツレヘム
死海
ヘブロン
ガザ
南王国
（ユダ王国）
カデシュ・バルネア

南王国はユダ族とベニヤミン族で構成。神はダビデの子孫をイスラエルの支配者とするという「ダビデ契約」を奉じて南に移った王国

バビロニア捕囚への道

†バビロニア捕囚に至る滅亡史

ソロモン時代の繁栄を支えていたのは、民の労役と重税だった。後を継いだ息子レハブアムは、それを改めようとしなかったため、民の反発を招いた。その結果、紀元前930年頃、イスラエルは神のお告げどおりふたつに分裂してしまう。それが、ユダ族のレハブアムを王とする南のユダ王国（ユダヤの名称は、ここから発する）と、それ以外の10部族から成る北のイスラエル王国である。

両国はたびたび対立して争ったが、神はどちらの国に対しても、等しく厳しい裁きを下した。どちらの国にも異教が入り込み、唯一の神と結んだ契約を守らなかったからである。ただユダ王国のヨシヤ王だけは、モーセの世に立ち返ろうと

北王国（イスラエル王国）

約200年間続く

　初代王ヤロブアムは南のエルサレム神殿に対抗して2体の金の子牛像をつくり、ダンとベテルに祀った。偶像崇拝を禁じる神に背いた罰を受け、ヤロブアムの一族の支配は長くは続かなかった。

　紀元前８７８年頃に即位したオムリ王は、サマリアに町を築いて北王国の新たな首都とし、国を繁栄に導いた。しかし異教を許したオムリ王朝は、イエフの謀反によって滅亡。イエフ王朝がその後約1世紀続き、再び国は栄えた。

　紀元前8世紀後半、北王国に大国アッシリアが侵攻。最後の王ホシェアはエジプトと組んでアッシリアに謀反を企てていることが知られ、殺害される。紀元前７２２年、アッシリアの大軍に攻め込まれ、北王国は滅亡した。

前722年

アッシリアの侵略のため滅亡する

南王国（ユダ王国）

約350年間続く

　南のユダ王国では、ダビデとソロモンの子孫であるレハブアムの一族に、代々王位が受け継がれた。

　その16代目ヨシヤ王の時代、エルサレムの神殿の修理中、「契約の書」が発見され、王は契約に今一度立ち返ることを誓って、偶像崇拝や異教を禁じる宗教改革に乗り出した。しかし、エジプトのネコ2世に攻め込まれ、ヨシヤ王は戦死。さらにアッシリアに代わって台頭した新バビロニア王国の侵攻を受ける。紀元前５９７年、時の王ヨヤキンはじめ南王国の指導者たちは、新バビロニアの首都バビロニアに連行されてしまう。紀元前５８７年、ついにエルサレムは陥落。神殿は破壊され、最後の王ゼデキヤを筆頭に、ユダの人々は土地を追われて捕囚となった。

前587年

新バビロニアの侵略で滅亡し、民はバビロニアに捕囚される

したが、度重なる民の背信により、神が怒りを鎮めることはなかった。

　南北の王国は、最後は周辺の大国に滅ぼされることになる。イスラエル王国はアッシリアに、ユダ王国は新バビロニアに、それぞれ侵略されて消滅する。そして、ダビデの血を引くユダ王国の人々は、捕らわれの身となり、新バビロニアに連れ去られていった。これが「バビロニア捕囚」である。

旧約聖書の世界――10

エルサレムの復興

イザヤ書
エズラ記
ネヘミヤ記

ユダヤ人はディアスポラに

巨大国家アケメネス朝ペルシャとエルサレムへの帰還ルート

スサ
エルサレム
バビロン
メディアに支配されていた頃のペルシャ
キュロス２世の時代
カンビセス２世の時代
ダイオレス１世の時代

『神殿の再建』　ギュスターヴ・ドレ

†バビロニアから約束の地に帰還

バビロニア捕囚時代は60年で幕を閉じた。ユダ王国の民を連れ去った新バビロニア王国が、紀元前５３９年、アケメネス朝ペルシャの初代王キュロス2世によって滅ぼされてしまったのだ。キュロスはユダ捕囚民たちに「イスラエルの神、主の神殿を建てるために、ユダのエルサレムに上って行くがよい」と告げ、故郷への帰還を許可した。

こうして多くの民は、エルサレムに帰っていったが、バビロニアでの暮らしに慣れ、この地にとどまる者も少なくなかった。ユダヤ人がその後、世界各地に散っていったのは、これが始まりとされる。祖国から離散して暮らすユダヤ人たちは、後に「ディアスポラ（散らされた人）」と呼ばれるようになった。

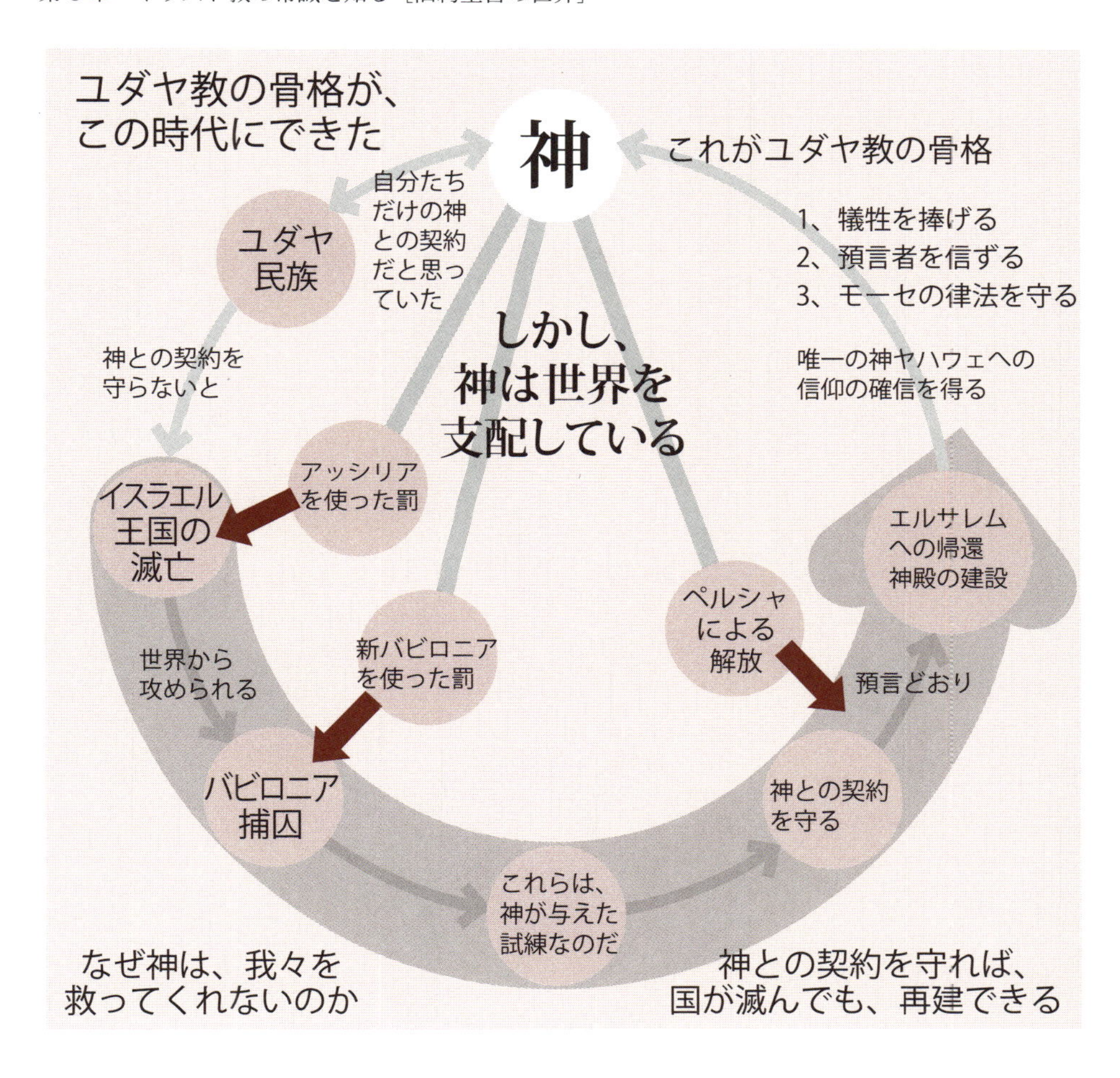

†民族復興とユダヤ教の成立

　エルサレムに戻った民は神殿の再建に乗り出し、民族の再興を目指した。そして、唯一の神ヤハウェへの信仰を深め、異教をもたらす異民族との結婚を禁じ、律法を整備した。ユダヤ教の基礎が築かれたのはこの時代、紀元前5世紀半ば頃のことである。

　しかし、その後も地中海世界では覇権争いが絶えず、イスラエルの民は、常に周辺国の支配を受け続けた。民にひと筋の光を与えたのは、預言者たちが繰り返し預言した救世主の到来だった。

「見よ、このような日が来る、と主は言われる。わたしはダビデのために正しい若枝を起こす。王は治め、栄え、この国に正義と恵みの業を行う。彼の代にユダは救われ、イスラエルは安らかに住む。彼の名は、『主は我らの正義』と呼ばれる」（「エレミヤ書」23章5～6節）

　旧約聖書が約束した未来は、やがてローマ帝国支配下のユダヤに誕生するイエスによって成就することになり、物語は新約聖書へと引き継がれていく。

旧約聖書の言葉

人の血を流す者は　人によって自分の血を流される。人は神にかたどって造られたからだ。

〈「創世記」9章6節〉

神はノアと彼の息子たちを祝福して言われた。

「産めよ、増えよ、地に満ちよ。」（中略）

更に神は言われた。

「あなたたちならびにあなたたちと共にいるすべての生き物と、代々とこしえにわたしが立てる契約のしるしはこれである。すなわち、わたしは雲の中にわたしの虹を置く。（中略）雲の中に虹が現れると、わたしは、わたしとあなたたちならびにすべての生き物、すべて肉なるものとの間に立てた契約に心を留める。水が洪水となって、肉なるものをすべて滅ぼすことは決してない。」

〈同9章1〜15節〉

人は女から生まれ、人生は短く　苦しみは絶えない。花のように咲き出ては、しおれ　影のように移ろい、永らえることはない。（中略）人生はあなたが定められたとおり　月日の数もあなた次第。あなたの決定されたことを人は侵せない。

〈「ヨブ記」14章1〜5節〉

あなたのパンを水に浮かべて流すがよい。月日がたってから、それを見いだすだろう。

〈「コヘレトの言葉」11章1節〉

イスラエルの王、ダビデの子、ソロモンの箴言

無知な者は怒ってたちまち知れ渡る。思慮深い人は、軽蔑されても隠している。

〈「箴言」12章16節〉

財産は吐く息よりも速く減って行くが　手をもって集めれば増やすことができる。

〈同13章11節〉

喜びを抱く心はからだを養うが　霊が沈みこんでいると骨まで枯れる。

〈同17章22節〉

訴えごとを最初に出す人は正しく見えるが　相手方が登場すれば問いただされるであろう。

〈同18章17節〉

名誉は多くの富よりも望ましく　品位は金銀にまさる。

〈同22章1節〉

第4章

キリスト教の常識を知る［新約聖書の世界］

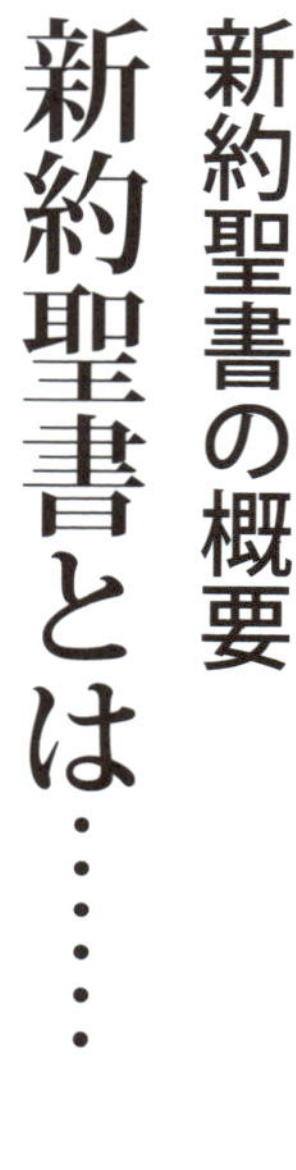

新約聖書の概要
新約聖書とは……

福音書

マタイによる福音書
マルコによる福音書
ルカによる福音書
ヨハネによる福音書

4人の福音記者によって記された。イエスの誕生から復活までの出来事が記されている。新約聖書の骨格の部分。初心者はマルコの福音書から。簡潔にイエスの生涯が記されている

歴史書

使徒言行録

「使徒言行録」は、イエスの復活の後の、使徒たちの布教の様子が記されている。書簡は、その使徒たちの書簡集。パウロの書簡が最も多い

パウロに帰せられる書簡

ローマの信徒への手紙
コリントの信徒への手紙1
コリントの信徒への手紙2
ガラテヤの信徒への手紙
エフェソの信徒への手紙
フィリピの信徒への手紙
コロサイの信徒への手紙
テサロニケの信徒への手紙1
テサロニケの信徒への手紙2
テモテへの手紙1
テモテへの手紙2
テトスへの手紙
フィレモンへの手紙

その他の書簡

ヘブライ人への手紙
ヤコブの手紙
ペテロの手紙1
ペテロの手紙2
ヨハネの手紙1
ヨハネの手紙2
ヨハネの手紙3
ユダの手紙
ヨハネの黙示録

新しいメシア、キリストと神との新しい契約の書

†福音書や書簡から成る全27巻

新約聖書は、イエス・キリスト復活後、1世紀後半に書かれ、4世紀にまとめられたとされる。原文は、当時の地中海世界に通用していたギリシャ語である。

全27巻のうち、最も重要視されるのは4つの福音書。福音は「よき知らせ」を意味し、イエスの生涯とその教えが4人の福音記者によって綴られる。「使徒言行録」は、福音記者のひとりであるルカが、イエスの教えが使徒たちによって各地に広まる経緯を記したもの。続く21巻の書簡は、パウロをはじめとする使徒たちが、各地の教会や信徒にあてて書いたもの。そして最後は、この世の終末とキリストの再臨を表現豊かに記した「ヨハネの黙示録」でしめくくられている。

新約聖書に関わる主な人々

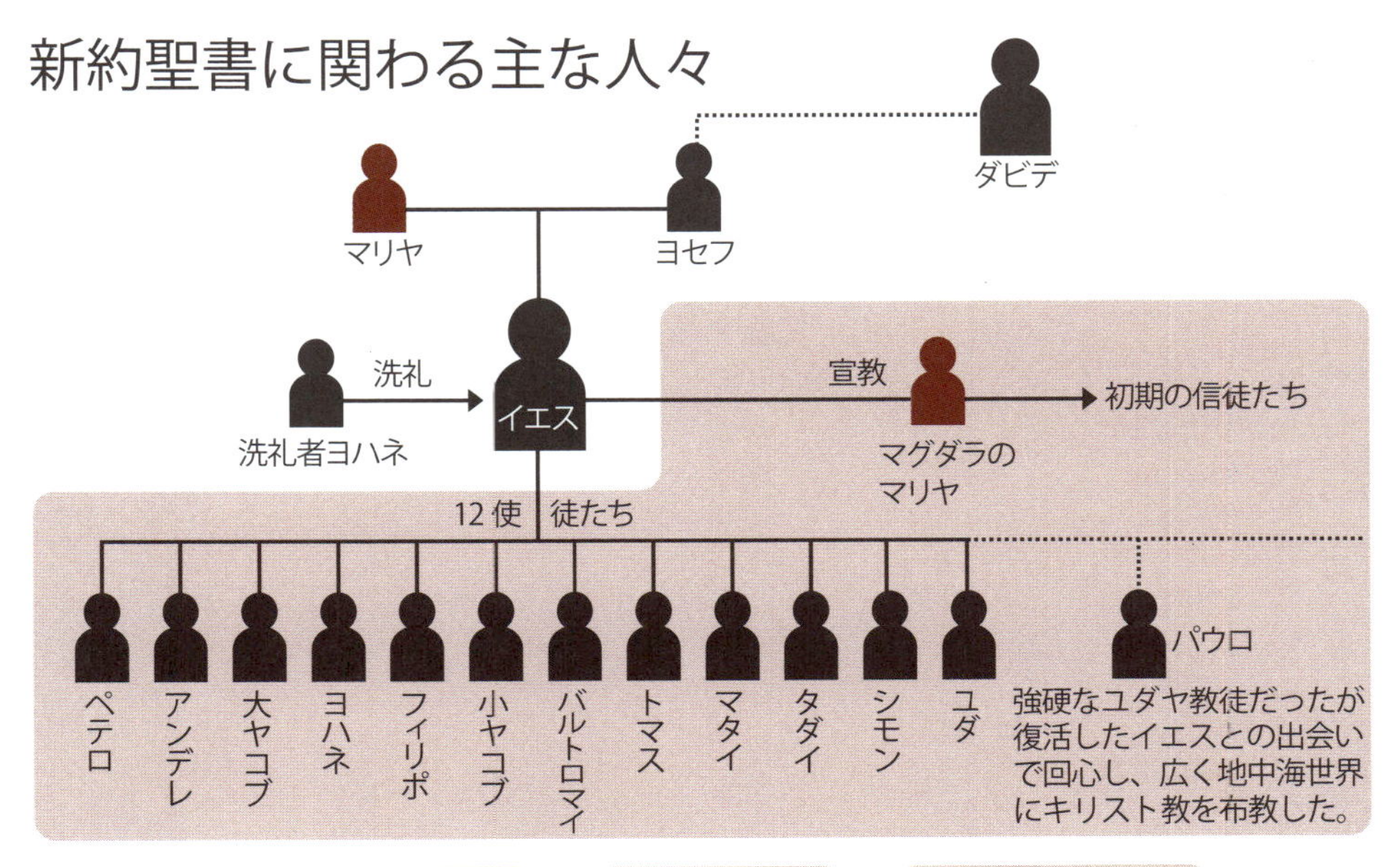

福音記者

福音書を著した人物のこと。しかし、歴史的な人物として諸説あり、特定が難しい。

マタイ

12使徒の１人マタイとされている。イエスが旧約聖書が預言するメシアであることが強調されている

マルコ

一説ではペテロの通訳を務めた人物といわれる。福音書の中で最も古く、イエスの口伝をもとに綴られていると考えられている

ルカ

パウロの伝道の協力者で医師のルカと考えられている。イエスの少年時代からの、多彩な逸話が豊富。洗礼者ヨハネについての記述も

ヨハネ

12使徒の中で、イエスの信頼の篤かったヨハネであるとされてきたが、多くの説がある。キリスト教神学として成立している

正典と外典

イエスや使徒たちの言動を記した文書は多くつくられて伝えられたが、新約聖書の27巻は西方教会では4世紀のカルタゴ教会会議で一応の決定を見て、それ以外の伝書は外典・偽典とされる。福音書も４つだけでなく、「ユダによる福音書」などがあったことがわかっている。

大きな衝撃を与えたのは１９４５年にエジプトのナグ・ハマディ村の農夫が土中の壺から発見したパピルス文書「ナグ・ハマディ写本」だ。それはコプト語というエジプトの古語で書かれた文書で、紀元１～２世紀頃に地中海地方に広まった神秘主義的な初期キリスト教グノーシス派系の文書だった。そこに「トマスによる福音書」「マグダラのマリヤによる福音書」があった。「トマスによる福音書」は使徒トマスが伝えたというイエスの言葉である。マグダラのマリヤはイエスの女性信徒で、復活後のイエス・キリストの言葉を伝える。

新約聖書のエピソード
イエスの生きた時代と、その舞台

- **1 エピソード** マリヤの処女受胎
- **2 エピソード** イエスの誕生
- **3 エピソード** ヨハネの洗礼
- **4 エピソード** 宣教の開始
- **5 エピソード**
  - A 示される奇蹟
  - B 山上の説教
  - C たとえ話
- **6 エピソード** エルサレム入城
- **7 エピソード** 最後の晩餐
- **8 エピソード**
  - A 受難：死刑判決
  - B 受難：磔刑
- **9 エピソード** イエスの復活

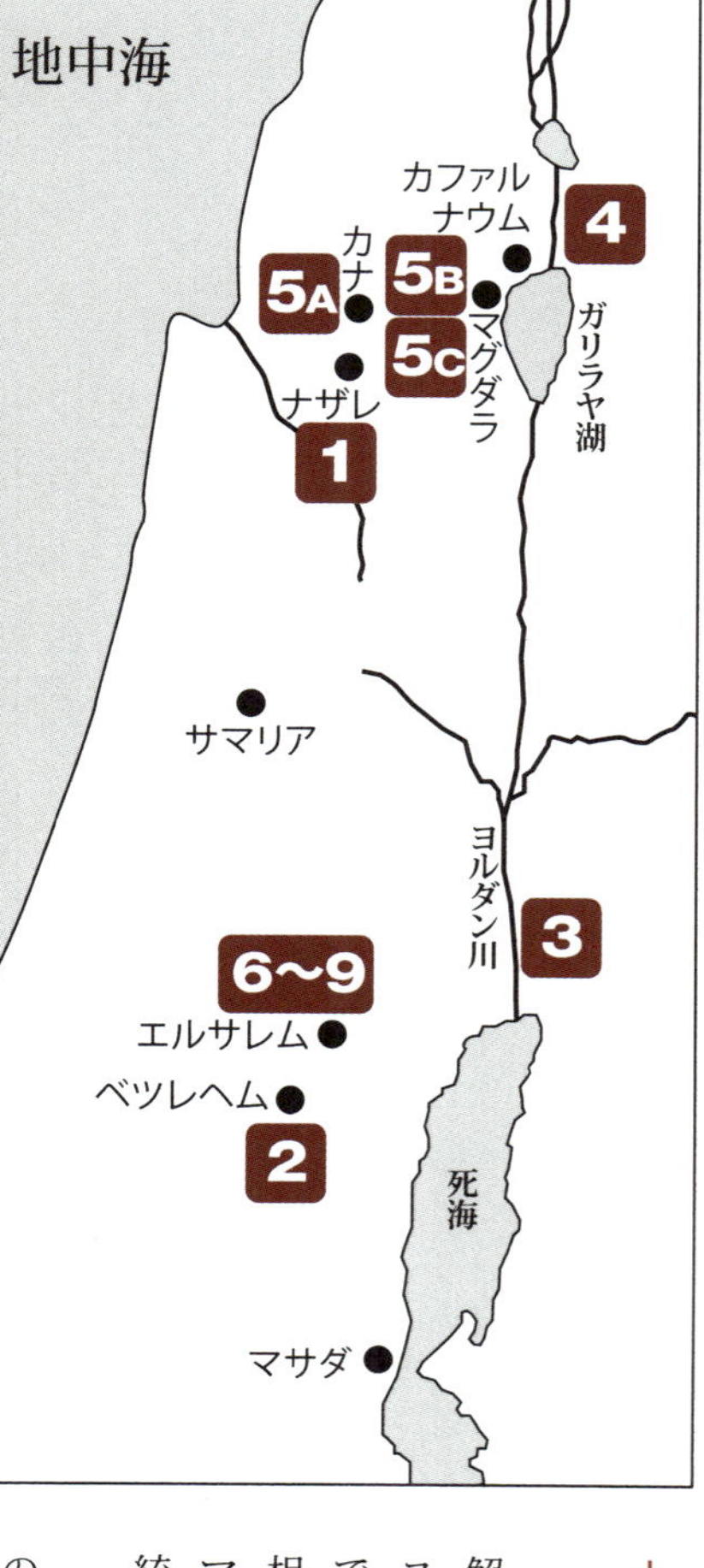

今の中近東はローマ帝国の一部

✝ローマ帝国支配下のユダヤ

紀元前539年、バビロニア捕囚から解放され、エルサレムに帰還したものの、ユダヤの民は自分たちの国をもてたわけではなかった。その後も周辺国の支配を相次いで受け、紀元前63年、ユダヤはローマ帝国の属領となり、ヘロデ家によって統治されるようになった。

イエス・キリストが登場したのは、このローマ時代。ユダヤの民が幾世紀にもわたる支配と迫害に疲れ、救世主を求めていた時代だった。その舞台となった地は、現在のイスラエル、パレスチナ自治区、ヨルダン西部にまたがる一帯である。

イエスは紀元前4年頃、ベツレヘムで生まれたと伝えられている。ガリラヤ湖の西岸、ガリラヤ地方ナザレで育ち、成

人して洗礼者ヨハネからヨルダン川で洗礼を受けた。30歳のとき、ガリラヤ地方を手始めに、各地で布教を始める。

この頃ユダヤ教は広く民衆の心に根ざしていたが、旧約聖書の律法を教える律法学者が力を強め、厳しい戒律の順守を人々にも求めていた。それに対しイエスは誰でも救われると説き、ユダヤ教指導者たちから反逆者と見なされた。ユダヤ教の聖地エルサレムに入ったイエスは、12人の弟子たちと最後の晩餐を開いた翌日、弟子のひとりユダの裏切りによって捕らえられる。そして、ローマ帝国の第5代ユダヤ総督ポンテオ・ピラトから死刑判決を受け、ゴルゴタの丘の十字架上で息絶えた。

その3日後、イエスは甦り、40日目に天に昇った。この奇蹟を目の当たりにした弟子たちは、イエスの教えを引き継いで、各地で布教を始める。中でもパウロは、4度にわたる伝道の旅により、ついには帝国の都ローマに上った。これがキリスト教の世界普及の始まりである。

次ページからは、新約聖書の主要エピソードを詳しく見ていこう。

新約聖書の世界――１
聖母マリヤの物語

マリアの処女性を象徴する白い鳩と、清らかさのシンボルの白い百合が描かれている
『受胎告知』オラツィオ・ジェンティレスキ

†神の子を宿した処女マリヤ

神の子イエス・キリストは、処女マリヤの胎内に宿ってこの世に現れた。

「おめでとう、恵まれた方。あなたは身ごもって男の子を産む。その子をイエスと名づけなさい。その子は偉大な人になり、いと高き方の子と言われる」

天使のお告げを受けたマリヤは、ダビデ王の子孫にあたる大工ヨセフと婚約中の身であり、戸惑いを隠せなかった。

「どうしてそのようなことがありえましょうか。私は男の人を知りませんのに」

すると天使はマリヤに、司祭の妻エリサベトもまた男の子を宿していると告げた。これまで子に恵まれず、高齢だというのに、もう妊娠６カ月だという。

「神にできないことは何ひとつない」

そう聞いて、マリヤは心を固めた。

「私は主のはしためです。お言葉どおり、この身に成りますように」

マリヤはユダの町に親戚のエリサベトを訪ね、神の祝福を互いに喜び合った。このときエリサベトが宿していた子が、後に洗礼者ヨハネとなって、イエスに洗礼を施すことになる。

こうしてマリヤは救世主の母となる運命を受け入れる。婚約者ヨセフもまた、天使のお告げを受け、聖霊によって宿る子の誕生を待つのだった。

イエスに寄り添う母、そして女性たち

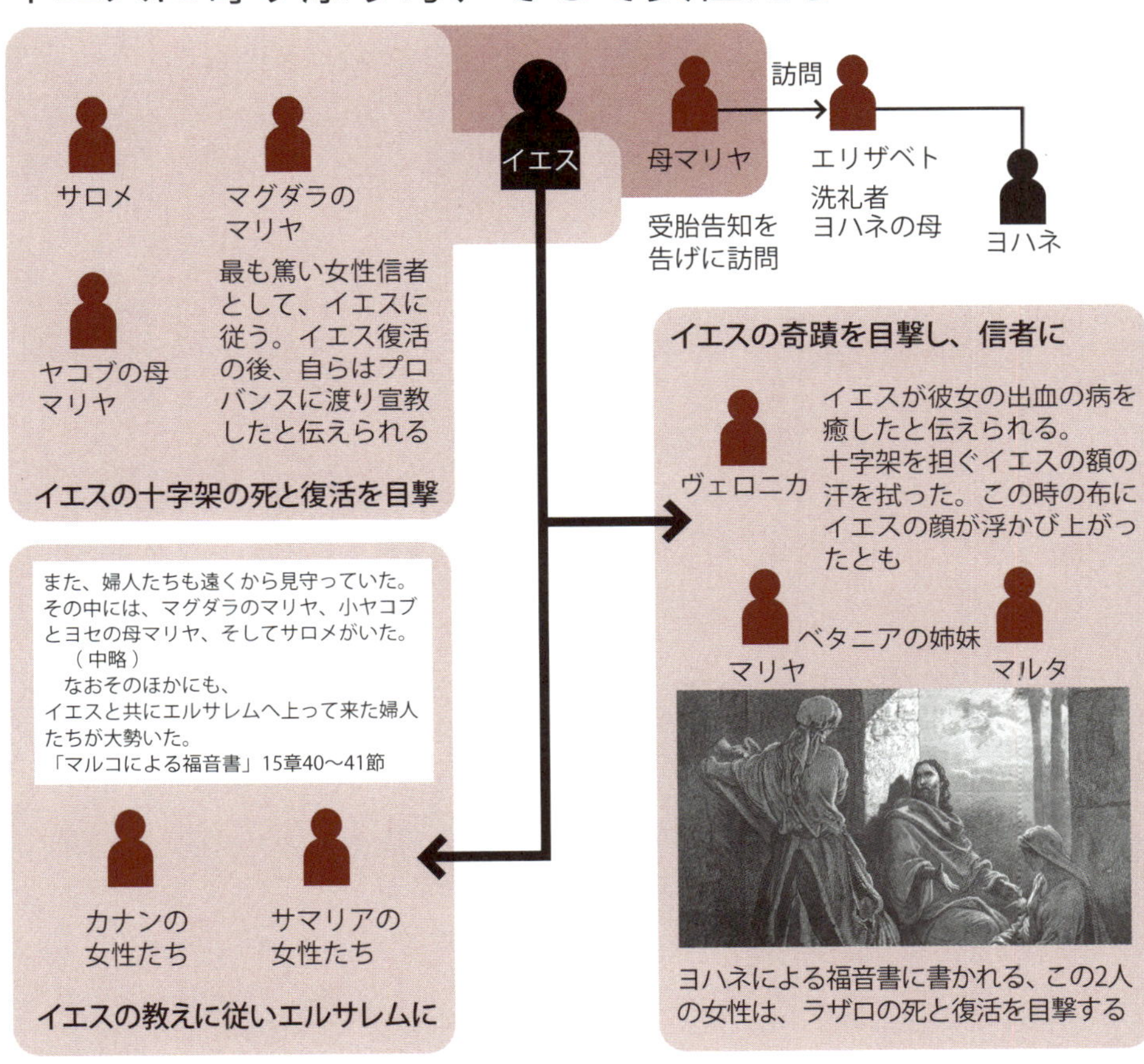
イエス
母マリヤ
訪問
エリザベト
洗礼者
ヨハネの母
ヨハネ
受胎告知を
告げに訪問
サロメ
マグダラの
マリヤ
最も篤い女性信者
として、イエスに
従う。イエス復活
の後、自らはプロ
バンスに渡り宣教
したと伝えられる
ヤコブの母
マリヤ
イエスの十字架の死と復活を目撃
イエスの奇蹟を目撃し、信者に
ヴェロニカ
イエスが彼女の出血の病を
癒したと伝えられる。
十字架を担ぐイエスの額の
汗を拭った。この時の布に
イエスの顔が浮かび上がっ
たとも
ベタニアの姉妹
マリヤ
マルタ
ヨハネによる福音書に書かれる、この2人
の女性は、ラザロの死と復活を目撃する
また、婦人たちも遠くから見守っていた。
その中には、マグダラのマリヤ、小ヤコブ
とヨセの母マリヤ、そしてサロメがいた。
（中略）
なおそのほかにも、
イエスと共にエルサレムへ上って来た婦人
たちが大勢いた。
「マルコによる福音書」15章40～41節
カナンの
女性たち
サマリアの
女性たち
イエスの教えに従いエルサレムに

キリスト教とマリヤ信仰

処女マリヤは白百合の清らかさで象徴され、クリスマスの聖母子像や「アヴェ・マリヤ」の歌などでも広く親しまれている。ところが、聖書そのものにはイエス・キリストの生母であるという以外に、とりたててマリヤを信仰する記述はない。マリヤ信仰が盛んになったのは中世ヨーロッパにおいて森や大地の伝説とともに語られ、教会に祀られるようになってからのことだった。それとともにフランスのルルドでひとりの少女にマリヤが現れたとかマリヤの泉といった奇蹟も数多く語り出され、フランスのノートルダム寺院をはじめ聖マリヤ教会も多く建てられた。

『処女受胎の祝福』
フィリップ・ファイト（1830）

新約聖書の世界——2 イエスの誕生の物語

マリヤは家畜小屋で男児を産み落とした

『イエスを礼拝する東方からの三博士』ギュスターヴ・ドレ

†星が示した救世主の誕生

ローマ皇帝アウグストゥスが、全領土の住民に住民登録の令を下したため、ヨセフは身重のマリヤを連れて、出身地ベツレヘムにやってきた。しかし宿屋はどこも空きがなく、月満ちたマリヤは、家畜小屋で男児を産み落とす。

飼葉桶の中ですやすやと眠る幼な子イエス。その夜、天使のお告げを受けた羊飼いたちが、イエスを祝福しにやってきた。東方から3人の博士も訪れ、幼な子の前にひれ伏し、黄金、乳香、没薬の贈り物を捧げた。博士たちは夜空に輝く星を見て、ユダヤの救い主の誕生を知り、その星に導かれてやってきたのだ。

それを聞きつけたユダヤ王ヘロデは、自分の地位を脅かしかねない新たな王の出現を恐れ、ベツレヘム一帯で生まれた男児を皆殺しにするよう命令を下した。しかし、幼な子イエスは、すでに父母に抱かれて、ベツレヘムをあとにしていた。父ヨセフの夢に天使が現れ、ヘロデ王の追っ手を避けてエジプトに逃げるよう、お告げを受けていたのだ。

再び天使の声を聞いて、一家がナザレの町に戻ったのは、ヘロデ王亡き後のことである。

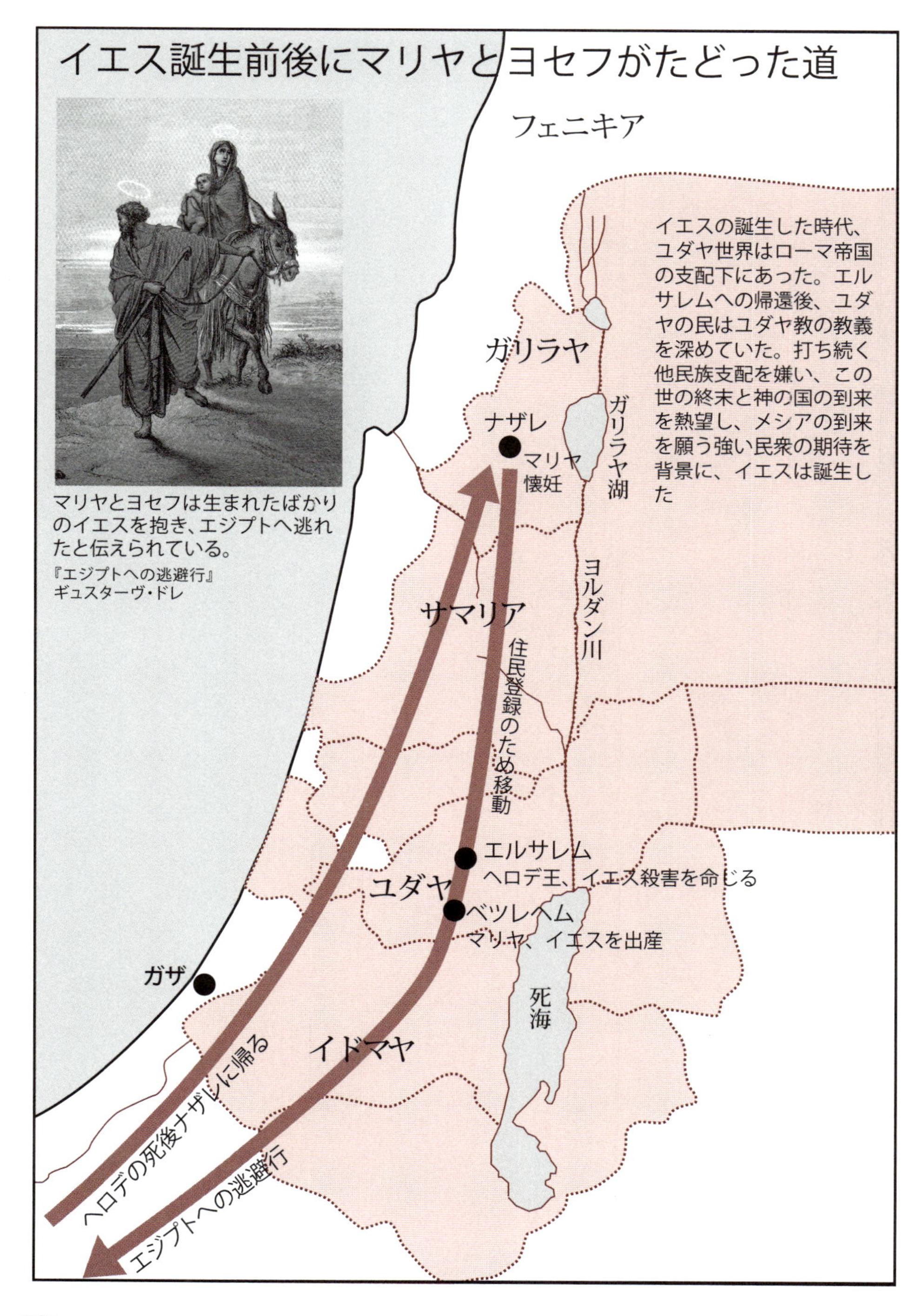

マリヤとヨセフは生まれたばかりのイエスを抱き、エジプトへ逃れたと伝えられている。
『エジプトへの逃避行』
ギュスターヴ・ドレ

新約聖書の世界——3 洗礼者ヨハネの物語

†洗礼によって霊が降る

「荒れ野で叫ぶ者の声がする。『主の道を整え、その道筋をまっすぐにせよ。』」（「ルカによる福音書」3章など）

『キリストの洗礼』サンピエトロ大聖堂の壁画より

荒れ野で叫ぶ者の声がする

神がイザヤに告げたというこの預言は、洗礼者ヨハネの登場によって成就する。

受胎告知を受けたマリヤと、喜びを分かち合ったエリサベトの子ヨハネ。成長したヨハネは、荒れ野で神の声を聞き、ヨルダン川で人々に洗礼（バプテスマ）を授けるようになった。

まとうのはラクダの毛皮と革の腰帯、食すのはイナゴと野蜜。修行者のように暮らし、「悔い改めよ。天の国は近づいた」と説くヨハネのもとに、民衆が集まった。人々はヨハネこそが救世主ではないかとささやき合ったが、ヨハネは言う。「わたしのあとからひとりの人が来られる。わたしより優れた方が」と。

まさにそのときヨハネのもとにやってきたのが、成人したイエスだった。ひと目見て、彼こそが「世の罪を取り除く神の子羊」だとヨハネは気づいた。自ら洗礼を受けに来たイエスに、ヨハネはヨルダン川の水で洗礼を授ける。

すると天が開き、神の霊がイエスの頭

ヨハネは、
「悔い改めよ。
天の国は
近づいた」
と説き、
この川で
人々に洗礼を
授けていた
イエスが洗礼を受けたと
いわれる岸辺
ヨルダン川
エルサレム
エリコ
ユダの荒野
クムラン
この洞窟遺跡で
「死海写本」が
発見された
死海
イエス、洗礼の後、
この荒野で40日間
の荒行に入った

ヨハネはエッセネ派？

ドブロブニク・フランシスコ会の聖ヨハネ像　修道士ヨハネの姿を伝える

イエスの洗礼当時、ユダヤ教にエッセネ派という教派があった。世俗に背を向け、荒野での禁欲的な生活で宗教的な純粋さを求めた。ヨハネはこの教派の修行者ではなかったか、という説がある。また、1947年に死海の畔で発見された「死海写本」は、この教派の作成という説が有力

上に鳩のように降り、「これはわたしの愛する子、わたしの心に適う者」と天から声が聞こえた。

ガリラヤの領主ヘロデは、兄弟フィリポの妻ヘロディアと結婚。それを批判したヨハネを牢につないだ。ヘロデの誕生日、ヘロディアの娘サロメは、舞いを披露して宴会の客を喜ばせる。「なんでもほうびにやろう」と言われた娘は、母の指図を受けてこう答えた。「洗礼者ヨハネの首を盆に載せて、いただとうございます」。ただちにヨハネは斬首され、無残な最期を遂げたのだった。

この特異な逸話は、ギュスターヴ・モローの『出現』をはじめ、数々の芸術作品のモチーフとなった。

『聖ヨハネの斬首』
ヴュルツブルク・
ノイミュンスター教会祭壇画

新約聖書の世界――4 イエスの新たな弟子たちの物語

ペテロらの入信

『ガリラヤ湖のイエス』ギュスターヴ・ドレ

✝漁師や徴税人を弟子に

イエスは荒れ野で40日間の断食を行い、悪魔の誘惑を退けた後、故郷ナザレを離れてガリラヤで伝道を始めた。

最初に訪ねた地は、ガリラヤ湖畔の町カファルナウム。湖のほとりを歩いていたイエスは、網を投げて漁をするふたりの漁師に声をかけた。「私について来なさい。人間をとる漁師にしよう」。この漁師たち、ペテロとアンデレの兄弟が、イエスの最初の弟子となった。さらにイエスは、別の漁師の兄弟、ヤコブとヨハネにも声をかけ、弟子に加えた。

また別の日、イエスは収税所にいたマタイという徴税人に「私に従いなさい」と声をかける。人々に忌み嫌われる職業につく人をあえて選んだのだ。こうして選ばれた弟子は、全部で12人。ペテロとアンデレの兄弟、ヤコブとヨハネの兄弟、フィリポ、バルトロマイ（「ヨハネによる福音書」ではナタナエルともいわれる）、トマス、マタイ、ヤコブ、タダイ、シモン、イスカリオテのユダ。このユダが、後にイエスを裏切ることになる。

✝イエスを慕った女性信者

伝道の先々で、イエスは信徒を増やしていった。とりわけ、イエスに7つの悪霊を祓ってもらって以来、熱心な信者となったマグダラのマリヤを筆頭に、ベタニアの姉妹マリヤとマルタ、官僚の妻ヨハナなど、女性信者たちはイエスの教えに忠実に従った。イエスの受難や復活を最後まで見届けることになったのも、こうした女性たちである。

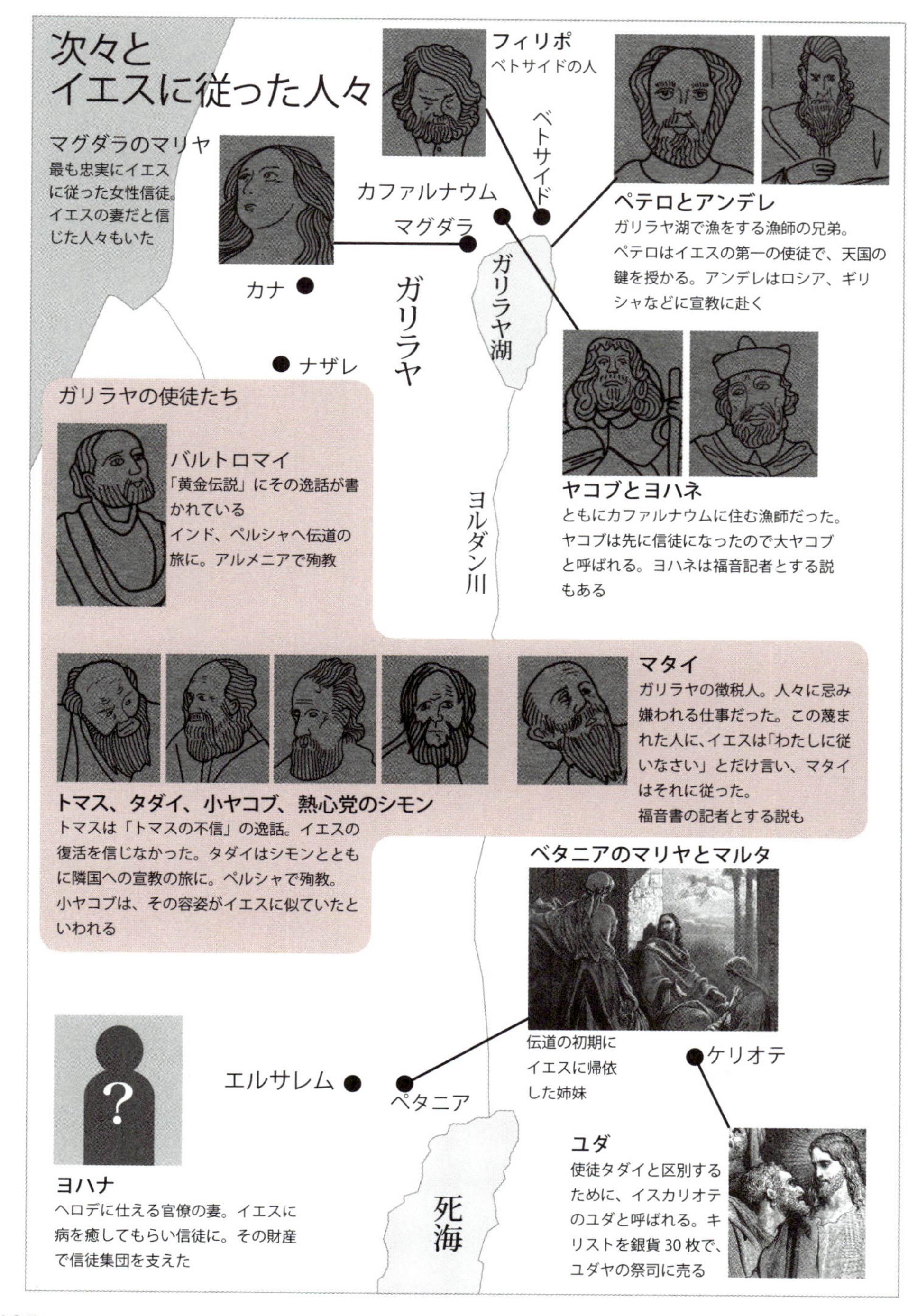
次々と
イエスに従った人々
マグダラのマリヤ
最も忠実にイエスに従った女性信徒。イエスの妻だと信じた人々もいた
フィリポ
ベトサイドの人
ベトサイド
カファルナウム
マグダラ
カナ
ガリラヤ
ガリラヤ湖
ナザレ
ペテロとアンデレ
ガリラヤ湖で漁をする漁師の兄弟。ペテロはイエスの第一の使徒で、天国の鍵を授かる。アンデレはロシア、ギリシャなどに宣教に赴く
ガリラヤの使徒たち
バルトロマイ
「黄金伝説」にその逸話が書かれている
インド、ペルシャへ伝道の旅に。アルメニアで殉教
ヤコブとヨハネ
ともにカファルナウムに住む漁師だった。ヤコブは先に信徒になったので大ヤコブと呼ばれる。ヨハネは福音記者とする説もある
ヨルダン川
マタイ
ガリラヤの徴税人。人々に忌み嫌われる仕事だった。この蔑まれた人に、イエスは「わたしに従いなさい」とだけ言い、マタイはそれに従った。
福音書の記者とする説も
トマス、タダイ、小ヤコブ、熱心党のシモン
トマスは「トマスの不信」の逸話。イエスの復活を信じなかった。タダイはシモンとともに隣国への宣教の旅に。ペルシャで殉教。
小ヤコブは、その容姿がイエスに似ていたといわれる
ベタニアのマリヤとマルタ
伝道の初期にイエスに帰依した姉妹
ケリオテ
エルサレム
ベタニア
?
ヨハナ
ヘロデに仕える官僚の妻。イエスに病を癒してもらい信徒に。その財産で信徒集団を支えた
死海
ユダ
使徒タダイと区別するために、イスカリオテのユダと呼ばれる。キリストを銀貨30枚で、ユダヤの祭司に売る

新約聖書の世界――⑤A

イエスの宣教 奇蹟の物語

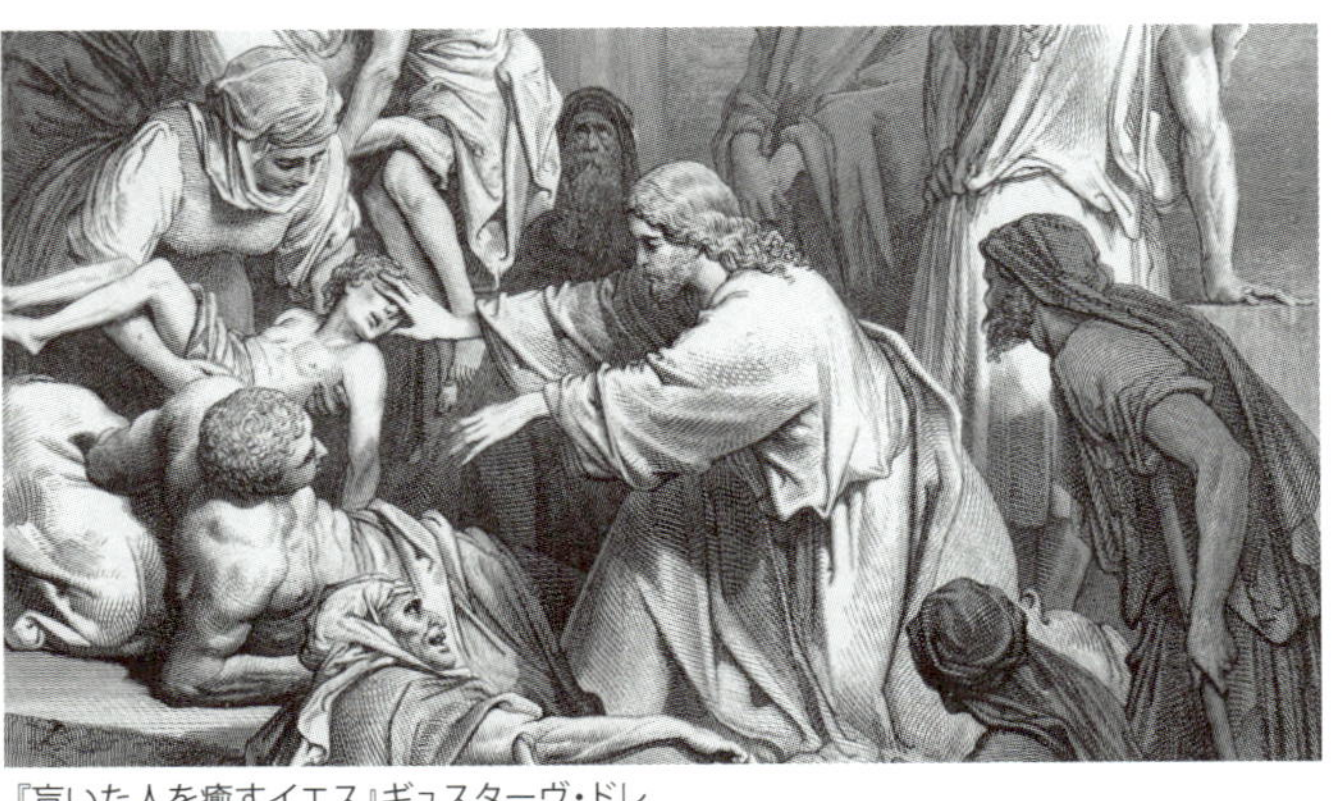
『盲いた人を癒すイエス』ギュスターヴ・ドレ

✝癒しの奇蹟で人心をつかむ

イエスは教えを説く先々で、さまざまな奇蹟を起こして見せた。あるときは嵐を鎮め、あるときは悪霊を追い払い、またあるときは不治の病を治し、死者を甦らせることさえあった。

こうした奇蹟は、イエスが神の子であることを示す証だった。人々や弟子たちが、イエスの言葉に疑いを抱くとき、イエスはしばしば奇蹟を起こした。

とりわけ人心をつかんだのは、癒しの奇蹟だ。当時、皮膚病は罪の結果と見なされ、穢れた存在として差別された。イエスは病人に分け隔てなく接し、触れただけで病を治すイエスを見て、人々はイエスこそメシアだと信じ、その噂を聞きつけた人々が続々と集まるようになる。

出血の病を治す

12年間も出血が止まらず、苦しんでいる女がいた。奇蹟の噂を聞いた女は、群集に取り巻かれたイエスに後ろから近づき、服の房に手を触れた。すると、そのとたん出血が止まるのを感じた。それに気づいたイエスが「私に触れたのは誰か。私から力が出ていった」と言うと、女は正直に名乗り出て、ありのままを話した。するとイエスは、「娘よ、あなたの信仰があなたを救った。もうその病にかかることはない」と力づけるのだった。

パンと魚の奇蹟

人里離れたところにいたイエスのもとへ群衆が方々の町から集まったことがあった。大人の男子だけでも5000人

癒しと信仰

もいたのに、食べ物はパン5つと魚2匹しかなかった。イエスはパンを裂き、群衆に与えると、すべての人が食べて満腹した。

また、ある湖畔で漁師が網を舟からあげて干していた。一晩中漁をしても魚がとれなかったのである。

イエスは漁師に「沖に漕ぎ出して網を降ろし、漁をしなさい」と言った。それで漁師が網を降ろしてみると、網が破れそうになるほど魚がかかり、舟は魚でいっぱいになった。この奇蹟を漁師たちが恐れると、イエスは「恐れることはない。今から後、あなたは人間をとる漁師になる」と言い、漁師たちは舟を陸に引き揚げてイエスの弟子になった。

『パンと魚の奇蹟』ギュスターヴ・ドレ

カナの結婚の奇蹟

ガリラヤのカナで婚礼が開かれ、イエスとその母マリヤ、弟子たちも招かれた。まだ宴もたけなわだというときに、客をもてなすぶどう酒が足りなくなったのを見て、イエスは水がめに水を汲むよう召使いに命じる。味見をすると、水は上等なぶどう酒に変わっていた。

『カナの結婚』ギュスターヴ・ドレ

水上を歩くイエス

あるときイエスは祈りを捧げるためにひとりで山に登り、弟子たちを先に湖の対岸に渡らせた。ところが弟子たちの舟は逆風に押し戻され、いっこうに進まない。

夜が明ける頃、弟子たちは湖上を歩いてくる人に気づき、「幽霊だ」と叫び声をあげた。「安心しなさい。私だ」と答えたのはイエスだった。イエスが舟に乗り込むと、ようやく風が静まった。

『水上を歩くイエス』（部分）
ギュスターヴ・ドレ

新約聖書の世界——5B
イエスの宣教
山上の説教

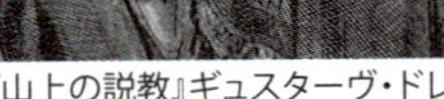
『山上の説教』ギュスターヴ・ドレ

あなたがたは地の塩である

十弱者に寄り添うイエスの言葉

しだいにイエスの評判は広まり、ガリラヤのみならず、エルサレムやヨルダン川の向こうからも人々がやってくるようになった。

集まった群衆を見たイエスは、弟子たちを伴ってカファルナウム近くの山に登り、人々に教えを語り始めた。

これが、「山上の説教」として知られるものである。

「心の貧しい人々は、幸いである、天の国はその人たちのものである。悲しむ人々は、幸いである、その人たちは慰められる」

そう語り始めたイエスの言葉は人々の胸を打った。

厳しい戒律を守らなければ救われないとするそれまでのユダヤの教えとは異なり、弱者に寄り添う言葉だった。

さらに、今も教会で日々唱えられる「主の祈り」をはじめ、「敵を愛せ」「豚に真珠」「空の鳥と野の花」「求めよ、さらば、与えられん」「狭き門より入れ」といった有名なフレーズは、どれもこの山上の説教で語られたものである。

実は、山上の説教が記されているのは、「マタイによる福音書」だけ。一部の言葉は「ルカによる福音書」に重複が見られるが、その舞台は山上ではない。おそらくマタイは、イエスがさまざまな場面で語った言葉を独自に編纂したのだろう。

ここには、キリスト教の本質的な教えが凝縮され、イエスが人心をつかむ劇的な場面として描き出されている。

まずイエスは人々を祝福する

心の貧しい人々は、幸いである、
天の国はその人たちのものである。
悲しむ人々は、幸いである、
その人たちは慰められる。
柔和な人々は、幸いである、
その人たちは地を受け継ぐ。
（中略）
平和を実現する人々は、幸いである、
その人たちは神の子と呼ばれる。

地の塩、世の光となれと言う

あなたがたは地の塩である。
（中略）
あなたがたの光を人々の前に
輝かしなさい。

律法について

わたしが来たのは律法や
預言者を廃止するためだ、
と思ってはならない。
廃止するためではなく、
完成するためである。

腹をたててはいけない

わたしは言っておく。兄弟に腹を立てる者はだれでも裁きを受ける。

誓ってはならない

わたしは言っておく。一切誓いを立ててはならない。天にかけて誓ってはならない。そこは神の玉座である。地にかけて誓ってはならない。そこは神の足台である。

姦淫をしてはならない

わたしは言っておく。みだらな思いで他人の妻を見る者はだれでも、既に心の中でその女を犯したのである。

敵を愛しなさい

わたしは言っておく。敵を愛し、自分を迫害する者のために祈りなさい。（中略）自分を愛する者を愛したからとて、あなたがたにどんな報いがあろうか。徴税人でも、同じことをしているではないか。

復讐してはならない

わたしは言っておく。悪人に手向かってはならない。だれかがあなたの右の頬を打つなら、左の頬をも向けなさい。

思い悩むな

自分の命のことで何を食べようか何を飲もうかと、また自分の体のことで何を着ようかと思い悩むな。（中略）何よりもまず、神の国と神の義を求めなさい。そうすれば、これらのものはみな加えて与えられる。だから、明日のことまで思い悩むな。明日のことは明日自らが思い悩む。だから、明日のことまで思い悩むな。

求めなさい

求めなさい。そうすれば、与えられる。
探しなさい。そうすれば、見つかる。
門をたたきなさい。そうすれば、開かれる。

狭き門より入れ

狭い門から入りなさい。滅びに通じる門は広く、その道は広々として、そこから入る者が多い。しかし、命に通じる門はなんと狭く、その道の細いことか。

「マタイによる福音書」5～7章でこの説教が伝えられている

5C

新約聖書の世界――イエスの宣教 数々のたとえ話

『放蕩息子の帰還』レンブラント

小さな種でも蒔けば大きくなる

✝現代にも通じる人生訓

イエスは教えを語るとき、たびたびたとえを用いて話した。弟子たちがその訳を尋ねると、イエスは「見ても見ず、聞いても聞かず、理解できないからである」と答えている。

たとえば神の国を「からし種」にたとえ、どんなに小さな種でも、蒔けば成長して大きくなり、鳥が巣をつくるほど大きな枝を張ると説く。誰もが理解できるよう、難解な言葉を使わず、身近な例を引き合いに出し、聴衆を惹きつけたのだ。

福音書には全部で50ほどのたとえ話が記されている。当時とは風習や価値観が異なるため、理解しにくいものもあるが、今日にも通じる普遍的教訓も多い。次に代表的な3編を紹介する。

放蕩息子のたとえ

ある人にふたりの息子がいた。下の息子は父にもらった財産を金に換えて旅立ち、放蕩の末に金を使い果たして帰ってきた。父はその姿を見るなり、駆け寄って接吻した。「もう息子と呼ばれる資格はありません」とうなだれる息子に、父は最上の服を着せ、子牛をほふって宴会を開いた。兄は、自分はいつも忠実なのに一度も宴会を開いてもらったことがない、と抗議する。すると父は言った。「お前はいつも私と一緒にいる。だが、弟は死んでいたのに生き返った。いなくなっていたのに見つかったのだ。祝宴を開いて喜ぶのは当たり前ではないか」

＊親不孝を悔い改める弟、愛をもって許す父、やっかむ兄。今の自分はどの立場に近いのか、人はどうあるべきか。聞く人の心を問う現代に通じるたとえ話。

よきサマリア人のたとえ

律法学者に「隣人とは誰か」と尋ねられたイエスはこう話した。

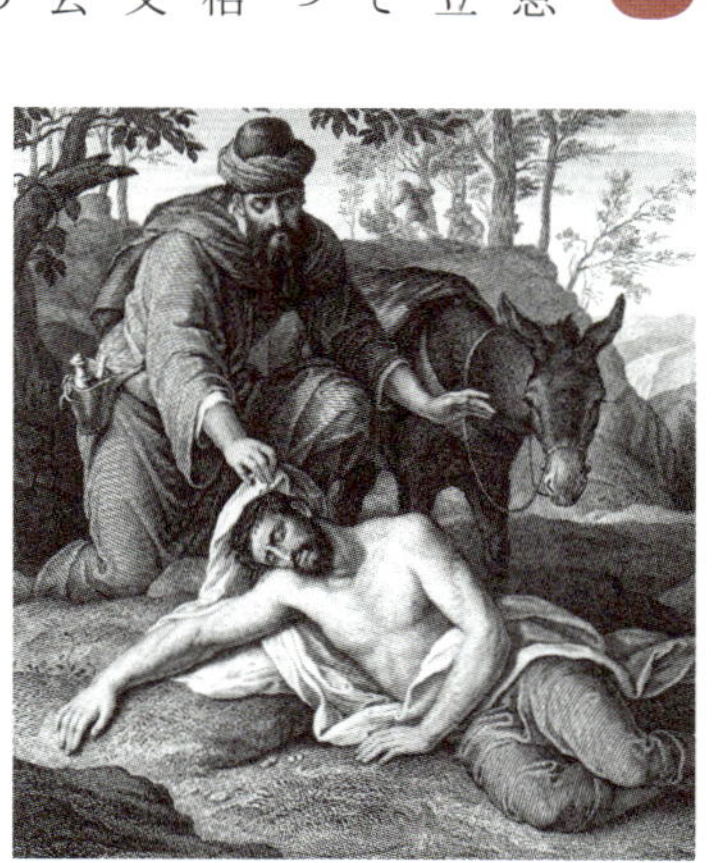

『善きサマリア人』
ビクトリア朝期の挿絵より、作者不詳

「ある人が追いはぎに襲われ、半殺しのまま置き去りにされた。通りかかった祭司とレビ人は、見て見ぬふりをして通り過ぎた。しかし旅の途中のサマリア人は、その人を哀れに思って助け、宿屋に連れて行って介抱したうえ、宿の主人に面倒を見てくれるよう銀貨を渡した。さてこの3人のうち、誰が追いはぎに襲われた人の隣人になったと思うか」

律法学者が「その人を助けた人です」と答えると、イエスは「あなたも同じようにしなさい」と言った。

＊祭司もレビ人もユダヤ教の聖職者。サマリア人は当時差別されていた異教徒。宗教や民族の違いを超えた、真の博愛精神を説くたとえ話。戒律にとらわれ、異教徒を排斥するユダヤ教の指導者たちを、イエスはしばしばこうしたたとえ話によって批判した。

タラントのたとえ

ある家の主人が旅に出るとき、3人の僕にそれぞれの力に応じて財産を預けた。主人が帰宅すると、5タラント預かった者は、商売を始めて倍に増やし、2タラント預かった者も、同様に倍に増やしていた。しかし1タラント預かった者は、お金を穴に埋めて隠しておき、「これがあなたのお金です」と差し出した。すると主人は怒って言った。「その金を取り上げて、10タラント持っている者に与えよ。持っている人はさらに与えられて豊かになるが、持っていない人は持っているものまでも取り上げられる」

＊タラントはタレント（才能）の語源。神に与えられた能力や機会を生かすのは自分しだい。イエスはほかのたとえ話でも、神の御心にかなうことをしない人は神の国に入れないと諭している。

新約聖書の世界――⑥
イエスの受難 エルサレム入城

十字架上の死を予告

『エルサレム入城』ギュスターヴ・ドレ

†ユダヤ教指導者との対立

「今、私たちはエルサレムへ上って行く。人の子は祭司長たちや律法学者たちに引き渡される。彼らは死刑を宣告して異邦人に引き渡す。人の子を侮辱し、鞭打ち、十字架につけるためである。そして、人の子は3日目に復活する」

イエスは自らの運命を知りながら、弟子たちとともにユダヤ教の聖地エルサレムに向かった。ロバに乗って現れたイエスを、エルサレムの人々は「ダビデの子、いと高きところにホサナ」と叫んで熱狂的に迎え入れた。

しかし、聖なる場所であるはずの神殿で、イエスが目にしたのは物売りや両替商の姿。「祈りの家を、あなたたちは強盗の巣にしてしまったのか」とイエスは嘆き、物売りたちを追い出し、台や腰かけをひっくり返しさえした。そして、噂を聞きつけて集まった人々の前で、静かに教えを語り始めた。

古くからの律法を守るユダヤ教の祭司長や律法学者、長老たちには、それが気に食わない。なんの権限があって神殿の境内で説教をするのか、とイエスに詰め寄り、言葉尻をとらえては論争を仕掛けた。だがイエスは、ことごとくそれを論破。それどころか、彼らの頑なさや高圧的な態度をまっこうから批判し、さらには、神殿の崩壊さえ予告した。祭司長や律法学者の腹の虫はおさまらない。なんとかしてイエスを捕らえて殺そうと、密かに計略を練るのだった。

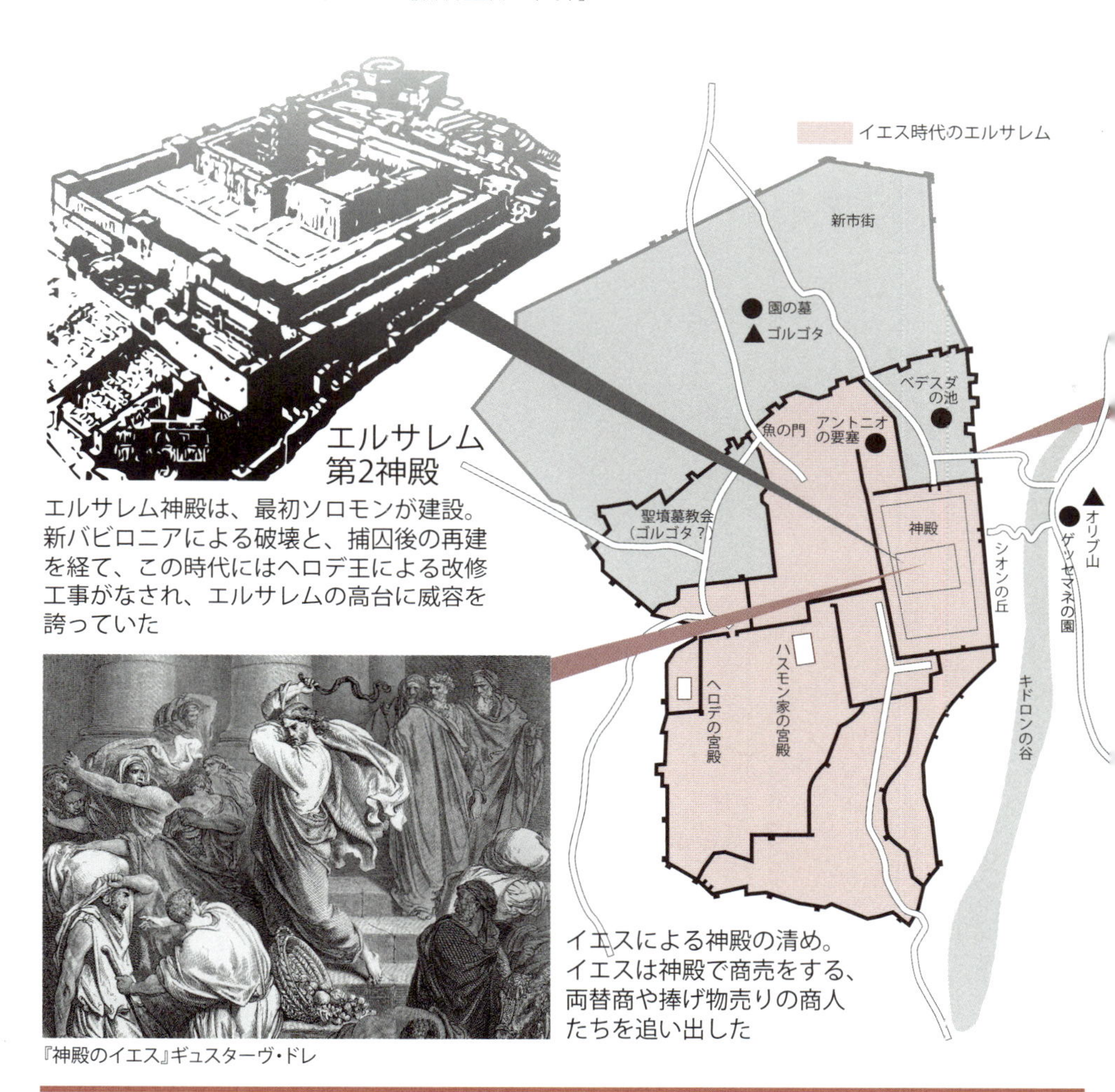

エルサレム第2神殿

エルサレム神殿は、最初ソロモンが建設。新バビロニアによる破壊と、捕囚後の再建を経て、この時代にはヘロデ王による改修工事がなされ、エルサレムの高台に威容を誇っていた

イエスによる神殿の清め。イエスは神殿で商売をする、両替商や捧げ物売りの商人たちを追い出した

『神殿のイエス』ギュスターヴ・ドレ

律法学者たちとの論争

律法とは神の定めた法である。そして旧約聖書が伝える律法や預言者たちの言葉を解釈して現実に当てはめるのがユダヤ教の律法学者たちである。彼らにとって世の終わりが近いことを説くイエスは秩序を乱す者だった。だから、イエスをローマ帝国のユダヤ総督ピラトに引き渡して十字架にかけたのだった。

その律法学者たちは、ユダヤ教の主流派だったファリサイ派とサドカイ派という名で「マタイによる福音書」16章に登場し、イエスを試そうと「天からのしるしを見せてほしい」と求めたのである。

イエスは答えた。「あなたたちは、夕方には『夕焼けだから、晴れだ』と言い、朝には『朝焼けで雲が低いから、今日は嵐だ』と言う。このように空模様を見分けることは知っているのに、時代のしるしは見ることができないのか」と。

新約聖書の世界――7

イエスの受難 最後の晩餐

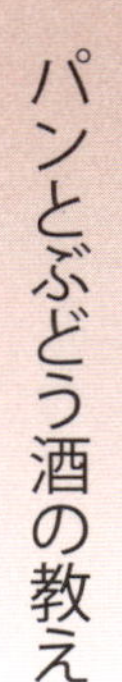

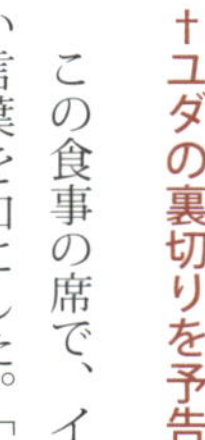
『弟子の足を洗うキリスト』ブラウン

†パンとぶどう酒の儀式

エルサレムのとある家の広間で、イエスは12人の弟子たちと過越祭の食事をともにした。これが、絵画でも有名な「最後の晩餐」。過越祭とはイスラエルの民の出エジプトの出来事を祝うユダヤ教の重要な祭りである。弟子たちとの別れを予期していたイエスは、食事の前に席を立ち、上着を脱ぎ、たらいに水を汲んで弟子たちの足もとに屈み込んだ。そして一人ひとりの足を水で洗い、手ぬぐいでぬぐった。そして再び上着をまとい、席につくと、食事をしながら、弟子たちにパンとぶどう酒の杯を回して言った。「パンは私の体、ぶどう酒は私の契約の血である」。キリスト教会でパンとぶどう酒の儀式が生まれたのは、ここに由来する。

†ユダの裏切りを予告

この食事の席で、イエスは思いがけない言葉を口にした。「あなたがたのうちのひとりが、私を裏切ろうとしている」。「それは誰のことですか」と弟子のひとりが尋ねると、イエスは「私がパン切れを浸して与えるのがその人だ」と答えた。イエスがパン切れを渡したのは、イスカリオテのユダ。彼は、このときすでに祭司長に銀貨30枚でイエスを引き渡す約束をしていたのだ。「しようとしていることを、今すぐしなさい」。イエスにそう告げられたユダは、部屋を出ていった。

さらにイエスは、一番弟子のペテロにこうも言う。「鶏が鳴くまでに、あなたは私のことを3度知らないと言うだろう」。ペテロは強く否定したが、それは現実のものとなる。翌日、逮捕されたイエスとの関係を問われたペテロは、自分の身を守るために3度「知らない」と答えてしまったのだ。鶏の声を聞いて我に返ったペテロは、激しく泣いた。

『最後の晩餐』ファン・ファネス

『ユダの接吻』ギュスターヴ・ドレ

「イエスはパンを取り、賛美の祈りを唱えて、それを裂き、弟子たちに与えて言われた。『取りなさい。これはわたしの体である。』また、杯を取り、感謝の祈りを唱えて、彼らにお渡しになった。彼らは皆その杯から飲んだ。そして、イエスは言われた。『これは、多くの人のために流されるわたしの血、契約の血である。』」

（「マルコによる福音書」14章22～24節）

ユダの福音書の意味とは

イスカリオテのユダがユダヤ教の祭司たちにイエスを引き渡したと解釈される話は新約聖書の福音書に記されていることである。そのため、ユダは裏切りの人として伝えられることになった。

ところが、外典の「ユダによる福音書」には、そのような通説とは異なることが記されている。イエスを引き渡したのはイエス自身の指示によるもので、ユダは12人の弟子の中でいちばん信仰が篤かったという。新約聖書の福音書でも必ずしも裏切り者とはいえない記述があり、実際にユダの裏切りがあったのかどうかはわからない。

この「ユダによる福音書」は新約聖書の４つの福音書と同じくらい古くに編まれたものと推定されるが、確かなことはわからなかった。しかし、エジプトのパピルス文書などから写本の断片が発見されて復元され、日本語の翻訳もある。

新約聖書の世界——イエスの受難 8A
死刑判決

『この人を見よ』ヒエロニムス・ボス

群衆はイエスの死刑を望んだ

†煽動された群衆が下した死刑

ゲッセマネの園で最後の祈りを捧げたイエスは、ユダに率いられた群衆にとりおさえられ、大祭司カイアファに引き渡された。神の子メシアであることを否定しないイエスに腹を立て、大祭司は「それこそ神への冒瀆」と決めつける。

一夜明けた金曜日。イエスの身柄はユダヤ総督ピラトに引き渡された。神殿で教えを説いていただけのイエスに、ピラトはなんの罪も見いだせなかった。祭りの日には、罪人の1人が恩赦を受けることになっている。「強盗バラバとイエス、どちらを釈放してほしいか」とピラトが問うと「バラバを」と民衆は答え、さらに「イエスを十字架につけろ」と叫び始めた。こうしてイエスの死刑が確定した。

イエスの死刑判決はこうしてなされた

エルサレムのユダヤ教の権力者

1 ユダヤ教の権威にとって危険な存在だったイエスを尋問

元大祭司アンナス

尋問するが、
イエスの罪を見いだせない

カイアファに送る

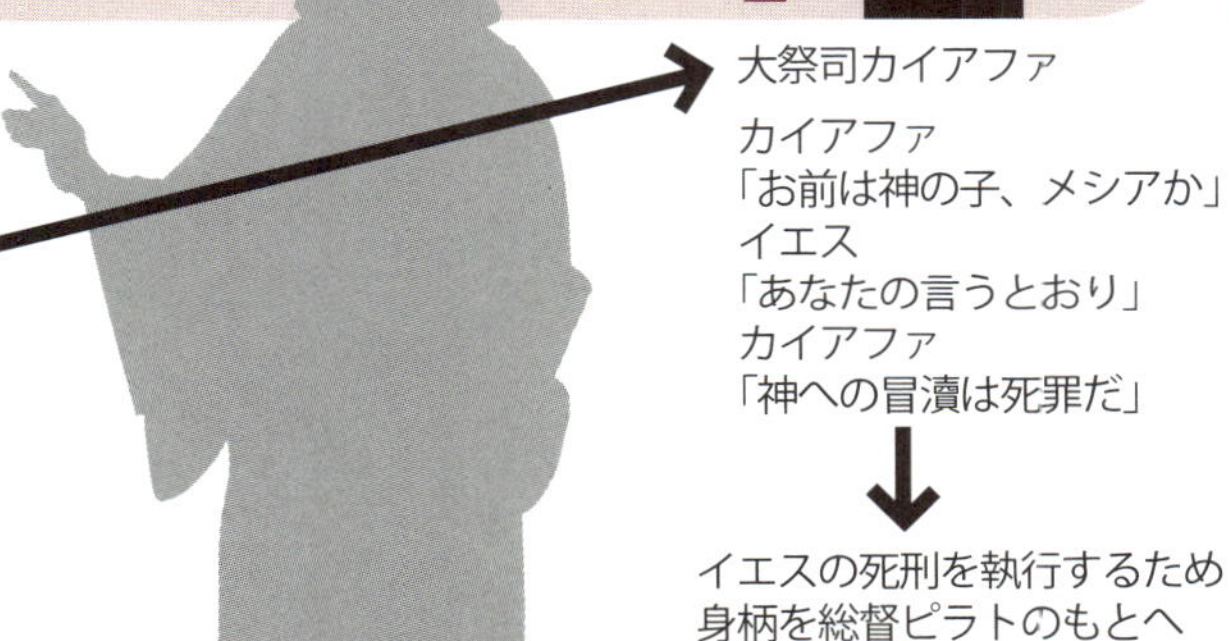

2

大祭司カイアファ

カイアファ
「お前は神の子、メシアか」
イエス
「あなたの言うとおり」
カイアファ
「神への冒瀆は死罪だ」

イエスの死刑を執行するため
身柄を総督ピラトのもとへ

『総督ピラトの前のイエス』
聖ジョージ教会のセラミック画、
作者不詳

ローマのユダヤ総督ピラト

ピラトはイエスが
無罪であると思うが、
自分では判断できない

3 祭司たちは、イエスをローマの反逆者として訴えた

ピラト　イエスを救いたい

4 過越祭には、罪人を１人だけ釈放できる

5 民衆に問い、イエスを助けよう
イエスと強盗バラバ、
どちらを釈放してほしいか

群衆は「イエスを磔に！」
と叫ぶ

新約聖書の世界——8B

イエスの受難 十字架上の死

イエスはゴルゴタの丘に向かって歩いた

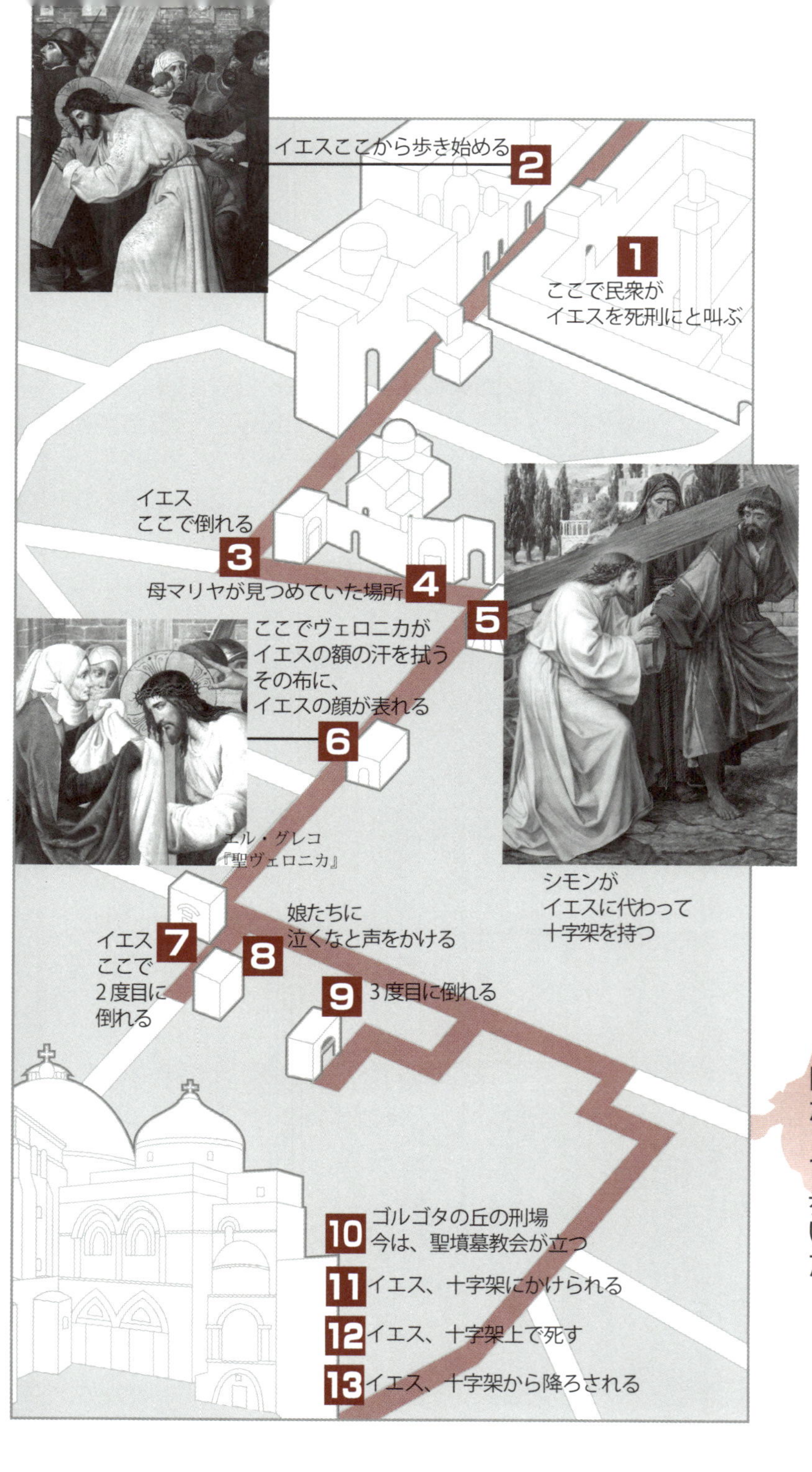

1 ここで民衆がイエスを死刑にと叫ぶ
2 イエスここから歩き始める
3 イエス ここで倒れる
4 母マリヤが見つめていた場所
5 シモンがイエスに代わって十字架を持つ
6 ここでヴェロニカがイエスの額の汗を拭う その布に、イエスの顔が表れる
7 イエス ここで2度目に倒れる
8 娘たちに泣くなと声をかける
9 3度目に倒れる
10 ゴルゴタの丘の刑場 今は、聖墳墓教会が立つ
11 イエス、十字架にかけられる
12 イエス、十字架上で死す
13 イエス、十字架から降ろされる

エル・グレコ『聖ヴェロニカ』

『キリストの磔刑』アンドレア・マンテーニャ

伝えられているイエスの歩いた刑場までの路

Via Dolorosa（悲しみの路）

†自ら十字架を担ぎ死の丘へ

着物をはがされ、イバラの冠をかぶらされたイエスは、唾を吐きかけられ、侮辱を受けながら引かれていった。自ら十字架を背負い、総督の官邸から刑場であるゴルゴタの丘まで歩かされるイエス。

その頭の上には、「これはユダヤ人の王イエスである」と皮肉めいた罪状が掲げられていた。

午前9時、イエスはふたりの強盗とともに十字架にかけられた。祭司長や律法学者は、苦しみにもだえるイエスに、「他人は救ったのに、自分は救えないのか。神の子なら今すぐ十字架から降りてみろ」と、侮辱的な言葉を吐きかけた。

12時、昼だというのにあたりが暗くなる。そして午後3時頃、イエスは突然「エリ、エリ、レマ、サバクタニ」と大声を上げた。それは「わが神、わが神、なぜ私をお見捨てになったのですか」という意味だった。

†イエスの受難を見守った女性たち

こうしてイエスが息を引き取ると、神殿の垂れ幕がまっぷたつに裂け、地震が起こった。それを見た見張り番たちは、「本当にこの人は神の子だった」と絶句した。その一部始終を、母マリヤやマグダラのマリヤ、ガリラヤからやってきた女性信徒たちが、いたたまれない思いで遠巻きに見守っていた。

新約聖書の世界——⑨ イエスの復活

『キリストの復活』ギュスターヴ・ドレ

イエスは復活して言った、「福音を宣べ伝えよ」と

†3日目に甦ったイエス

イエスの遺体は信徒に引き取られ、岩を掘った墓の中に納められた。次の日は安息日だったので、イエスに最後まで付き従っていた女性信徒たちも、掟を守って休み、週が明けるのを待った。

復活のくだりの記述は、福音書によって微妙に異なっている。

「マタイによる福音書」では、週の始めの日の明け方、マグダラのマリヤが墓を訪ねると、大きな地震が起こって天使が下りてきてマリヤに告げた。「あの方は、ここにはおられない。かねて言われていたとおり、復活なさったのだ」と。

「マタイによる福音書」の記述は遺体が消えていたというだけなのだが、「ヨハネによる福音書」では、マグダラのマリヤが墓を訪ねると、墓をふさいでいたはずの石が転がり、墓の中には亜麻布だけが残されていたという。

マリヤが途方に暮れて泣いていると、「なぜ泣いているのか」と声をかけてくる人がいる。甦ったイエスだ。イエスは言う。

「兄弟たちのところへ行って、こう言いなさい。『私の神であり、あなたがたの神である方のところへ私は上る』と」。

『キリストの昇天』ギュスターヴ・ドレ

†使徒に使命を託して天に昇る

イエスはさまざまな場所で、弟子たちの前にも現れた。一番弟子だったペテロには、「私を愛しているか」と3度重ねて尋ね、「私の羊の世話をしなさい」と後を託すかのような言葉を残した。

しかし、トマスだけは信じられず、こう言った。「あの方の手に釘の跡を見、この指を釘跡に入れてみなければ、また、この手をそのわき腹に入れてみなければ、私は決して信じない」

それから8日後、弟子たちが鍵のかかった家の中に集っていると、忽然とイエスが現れ、弟子たちの中央に立った。そしてトマスに声をかけた。

「あなたの指をここに当てて、私の手を見なさい。またあなたの手を伸ばし、私のわき腹に入れなさい。信じない者ではなく、信じる者になりなさい」

生々しい傷跡を見るまで、復活を信じることのできなかったトマスは、「主よ、私の神よ」と声を上げた。

イエスはその後も弟子たちの前に姿を現し、神の国について語り合った。そして復活から40日後、「全世界に行って、福音を宣べ伝えなさい」と弟子たちにメッセージを残して、オリーブ山から天に昇っていった。

新約聖書の世界——10A
使徒たちの伝道の物語

使徒たちの苦難

『聖霊降臨』ギュスターヴ・ドレ

†12使徒に聖霊が降る

イエスを裏切ったイスカリオテのユダは、福音書では罪悪感にさいなまれて自殺したと記されている。ユダを欠いた使徒たちは、代わりにマティアという弟子を加え、再び12人になった。

収穫を祝う五旬祭の日、12使徒が一堂に会していると、突然天から激しい風の音が聞こえ、使徒たちの上に聖霊が降った。すると使徒たちは、霊が語らせるままに、それぞれ異国語を話し出した。それは、これから全世界にイエスの言葉を伝える使徒たちの使命を象徴するかのような出来事だった。

イエス昇天後、一番弟子のペテロは使徒たちの先頭に立ち、エルサレムで布教を始めた。イエスの復活を熱をこめて語るペテロに人々は心を動かされ、1日に3000人が洗礼を受けたほどだった。

使徒たちの伝道活動を記した「使徒言行録」にはこうある。「使徒たちは皆一つになって、すべての物を共有にし、財産や持ち物を売り、おのおのの必要に応じて、皆がそれを分け合った」。そして毎日ともに神殿に参り、家ごとに集まってパンを裂き、喜びと真心をもって一緒に食事をした。こうした共同体が、初期五旬祭の日が来て、一同が一つになって集まっていると、突然、激しい風が吹いて来るような音が天から聞こえ、彼らが座っていた家中に響いた。そして、炎のような舌が分かれ分かれに現れ、一人一人の上にとどまった。すると、一同は聖霊に満たされ、〝霊〟が語らせるままに、ほかの国々の言葉で話しだした。

聖霊降臨

初期教会の誕生

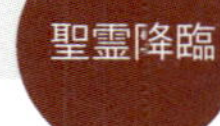

参加してくる

エルサレムのユダヤ人グループ

ローマ帝国のユダヤ人グループ

律法を守るエルサレムのユダヤ人たちは、このヘレニズムのユダヤ人に反発

指導者にステファノを選ぶ

ユダヤ教指導者により処刑。最初の殉教者に

使徒たちの伝道活動の開始

ヤコブ
スペインに布教、帰還したエルサレムで処刑される。その遺体がスペインに流れ着き、現在の聖地サンチャゴ・デ・コンポステーラが誕生

アンデレ
南ロシア、小アジア、ギリシャに布教旅行をする

バルトロマイ（ナタナエル）
インド、ペルシャ、ゲルマンの土地で布教したと伝えられる

ペテロ
イエス第一の弟子として初期教会の信徒をまとめる。外典によると、ローマへの長い伝道の末、皇帝ネロにより逆さ十字架にかけられ殉教したと伝えられる

トマス
インドへ布教に訪れ、そこで王の弟を生き返らせ、王を改宗させたと伝えられる

シモン
ダタイとともに布教の旅を続け、最後はノコギリで身体を裂かれて殉教したと伝えられる

タダイ
パレスチナの隣国で布教し最後はペルシャで殉教したと伝えられる

キリスト教会の基礎となっていく。

†使徒たちを待つ迫害と殉教

ペテロら使徒たちは、福音を伝えただけでなく、イエスと同じように病人を癒す奇蹟をたびたび起こし、ますます信徒を増やしていった。しかし、ユダヤ教指導者たちは、イエス亡き後もその教えを広めようとする使徒たちを、忌々しく思い、たびたび迫害した。

最初の殉教者となったのは、新しい信徒たちの世話役として選ばれた7人の弟子のひとり、ステファノだった。知恵者で弁の立つステファノはうとまれて逮捕され、人々に石で打たれて命を落とした。これを機に、エルサレムの教会への迫害が激しくなり、使徒たちは各地に散って、福音を広めた。

けれどもそんな弟子たちを待つのは、過酷な旅路と迫害だった。領主ヘロデはヨハネの弟ヤコブを殺し、ペテロを投獄。伝道に赴いた地で、殉教を遂げる使徒も少なくなかった。それでも使徒たちが各地で蒔いた種は、やがて少しずつ実を結んでいくようになる。

新約聖書の世界――10B パウロの手紙

愛と信仰

†迫害者から異邦の伝道者へ

ステファノの殺害を支持した人々の中に、サウロという男がいた。古いユダヤの教えを熱狂的に信仰していた彼は、ペテロたちの活動を阻害し、信徒たちを次々捕らえて獄に送りさえした。

サウロが信徒たちを捕らえるためにダマスコに向かっていたときのこと。天から光がさして、「なぜ、私を迫害するのか」と声が聞こえた。「あなたはどなたですか」とサウロが尋ねると、「あなたが迫害しているナザレのイエスだ」と答えがあり、まばゆい光でサウロの目は見えなくなってしまった。しかしダマスコに着くと、イエスの啓示を受けたアナニヤという人が現れ、サウロの目をたちどころに治してくれた。そして、エルサレムに戻ったサウロは、再びイエスの声を聞く。「行け。あなたを遠く異邦人のところに遣わす」と。

†万人のためのキリスト教誕生

回心したサウロはパウロと名を改め、イエスの弟子たちに加わって宣教を始めた。パウロは、厳しい戒律を守るユダヤ人だけが救われるという従来の教えを否定。人は律法ではなく信仰によって生きるべきであり、信じる者はたとえ異邦人であっても神の前では平等に扱われることを、自らの言葉で熱く語った。

その宣教の旅路は決して平坦ではなかった。投獄され、鞭打たれたこともしばしば。それでもパウロは諸国を巡って教会を造り、各地の信徒たちに宛てて手紙を書き送った。それが新約聖書に収められた書簡である。4度の伝道旅行の末に、ついに帝都ローマに渡って宣教。そしてこのローマで捕らえられ、紀元67年頃処刑されたと伝えられる。

パウロの命がけの伝道。ここからキリスト教は世界へ広まることになるのだ。

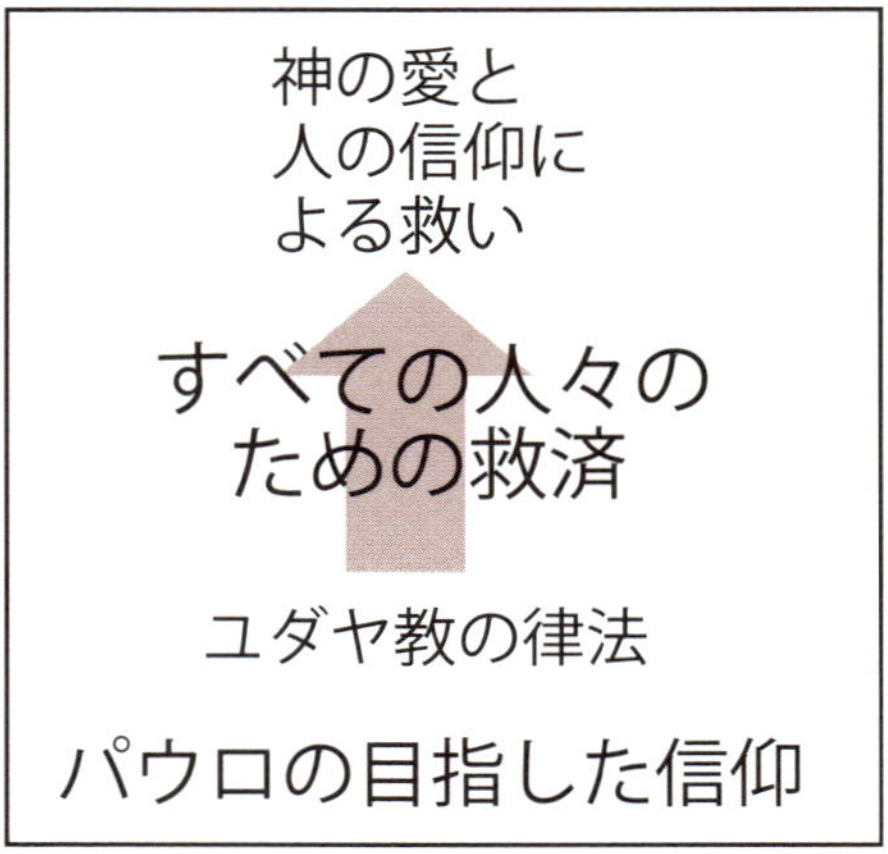

パウロの目指した信仰

神の愛と人の信仰による救い

すべての人々のための救済

ユダヤ教の律法

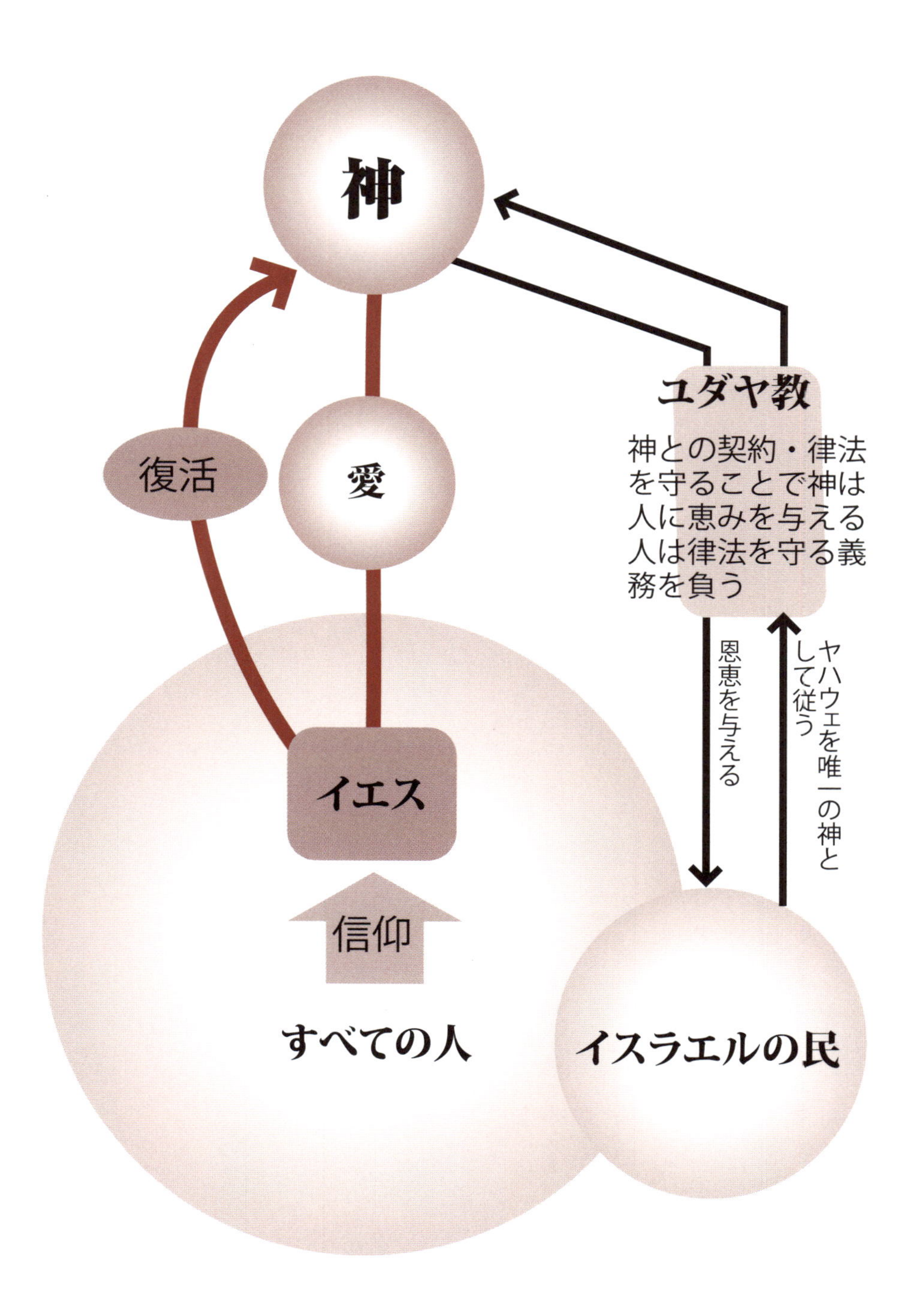
神
ユダヤ教
神との契約・律法を守ることで神は人に恵みを与える人は律法を守る義務を負う
復活
愛
恩恵を与える
ヤハウェを唯一の神として従う
イエス
信仰
すべての人
イスラエルの民

新約聖書の言葉

あなたがたも聞いているとおり、「目には目を、歯には歯を」と命じられている。しかし、わたしは言っておく。悪人に手向かってはならない。だれかがあなたの右の頰を打つなら、左の頰をも向けなさい。(中略)求める者には与えなさい。あなたから借りようとする者に、背を向けてはならない。

〈「マタイによる福音書」5章38～42節〉

求めなさい。そうすれば、与えられる。探しなさい。そうすれば、見つかる。門をたたきなさい。そうすれば、開かれる。だれでも、求める者は受け、探す者は見つけ、門をたたく者には開かれる。

〈同7章7～8節〉

隣人を自分のように愛しなさい。

〈同22章39節〉

一粒の麦は、地に落ちて死ななければ、一粒のままである。だが、死ねば、多くの実を結ぶ。

〈「ヨハネによる福音書」12章24節〉

わたしたちは信仰によって義とされたのだから、わたしたちの主イエス・キリストによって神との間に平和を得ており、(中略)苦難をも誇りとします。わたしたちは知っているのです、苦難は忍耐を、忍耐は練達を、練達は希望を生むということを。希望はわたしたちを欺くことがありません。

〈「ローマの信徒への手紙」5章1～5節〉

愛には偽りがあってはなりません。悪を憎み、善から離れず、兄弟愛をもって互いに愛し、尊敬をもって互いに相手を優れた者と思いなさい。(中略)あなたがたを迫害する者のために祝福を祈りなさい。祝福を祈るのであって、呪ってはなりません。喜ぶ人と共に喜び、泣く人と共に泣きなさい。〈同12章9～15節〉

あなたがたを襲った試練で、人間として耐えられないようなものはなかったはずです。神は真実な方です。あなたがたを耐えられないような試練に遭わせることはなさらず、試練と共に、それに耐えられるよう、逃れる道をも備えていてくださいます。

〈「コリントの信徒への手紙」10章13節〉

第5章

キリスト教の常識を知る［キリスト教の歴史］

キリスト教の広まり——1

キリスト教がローマ帝国の国教になる

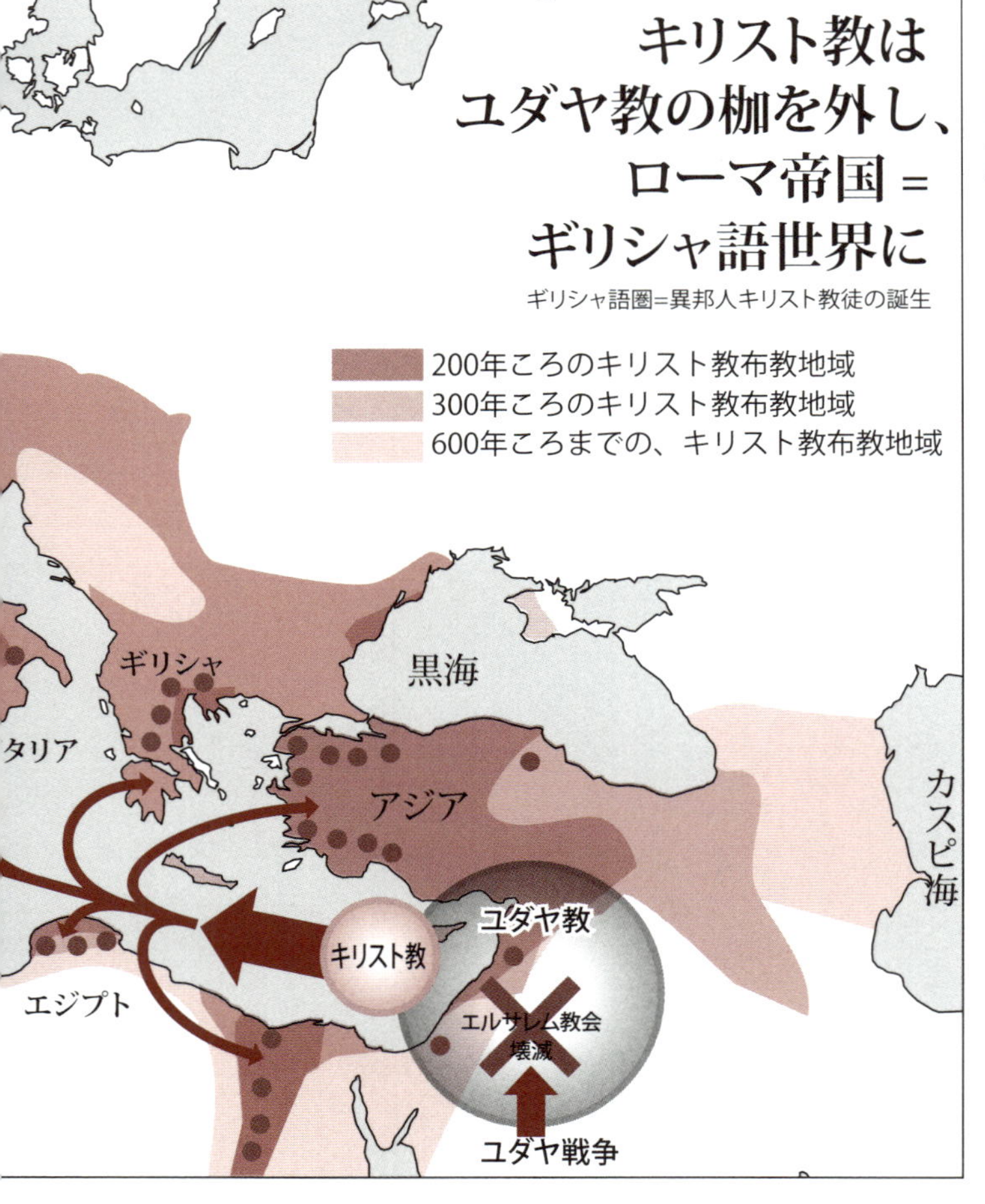

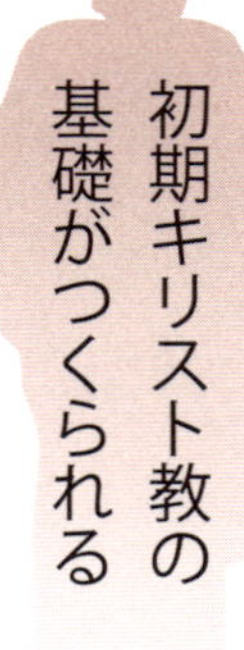

初期キリスト教の基礎がつくられる

†ローマの初期キリスト教

古代にユダヤ人の国があったパレスチナ地方はイエスの時代にはローマ帝国に組み込まれていた。

多数の民族の神々が祀られる多神教のローマ世界で、一神教のユダヤ教・キリスト教は異質だった。

イエスの処刑のほぼ40年後、第一次ユダヤ戦争が勃発し、ローマ軍とユダヤ軍との間で激しい戦闘が行われた。この戦闘以降もユダヤとローマの戦いは続き、ユダヤ教徒はローマ帝国の激しい弾圧に晒されていく。

初期キリスト教も、このユダヤ教の一派と目されていたから、使徒たちの伝道も激しい迫害と殉教を生み出した。この苦難の時代に、イエスの行動と言葉が

キリスト教を唯一迫害したローマ帝国がなぜ、国教にしたのか？

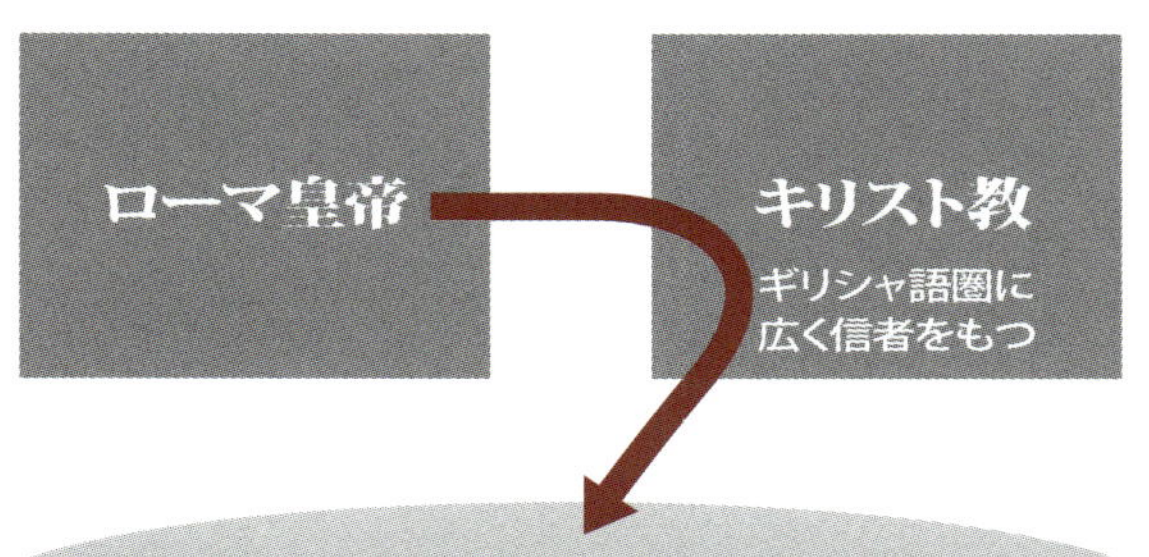

多民族統一のための宗教として利用する

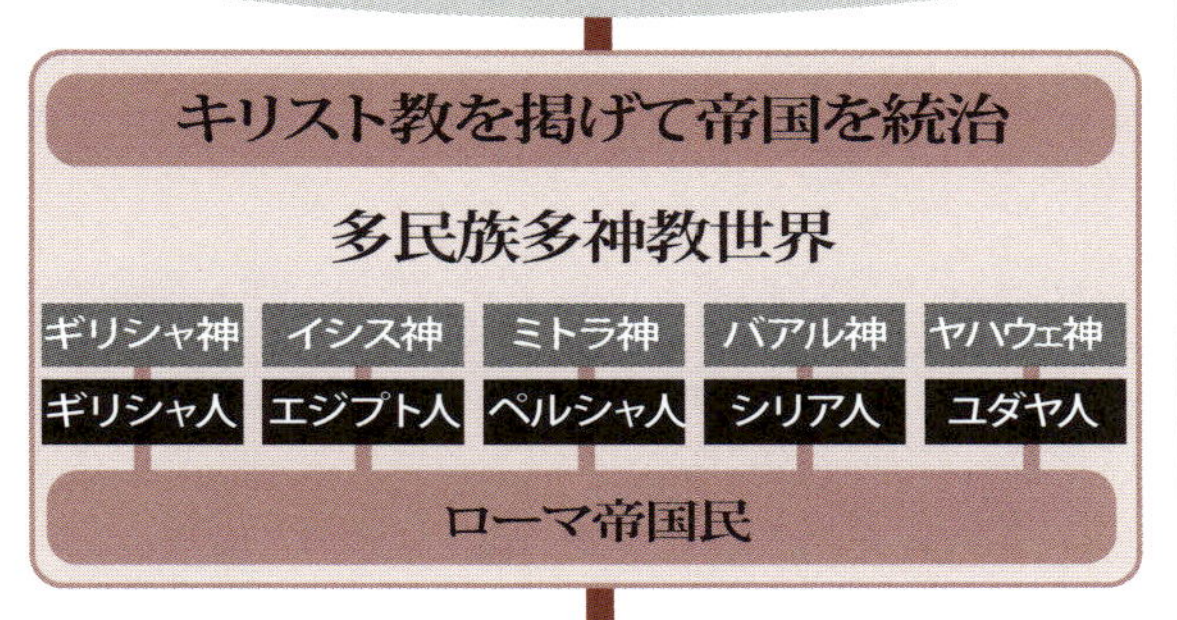

313年 コンスタンティヌス１世がキリスト教公認

325年 ニカイア公会議で基本教義を定める

392年 テオドシウス１世がキリスト教を国教に

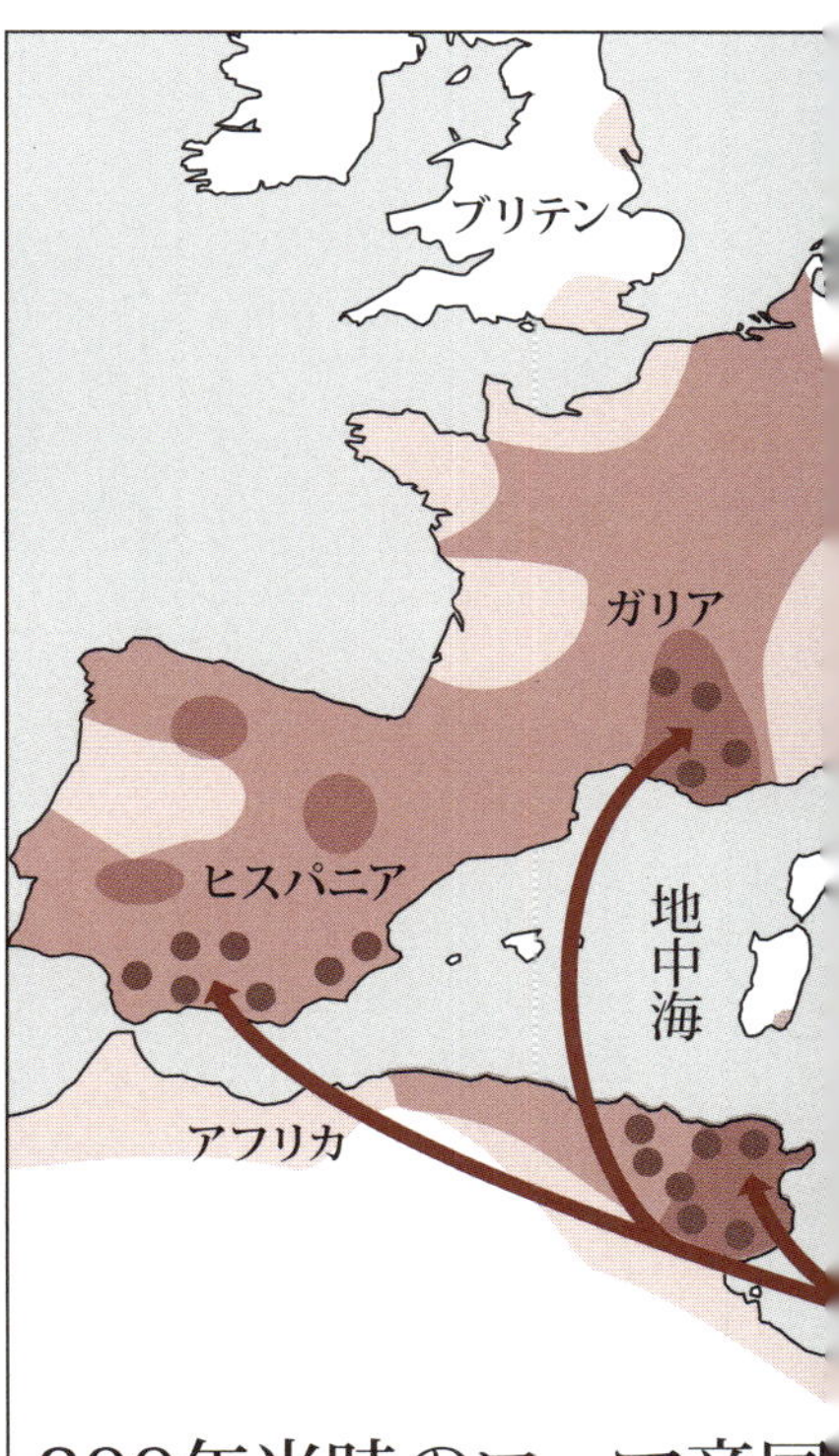

『聖書地理』聖書図書刊行会刊、
『ビジュアル版世界宗教地図』
『山川世界史総合図録』を参考に作成した。
地域の形状は簡略化されている

種々の福音書に書かれた。その中から４つが選ばれて新約聖書に収められることになる。

この時代から３００年後、あれほどの弾圧下にあったキリスト教が、突然とも思える速さで、コンスタンティヌス１世によってローマ帝国に公認された。この理由はなんなのだろう。

✝ローマ帝国の国教化

ユダヤ教はイスラエルの民族宗教だが、パウロはユダヤ人だけではなく、すべての人々が救われる普遍宗教としてキリスト教を再構築した。

その一方、ローマ帝国は、多民族の巨大帝国の統一を維持するため、民族の枠を超えて普遍的であり、帝国の支配原理と敵対しない宗教原理を求めていた。

この両者の求めていたものが一致したものが、「皇帝のものは皇帝（カエサル）に、神のものは神に」（「マタイ福音書」22章）という、政教分離をむねとする、ローマ帝国化したキリスト教だといえるだろう。

キリスト教の広まり――❷

帝国の分裂とともに東西キリスト教会に分かれる

西はカトリック、東は正教会のもとに

†帝国の分裂

キリスト教を国教化したテオドシウス1世は統一ローマ帝国の最後の皇帝だった。395年の死にあたって長男のアルカディウスに帝国の東部を、次男のホノリウスに西部を分割して統治させることにした。以後、西ローマ帝国と東ローマ帝国に分裂して、統一されることはなかった。キリスト教では教区を管轄する司教たちの公会議などによって統一が保たれたが、次第に西方教会と東方教会に分かれていった。

†東ローマ帝国と東方教会

東ローマ帝国の首都はコンスタンティノープル（現イスタンブール）に置かれ、ビザンツ帝国（ビザンツ帝国）とも呼ばれる。

6世紀に最盛期を築いたユスティニアヌス1世はローマ帝国の国家の法、いわゆるローマ法の集大成である『ローマ法大全』をまとめ、ギリシャのヘレニズム文化の影響を強く受けたビザンツ文明が発展した。しかし、東ローマ帝国は1453年にイスラム王朝のオスマン帝国との戦争によって滅亡。都のコンスタンティノープルはイスタンブールと呼ばれるようになった。しかし、東方教会は存続し、現在のギリシャ正教・ロシア正教などに受け継がれている。

ちなみに、ユスティニアヌス1世が大成したローマ法は「カエサルのものはカエサルに」という理念を基本に世俗の法と教会の法を分離するもので現代法につながるものになった。

†西ローマ帝国のキリスト教

西ローマ帝国ではキリスト教を奉じる皇帝のもとで教父と呼ばれる神学者たちが敬いを受け、キリスト教の教義を深めていった。その代表的な教父が『告白』『神の国』などを著したアウグスティヌス（354～430年）だった。

アウグスティヌスは原罪についての教義や「アウグスティヌスの戒則」と呼ばれる後の修道院の規則のもとをつくるなど、西欧キリスト教の基礎をつくった。

西ローマ帝国はゲルマン民族の台頭によって476年に最後の皇帝ロムルス・アウグストゥルス帝が退位し滅亡。西欧の諸民族においてはローマ教会の教皇を奉じる王国が分立し、いわゆる中世が始まる。

西ローマ帝国

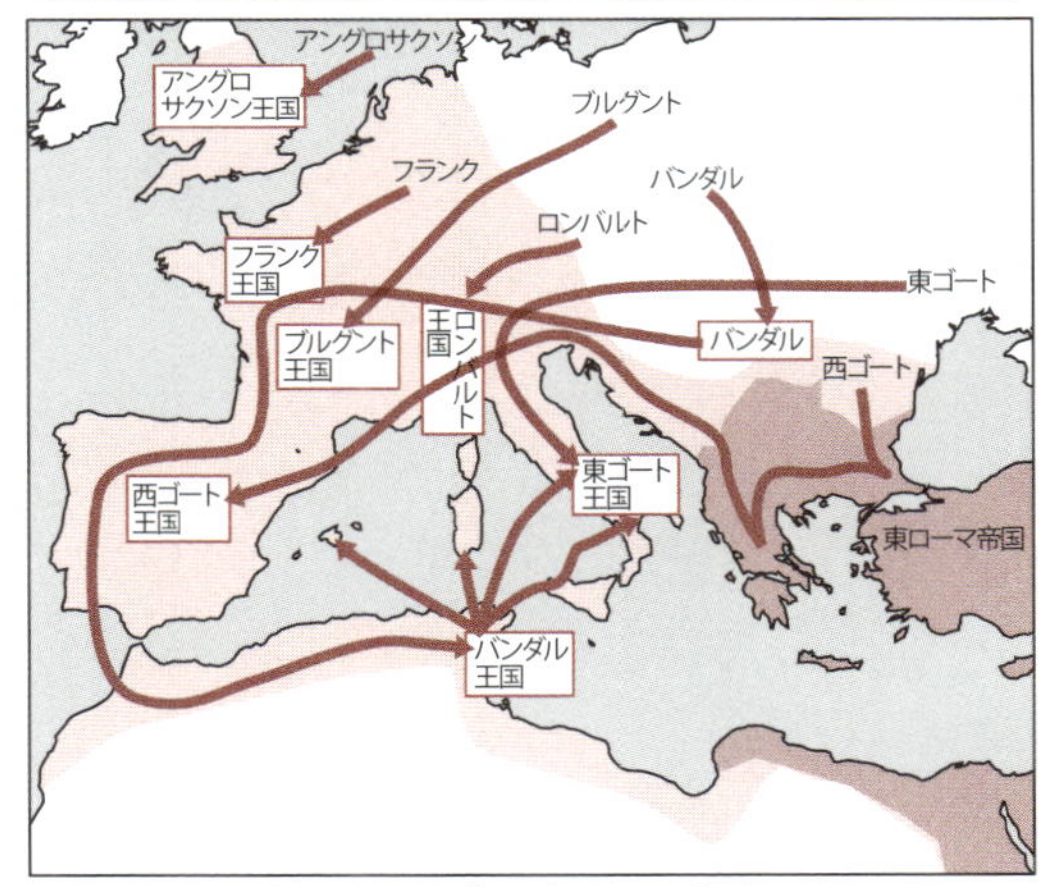

ゲルマン民族の侵入を受ける

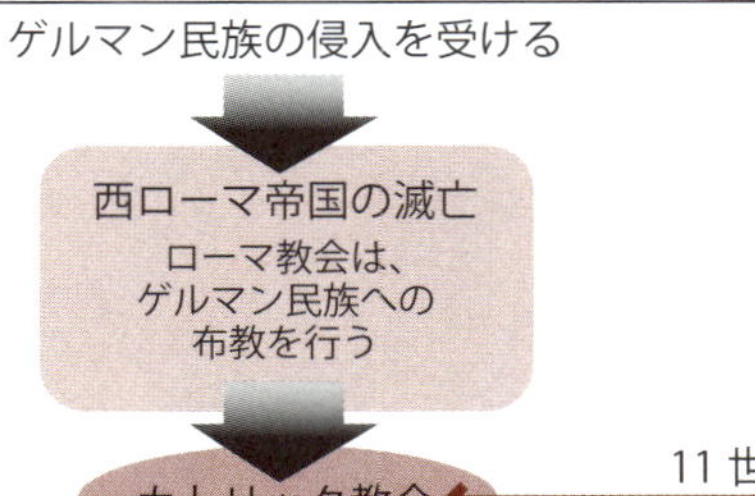

東ローマ帝国

繁栄する東ローマ帝国（ビザンツ帝国）

トルコのカーリエ博物館に残されたキリストのモザイク画

11世紀、第二の絶頂期のイコン
キリストと皇帝コンスタンティノス９世夫婦

カトリック教会 ⟷ 11世紀 相互破門で分裂 ⟷ 東方教会（ギリシャ正教）

キリスト教の広まり――❸

教皇と王＝教会と国家が中世ヨーロッパをつくる

西ローマ帝国の滅亡後、皇帝に代わって教皇が君臨した

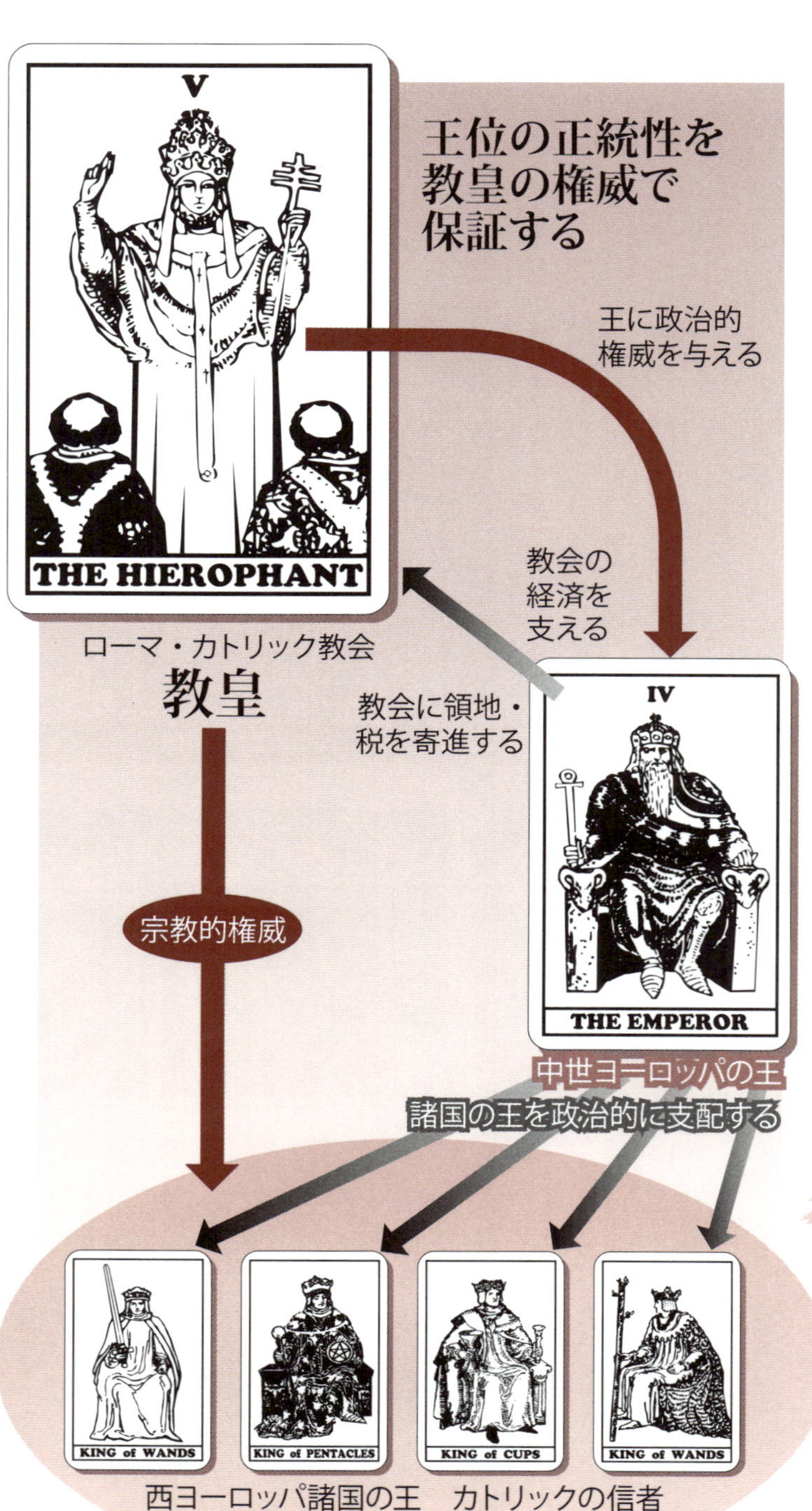

✝カトリック世界の形成

ヨーロッパの中世は5世紀末の西ローマ帝国の滅亡から、14世紀にイタリアで始まるルネサンスとその後宗教改革が始まるまでの約1000年に及ぶ長い時代である。その時代にラテン系のイタリア諸王国、ゲルマン系のフランク王国や神聖ローマ帝国、ケルト系のアイルランド、アングロサクソン系のイングランドやスコットランド、さらに北欧の諸民族の王国がローマ教皇のもとに分立し、いわゆるカトリックの世界が形成された。

それら王国の王や諸侯（騎士）たちは、その領国に豪華な教会を建設し、日曜日やクリスマスのミサを荘厳に行い、王も人々を従えて主イエスの前にひざまずいた。領地・領民を統治する権力、すなわち王権は、神の栄光のもとで権威を獲得したからである。とりわけ王位継承の戴冠式は王権神授の儀式として司教によって厳粛・華麗に行われるようになった。

✝フランク王国と神聖ローマ帝国

5世紀、ローマ帝国にゲルマン系諸族が大移動して帝国領内が混乱に陥ったとき、ゲルマン系フランク族は西ローマ帝国軍と戦い、中部ヨーロッパに勢力を広げた。そして、西ローマ帝国滅亡後に現在のフランスとドイツ、オランダ、イタリア北部の西ヨーロッパ大陸の大部分を版図に収める王国へと発展した。

神聖ローマ帝国はフランク王国からドイツ地域が独立する形で建国されたドイツ系の王国である。しかし、皇帝の権力は地方領主の諸侯の連立の上に成り立ち、近世に至るまでヨーロッパ中世の封建制を維持した。

✝イスラム化したイベリア半島

現在のスペイン、ポルトガルのイベリア半島は北アフリカから拡大したイスラム王朝のウマイヤ朝の版図に入った。当時、古代ギリシャの医学などの諸科学はイスラム世界に伝えられ、さらに発展していたが、8世紀にはキリスト教国によるレコンキスタ（失地回復運動）が起こり、1492年にイスラム最後の拠点だったグラナダ城が陥落。その後、スペイン王国やポルトガル王国が誕生した。

カノッサの屈辱事件

ローマ帝国の再興を名目に掲げる神聖ローマ皇帝ハインリヒ4世はイタリア北部への勢力拡大をねらってミラノの大司教などを自分で任命し、ローマ教皇から破門を宣告された。結局、教皇がいたカノッサ城の門前で雪の中、3日間も赦免を請い、許された。皇帝がローマ教皇に屈した事件である。

キリスト教の広まり——4

東欧に広がるキリスト教（東方教会）

ギリシャ系諸派の誕生

東方教会は、ローマ時代のキリスト教を保持し続ける

西ローマのキリスト教	東ローマのキリスト教
歴史に翻弄されるキリスト教	1000年続くコンスタンティノープルで華開くキリスト教
キリスト教のゲルマン化	1453年 コンスタンティノープル陥落
中世カトリック神学論争	東方教会 ロシア、東欧に逃れる
煉獄	各地の教会は独立し、その緩やかな連合体となる
マリヤの無原罪懐胎	
異端審問	
宗教改革	イコン=聖画を信仰の対象とする、神威の宗教として今に続く

ロシア正教のイエスの復活を表すイコン画

神威とは

神の威光や威力を神威という。原初的には雷などの現象や妖怪怪異への恐怖だっただろうが、崇高な感情を呼び起こす教会の建築や聖画・聖像、主イエスの事績を伝える聖典の言葉や音楽によって神の威光と威力は高められた。世俗の王の権威も神の栄光のもとに強まり、中世には王国と教会が一体になった。

サンクトペテルブルク、血の上の救世主教会

トルコ、アヤ・ソフィア大聖堂

†東ローマ帝国のキリスト教

現在のトルコ・イスタンブールにあるアヤ（聖）・ソフィア大聖堂はキリスト教を初めて国教としたコンスタスティウス2世によって造られ、戦乱で炎上したのち、ユスティニアヌス1世が再建した。現在はイスラムのモスクだが、東ローマのビザンチン文化の栄華を残している。

†異端と分派

西ローマ帝国の滅亡後もローマ教皇がキリスト教会の頂点に立ったが、中世には煉獄の存在や聖母マリヤの聖性などをめぐる神学論争が繰り広げられ、教会裁判所によって異端審問が行われた。

一方東ローマ帝国では325年にコンスタンティヌス帝が現トルコのニカイア（現イズニク）で公会議を召集し、神と子と聖霊の三位一体とするニカイア信条を採択。それを認めないアリウス派を異端とした。さらに431年のエフィソス公会議でネストリウス派は異端とされた。また、ギリシャ正教マロン派、ヤコブ派（シリア正教）、アルメニア教会、コプト教会やエチオピア教会などが派生し、アフリカ方面に広まった。

†東方の諸教会

東ローマ帝国の東方教会はアリウス派やネストリウス派を排除した後、東方教会として正統派の地位についたが、ローマのカトリック教会と違って統一的な教区組織をもたなかった。とりわけ1453年にオスマン帝国との戦争に敗れて東ローマ帝国が滅亡してからは教区は名目的なものとなり、東ヨーロッパの民族ごとに東方教会が伝えられた。

現在、東方教会系統にはギリシャ正教・ロシア正教・ポーランド正教・ルーマニア正教・セルビア正教・グルジア正教・ブルガリア正教・キプロス正教・リトアニア正教、日本ハリストス正教会などがある。

†ロシア正教

ロシア正教は現在のロシアで国家統合の象徴ともなっている。その精神のふるさとといえるのがモスクワの北方セルギエフ・ポサードにあるトロイツェ・セルギエフ大修道院である。1345年に聖人のセルギイによって造られ、イワン大帝によって大教会が建立された。至聖三者聖セルギイ大修道院ともいい、三位一体のイコン（聖画）が祀られている。

キリスト教の広まり――5

異端派はイスラム社会に根づき、東への布教の旅に

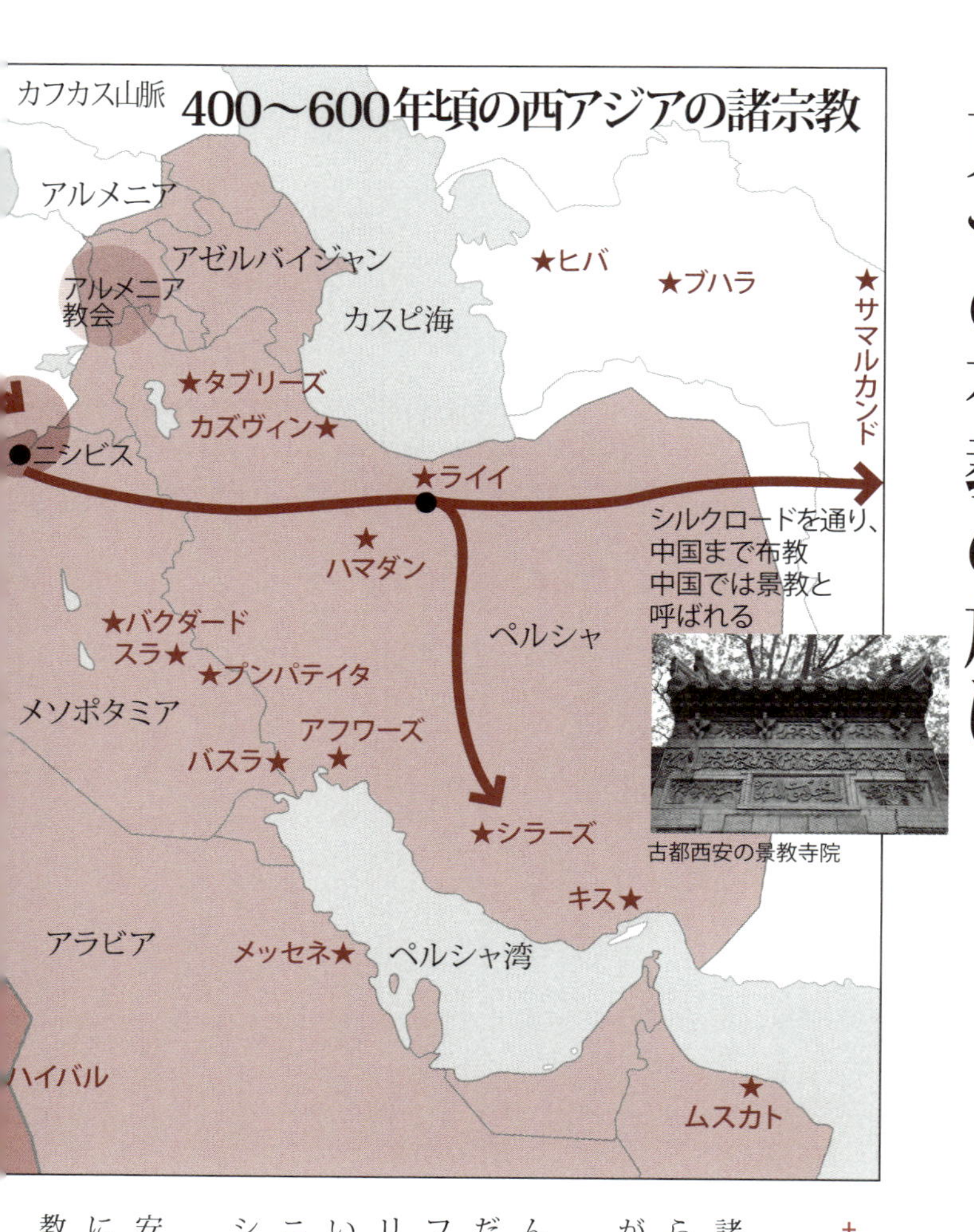

古都西安の景教寺院

†ネストリウス派の東方伝播

東ローマ帝国で異端とされた東方教会諸派は北方やアフリカに広まったが、さらに東方の中央アジア方面に広まったのがネストリウス派である。

ネストリウス派はマリヤは神の子を産んだ聖母ではなく、ひとりの人間の女性だったとしたことから、４３１年のエフィソス公会議で異端とされた。ネストリウス派はアンティオキアを拠点としていたが、異端とされたことにより教徒はニシビスに移住。さらに東方のインドやシルクロードに伝わった。

中国では唐の時代の都・長安（今の西安）に伝わり、景教と呼ばれた。８世紀には長安で大きな勢力となり、「大秦景教流行中国碑」が建立された。

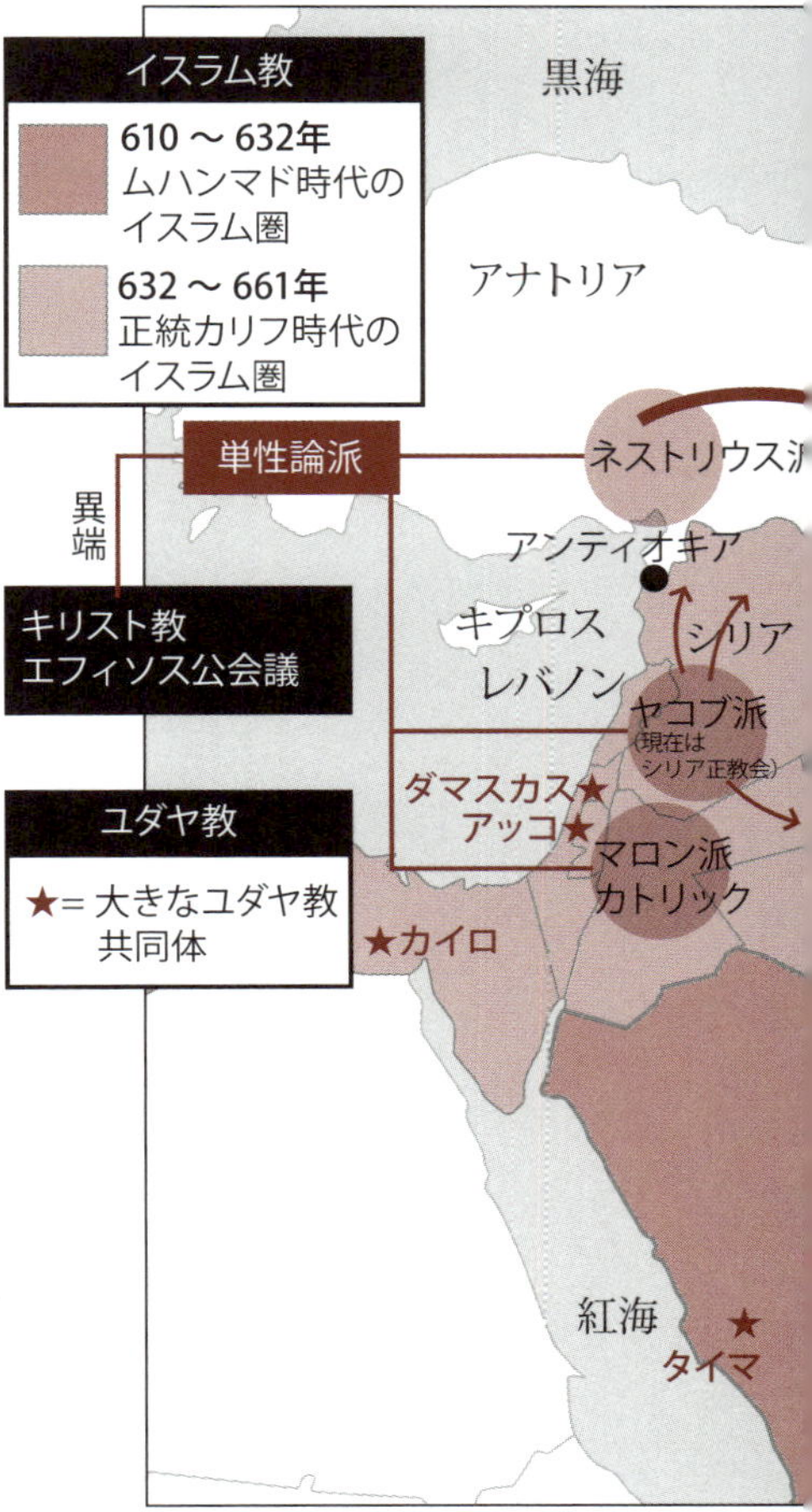

その後、皇帝の弾圧もあり、10世紀末頃には中国では消滅した。現在、ネストリウス派はアッシリア東方教会に受け継がれている。

また、中国へのキリスト教の布教は13世紀の元代にローマ・カトリックによって再開されたが、その頃西アジアとシルクロードはほぼイスラム圏になっていた。

†イスラム世界の広がり

イスラム教は現サウジアラビアのメッカの商人の家に生まれたムハンマド（５７０年頃〜６３２年）が神の啓示を受けたことによって開かれた。その神はアッラーと呼ばれるが旧約聖書の唯一神ヤハウェと同じで、父祖アブラハムの系譜を引く一神教である。

イスラム教ではムハンマドを最終預言者とし、以後はムハンマドの啓示を源泉とするイスラム法（シャリーア）を解釈する法学者を指導者とするようになった。

イスラム教が生まれたアラビアは部族社会でよく争いがあった。ムハンマドも争いの中でメッカからメディナに逃れ、後にメッカに攻め込んでそこを占領した。

しかし、イスラム教は商人の宗教であり、通商に有利なものだった。アッラーの御名のもとでの信頼とアラビア語を共通語とする商習慣によって、異民族との交易も容易になったからである。

そしてイスラム教はユーラシアとアフリカに急拡大し、各地にスルタン王朝（イスラム教徒の王を戴く帝国・王国）が成立し、中央アジアのシルクロードのほぼ全域とインドや東南アジアに拡大していった。

イスラム軍は征服した異民族に「『コーラン』か剣か」すなわち改宗か死かを迫ったといわれる。

しかし、それは西欧のキリスト教圏から見た誤解で、実際には納税を条件として民族それぞれの信仰が許された。現在の過激派組織「イスラム国（ＩＳ）」に圧迫されているゾロアスター教の流れを引くヤジーディ教徒もそうして生きてきたのだった。

キリスト教の広まり―⑥
十字軍、キリスト教対イスラム教、積年の戦いの始まり

「神がそれを望まれた」このスローガンに隠された、キリスト教徒の思惑

エデッサ
アンティオキア
イスラム兵
突然、野蛮なキリスト教徒が侵略してきた、戦え
やつらは、女、子どもまで虐殺しているぞ
侵略者から、土地を守れ
キリスト兵
ここに俺たちの国を作ってやる
略奪だ、持って帰れば金持ちだ
リマソル
アッコ
エルサレム
ダミエッタ
キリスト教徒最大版図（12世紀初めころ）
カイロ
アカバ
第1回
第2回
第3回
第7回

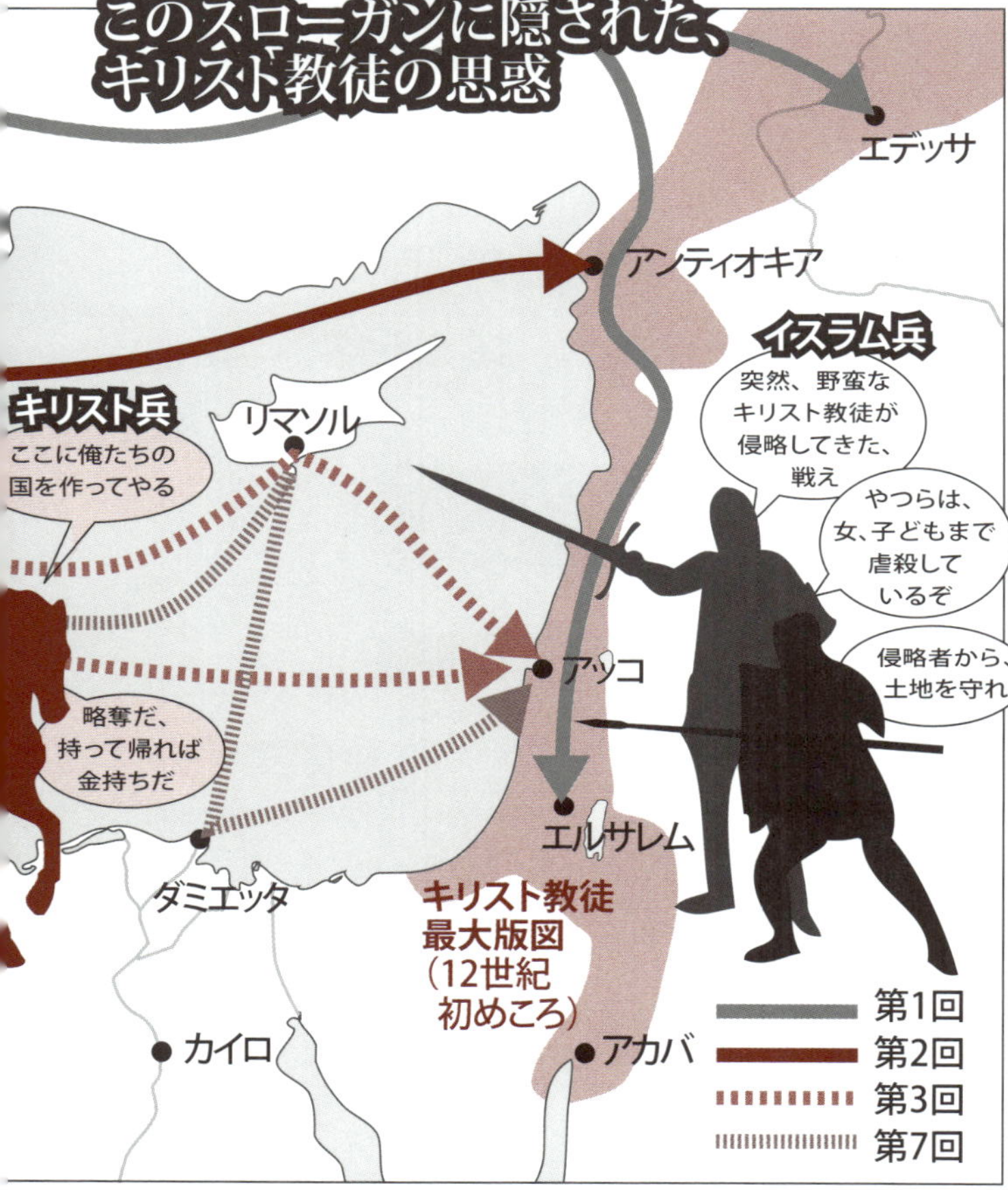

十字軍遠征のハイライト

●第1回 聖地エルサレム奪還

1096年から99年。エルサレム奪還を果たし、エルサレム王国を建国。その他の占領地は東ローマ帝国の皇帝に献上されたが、1144年に崩壊。

●第3回 イスラムの英雄サラディンの活躍

1144年に十字軍の占領地崩壊後、第2回遠征隊が出発したが失敗に終わった。

エルサレム陥落を記念したミラノ大聖堂の扉

†十字軍の遠征

第1回の十字軍の遠征は1096年から99年にかけて。それはイスラム帝国に圧迫された東ローマ帝国の皇帝が西方教会の教皇に救援を求めたことをきっかけに起こった。それに従軍すればすべての罪が赦されて天国に入れるといわれ、遠くはアイルランドなどから、ほとんど巡礼の熱意をもって遥かな東方に騎士たちが聖地エルサレムの奪還を目指して遠征していった。

救世主イエス・キリストの十字の紋章を掲げた騎士たちの遠征軍は西欧では最も英雄的な物語として伝えられた。しかし、エルサレムはユダヤ・キリスト・イスラムの聖地であり、それぞれの信徒が暮らし、それぞれの巡礼者が訪れる共存の地だった。

十字軍は一時はエルサレムを占領したが長続きせず、以後、13世紀まで8回にわたって遠征したのが十字軍の戦乱である。

†恨みを残した十字軍

数回にわたる長期の遠征によって次第に目的は曖昧になり、第4回遠征ではコンスタンティノープルを占領するなど、混乱を深めた。また、騎士だけでなく農民軍や子どもの軍も加わり、遠征した王が占領地に勝手に王国を建てたりした。その混乱と英雄気分の高揚によって異教徒の虐殺も起こり、キリスト教に対する怨恨を残す結果になった。

今日のパレスチナでも、十字軍の悪夢の記憶が呼び覚まされている。

これで皇帝の軍を、自分からイスラムに向けられる。うまくすれば、東ローマが手に入る
ローマ教皇
ヨーロッパには土地がない、イスラムに領土拡張するのだ
ヨーロッパの王たち
これでイスラム貿易が握れる
ベネチアの商人

1187年にイスラムの英雄のサラディンがエルサレムを占領した後、第3回遠征隊が出発。イギリス王の軍がキプロスを占領したほかに成果はなかった。

サラディン

●第4回コンスタンティノープルの略奪

1198年に第4回遠征隊が組織されたが、参加者が予定の3分の1に。ベネチアに支払う船賃が確保できない遠征隊は、ベネチアの要請で、同じキリスト教国のコンスタンティノープルを陥落させた。

●第7回 エルサレムはイスラム教徒の手に

ブルボン家の祖フランス王ルイ9世がフランスの興隆の勢いに乗って1248年から54年に遠征したが失敗。さらに第8回遠征を行ったが、いずれも失敗に帰した。その後、散発的な遠征はあったが、終息していった。

キリスト教の広まり――7

ルネサンス イタリアで華開いたキリスト教芸術

†中世から近世へ

西ローマ帝国の滅亡以後、ローマ教皇の威勢は西欧全域に広がった。王や諸侯によって町や村々のすべてに教会が建立されて住民は教会の名簿に載せられ、冠婚葬祭をはじめ、日常生活のすみずみにまでキリスト教の信仰と習慣が根づいたのである。それらの教会の多くは現在まで存続し、西欧文化の基層を形成した。

その西欧とイスラムの世界の接触をもたらしたのが、8世紀から15世紀にかけてのイベリア半島でのレコンキスタ（失地回復運動）と十字軍の遠征だった。それは古代ギリシャの哲学や科学との再会ともなった。ギリシャの諸科学はイスラム世界で伝えられて、発展していたからである。その出会いによって「再生」「復活」を意味するルネサンスが起こった。古代ギリシャのアリストテレス、プラトンの哲学やホメーロスの英雄叙事詩はキリスト教以前のもので、その「復活」はキリストの神から自由だった頃の人間の物語を呼び覚ました。そして、絵画や彫刻でもギリシャ彫刻にならって人間の姿に美が求められ、イエスやマリヤ像などの教会の美術にも反映された。

そして時代は近世へと動く。近世は世俗の王家や商人の力が増大し、都市の市民文化が発展した時代である。

†イタリアのルネサンス

ルネサンスの中心地はイタリアだった。ボッティチェリ、ミケランジェロ、ダ・ヴィンチなど、ルネサンスを代表する画家を輩出する。その頃毛織物業や通貨取引の銀行業が地中海貿易によって発達した。その中心地が北イタリアで、特に巨万の富を築いたのがフィレンツェのメディチ家で、ルネサンスの芸術家のパトロンになった。ルネサンスの明るく華やかな様式は、かれら豪商の好みでもあったのである。また、イタリア半島は貴族を君主とする多数の公国に分かれ、それぞれに産業と文化を育んだ。

†ハプスブルク家の拡大

一方、現在のスイスに興ったハプスブルク家が中部ヨーロッパ全体に勢力を拡大し、教会建築や絵画・音楽など宮廷文化を華やかに発展させた。ハプスブルク家はオーストリア帝国（オーストリア＝ハンガリー帝国）、スペイン王国などのもとである。

14世紀から始まるルネサンスモデル

ゴシック様式

華開くルネサンス様式

豊かな商人たち

イタリア都市国家

ギリシャ・ローマ文明の復興

東ローマから逃れた、
多くのビザンチンの知識人

交易による、富と知識の流入

西ヨーロッパ
封建的な中世キリスト教社会

十字軍の遠征

ギリシャ・ローマ文明　東ローマ・ビザンチン　東方イスラム文明

ゴシックから
ルネサンスへ

巨大権威の誇示から
自然な視覚の美へ

様式からリアルへ

様式化された宗教画から、リアルな人間の姿を描く自由な芸術活動

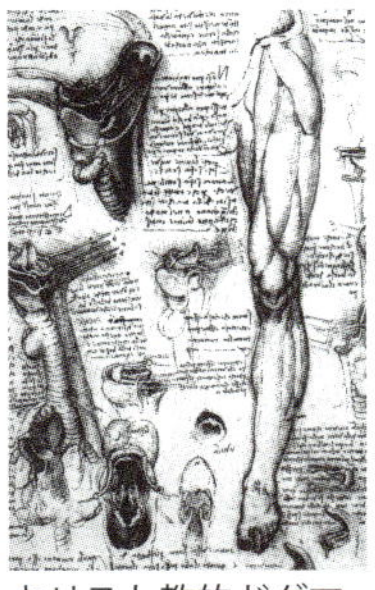

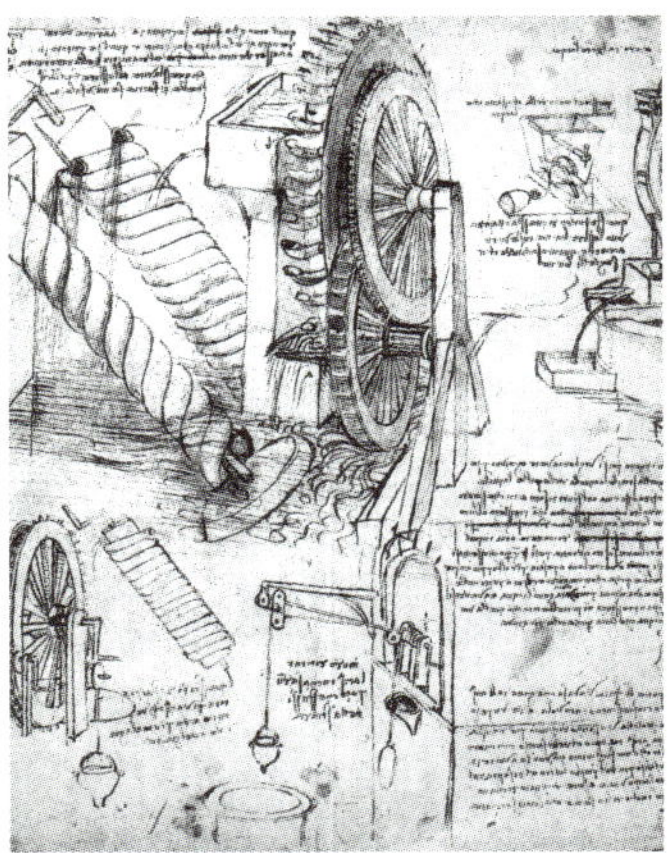

キリスト教的ドグマからの解放、自然科学の萌芽

図はダ・ヴィンチの解剖図と機械設計図

天才ダ・ヴィンチは何者？

レオナルド・ダ・ヴィンチ（1452〜1519年）はルネサンスを代表する人物である。フィレンツェに生まれ、ミラノ公国で活動した。「最後の晩餐」で知られる絵画のみならず、彫刻・音楽・博物学・物理学など芸術と科学の全般に通じた天才であった。

キリスト教の広まり——8

魔女狩り
キリスト教史の拭えぬ禍根

恐怖の増幅が生んだ悲惨な事件

†呪術と魔女

魔法使いは現在、映画やアニメのファンタジーやゲームに欠かせないキャラクターである。古代・中世には魔法や呪術が実効のあるものとされ、それを行えば刑法で罰せられた。

それは日本でも同じだったが、西欧では英語でwitch（ウィッチ）という特殊な観念が生まれた。「魔女」と訳されるが、男も含まれ、神に反逆する悪魔の使徒として語られるようになった。そして魔女と見なされた人を拷問にかけて火あぶりにするなどの苛烈な処罰がなされたのだが、その最初は12世紀のスイスで行われたワルドー派という初期改革派への異端審問だったという。

中世で考えられていた典型的な魔女の姿

†魔女狩りの広まり

異端審問とは教会での裁判で、異端とされれば破門と処断されたのだが、魔女は滅ぼされなければならないという理由で死刑にされた。魔女狩りは中世末から近世にかけての社会不安の中で広まり、16世紀以後の宗教改革によって、いっそう盛んになった。中世の伝統を引き継ぐカトリックのみならず、むしろプロテスタント地域で盛んに魔女狩りが行われ、西欧の全域に及んだ。

†セイラムの魔女裁判

魔女狩りは新大陸のアメリカにも波及した。大規模だったのが1692年、ニューイングランドのセイラム村での魔女狩りだった。魔女がいると疑心暗鬼にとらわれた村人たちが隣人・知人を魔女として訴え、処刑や拷問で二十数名が殺され、歴史上の大きな汚点となった。

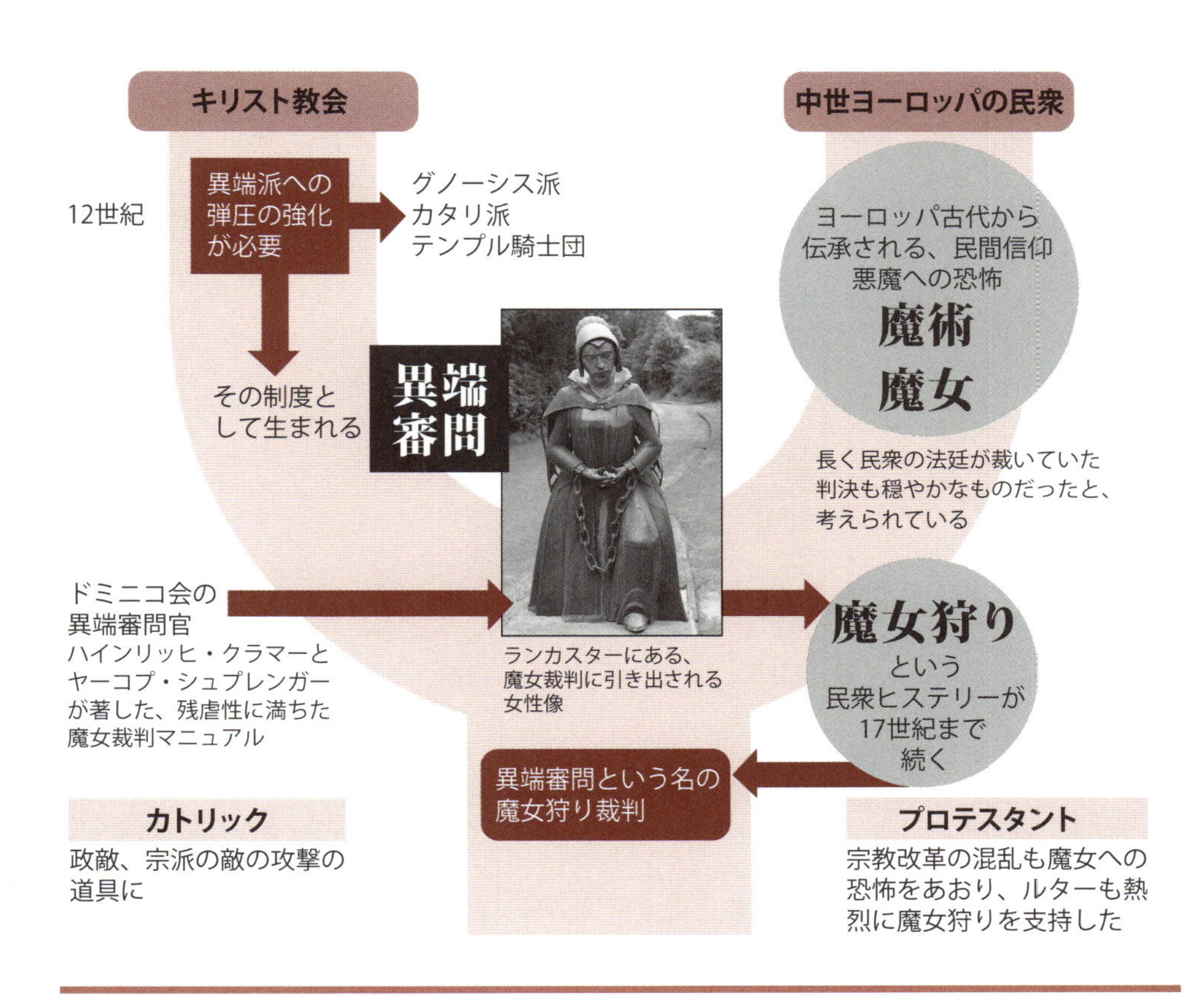
キリスト教会
中世ヨーロッパの民衆
12世紀
異端派への弾圧の強化が必要
グノーシス派
カタリ派
テンプル騎士団
ヨーロッパ古代から伝承される、民間信仰悪魔への恐怖
魔術
魔女
その制度として生まれる
異端審問
長く民衆の法廷が裁いていた判決も穏やかなものだったと、考えられている
ドミニコ会の異端審問官
ハインリッヒ・クラマーとヤーコプ・シュプレンガーが著した、残虐性に満ちた魔女裁判マニュアル
魔女狩り
という民衆ヒステリーが17世紀まで続く
異端審問という名の魔女狩り裁判
カトリック
政敵、宗派の敵の攻撃の道具に
プロテスタント
宗教改革の混乱も魔女への恐怖をあおり、ルターも熱烈に魔女狩りを支持した
ランカスターにある、魔女裁判に引き出される女性像

中世の不思議な裁判　動物裁判とは何か

中世ヨーロッパでは、人も動物も神のもとにあるという意味では平等だった。そこで動物裁判という奇妙な裁判が行われた。その被告席に立たされるのはブタが多かったという。農家では人とブタが一緒に暮らしていたうえ、当時のブタはイノシシのように凶暴だったので、傷害事件や殺人事件をたびたび起こしたのだ。

その裁判では被告のブタにも弁護人がついて事情を釈明するのだが、有罪となれば縛り首にされた。といってもブタの体型では首を縛ることは不可能なので後ろ足を縛って逆さづりにし、鼻を切ってポタポタ血をしたたらせて死に至らせるという残酷な刑が処された。ブタは人の食肉になると神が定めたにもかかわらず、それに逆らうことは重罪なのである。池上俊一著『動物裁判』（講談社）によれば、１３８６年ブルゴーニュ地方の村での例では、わざわざブタに服を着せ、罪人として処刑したという。

困ったのは作物を食い荒らすイナゴだった。教会裁判所に告発しても、どれが作物を食ったイナゴかわからない。召喚にも応じない。そこで教会の前で召喚状を読み上げ、欠席裁判で罪を宣告したうえ、農地から立ち去るように命じたのだった。

キリスト教の広まり——9

宗教改革 プロテスタントの誕生

プロテスタントからは多数の分派が生まれた

†ルターの改革

中世のカトリック社会では、聖書はラテン語で書かれ、もっぱら司祭によって祭壇に祀られ、一般信徒が読むものではなかった。しかし神聖ローマ帝国（ドイツ）の神学者ルターは聖書の言葉を通して信仰によって救われると説き、そこから宗教改革が始まった。

ルターはカトリックの教会制度は司祭という特権階級を生み出して人々を神の国から遠ざけていると否定し、プロテスタント（抗議）と呼ばれる宗教改革運動を生み出したのだ。

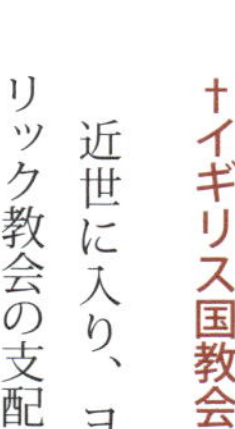

マルティン・ルター
（1483〜1546年）

†カルヴァンの改革

フランスに生まれたカルヴァンは、神が定めた戒律の厳格な遵守が救いの途だと説いた。勤勉、禁欲、正直な信仰生活を守るプロテスタントは、結果として富を蓄えた。

†イギリス国教会

近世に入り、ヨーロッパ各国でカトリック教会の支配がゆらぐなかで王と教会の対立も起こった。イギリスではヘンリー8世の離婚問題を機にイギリス国教会がカトリック教会から分離。17世紀には宗教的対立と政治・社会問題を背景にピューリタン革命が起こり、一部のピューリタンがアメリカへと移住した。

†キリスト教原理主義をも生み出す

この時代の宗教改革の理念は、聖書の言葉をすなわち神の言葉であると信奉するところにある。それは聖書絶対無謬説を生み、後のキリスト教原理主義を生み出す土壌をも用意した。

ジャン・カルヴァン
（1509〜1564年）

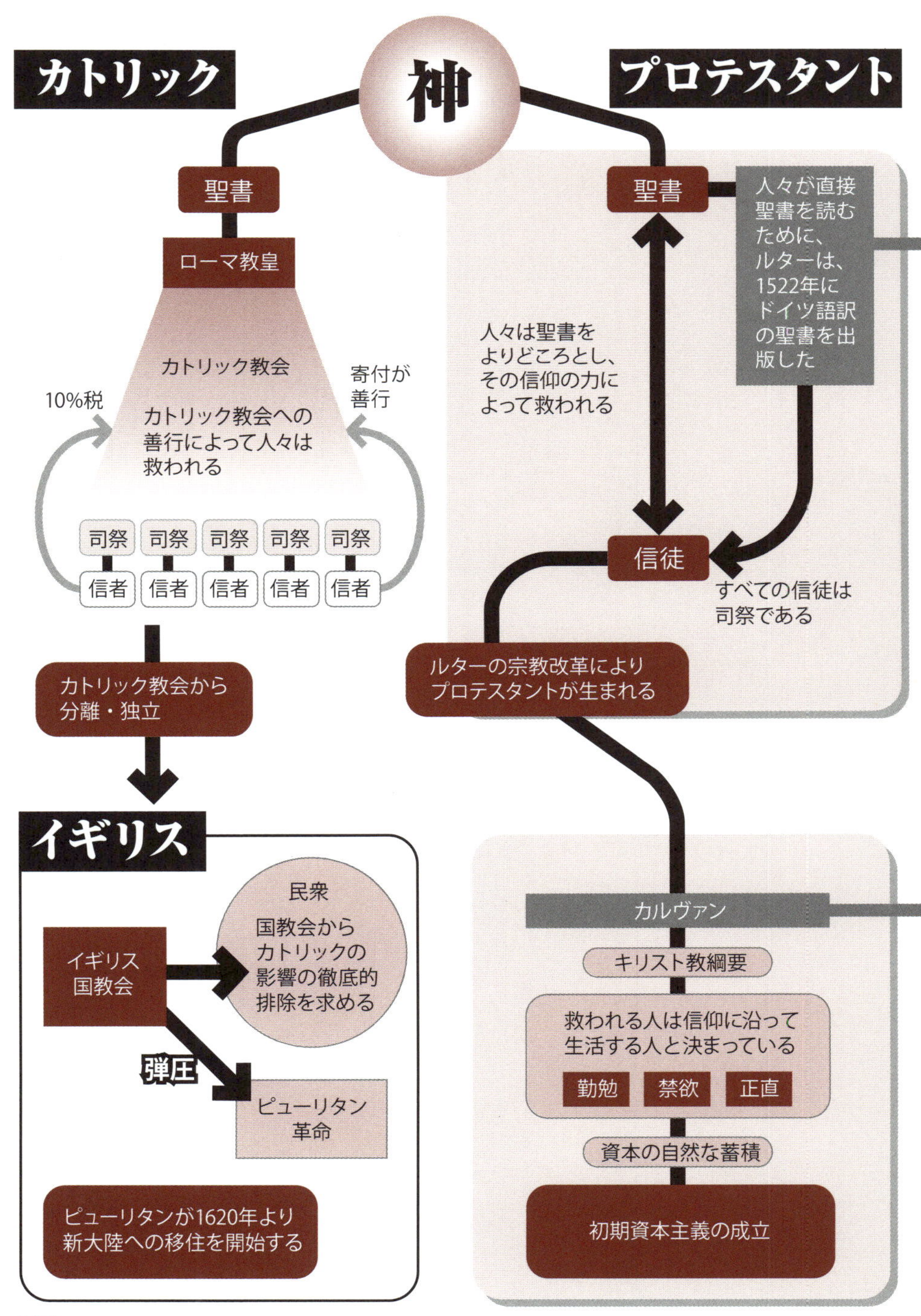
神
カトリック
プロテスタント
聖書
ローマ教皇
カトリック教会
カトリック教会への
善行によって人々は
救われる
10%税
寄付が
善行
司祭
司祭
司祭
司祭
司祭
信者
信者
信者
信者
信者
カトリック教会から
分離・独立
聖書
人々が直接
聖書を読む
ために、
ルターは、
1522年に
ドイツ語訳
の聖書を出
版した
人々は聖書を
よりどころとし、
その信仰の力に
よって救われる
信徒
すべての信徒は
司祭である
ルターの宗教改革により
プロテスタントが生まれる
イギリス
民衆
国教会から
カトリックの
影響の徹底的
排除を求める
イギリス
国教会
弾圧
ピューリタン
革命
ピューリタンが1620年より
新大陸への移住を開始する
カルヴァン
キリスト教綱要
救われる人は信仰に沿って
生活する人と決まっている
勤勉
禁欲
正直
資本の自然な蓄積
初期資本主義の成立

キリスト教の広まり――10

北アメリカへ海を渡るピューリタンたち

イギリスでの弾圧を逃れて

†巡礼の父祖

イギリスでは16世紀の国教会の創設以後、王室と教会が一体化し、いわゆる絶対王政の君主制がしかれた。それとともに貴族や豪農と民衆との格差が拡大し、王権に抗して議会運動が生まれてきた。

一方清貧を重要な徳目とするカルヴァン主義の影響を受けたプロテスタント、いわゆるピューリタンを中心に王侯や富農への抵抗運動が盛んになり、1638年から60年にかけて反乱事件が続発した。

それを初期の市民革命としてピューリタン革命というが、1660年には王政復古によって終焉した。

その頃の弾圧を逃れて1620年にメイフラワー号という帆船でアメリカ大陸に渡ったのが最初の移民とされる102名のピューリタンで、ピルグリム・ファーザーズと呼ばれる。

ピルグリムは巡礼者という意味で、彼らは新天地に信仰の聖地を求めたのだったが、上陸の前に結んだ「メイフラワー誓約」は神の前にイギリス王への忠誠を誓うものだった。法と正義は故国のキリスト教に求められたのである。上陸地を「プリマス」というのもイギリスの出港地の名である。しかし、上陸したのは11月19日で、まもなく訪れた冬を先住民に助けられて越すことができたのだった。

メイフラワー号の航海を記念して
イギリスで発行された記念切手

†相次ぐ移民

ピューリタンたちは1630年には本拠地となるボストンに上陸。その後、西欧の各国から移民が続いた。現在のアメリカ合衆国以外ではカナダにフランスから、メキシコにはスペインのカトリック教徒が多く移住してきた。中南米はスペインの植民地となり、今ではイタリア以上にカトリックの盛んな地域となっている。

ニューイングランドへのキリスト教徒の植民のようす 1620〜97年頃

この植民地図は『ビジュアル版　世界宗教地図』などを参考にして作成しました。ただ、ここに示した以外にも、フランス系の人々などヨーロッパからの植民者も多数存在しています。

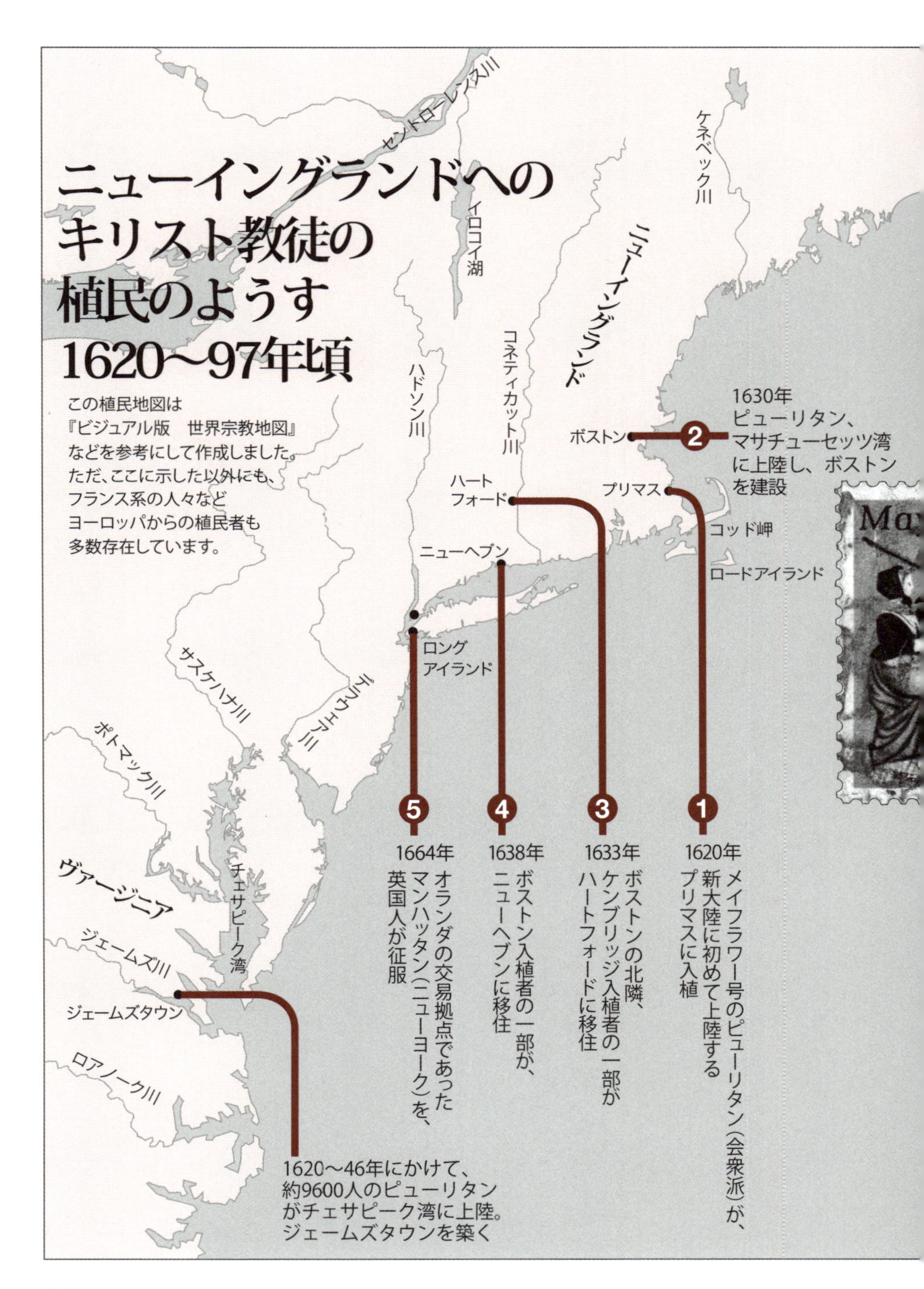
セントローレンス川
ケネベック川
イロコイ湖
ニューイングランド
コネティカット川
ハドソン川
ボストン
2
1630年
ピューリタン、
マサチューセッツ湾
に上陸し、ボストン
を建設
プリマス
ハート
フォード
コッド岬
ニューヘブン
ロードアイランド
ロング
アイランド
サスケハナ川
デラウェア川
ポトマック川
ヴァージニア
チェサピーク湾
ジェームズ川
ジェームズタウン
ロアノーク川
5
4
3
1
1664年
オランダの交易拠点であったマンハッタン(ニューヨーク)を、英国人が征服
1638年
ボストン入植者の一部が、ニューヘブンに移住
1633年
ボストンの北隣、ケンブリッジ入植者の一部がハートフォードに移住
1620年
メイフラワー号のピューリタン(会衆派)が、新大陸に初めて上陸するプリマスに入植
1620〜46年にかけて、
約9600人のピューリタン
がチェサピーク湾に上陸。
ジェームズタウンを築く

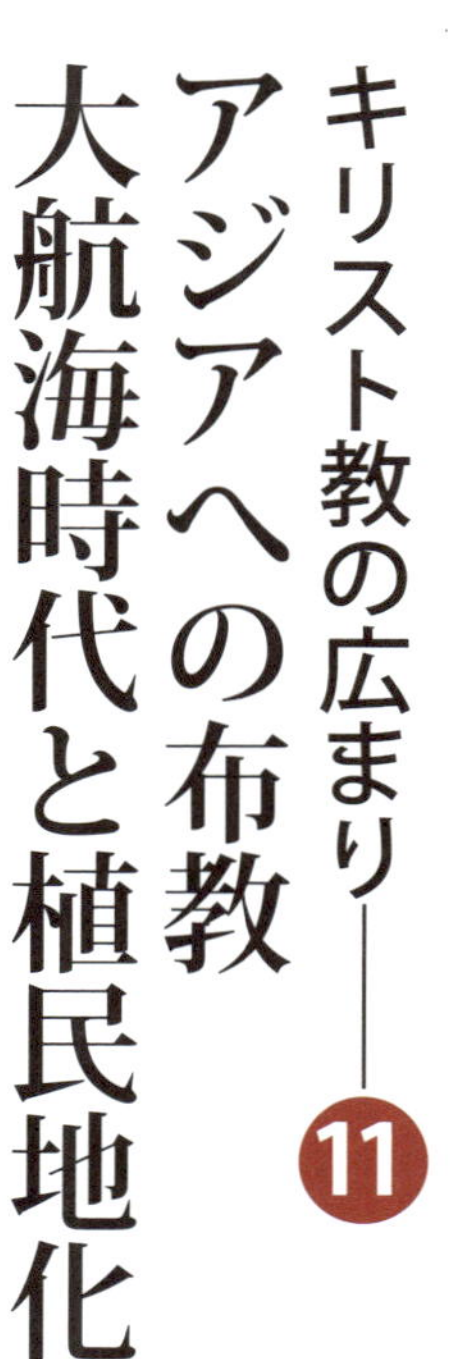

キリスト教の広まり――11

アジアへの布教 大航海時代と植民地化

イエズス会の誕生

マラッカのフランシスコ・ザビエル教会

†大航海時代の始まり

１４９２年、コロンブスが大西洋を横断してカリブ海の西インド諸島に到達。コロンブスはイタリアに生まれたが、その航海はカトリックのスペインの王家がスポンサーだった。そして１５２２年にはポルトガルのマゼラン艦隊が世界一周に成功し、西欧諸国による大航海時代が始まった。

その動機は南アジア（インド）産のコショウなど、肉料理に欠かせない香辛料を手に入れることだった。それまでの香辛料の交易は西アジアのイスラム商人を経由したので非常に高価であった。それを海路で輸入する道を探ったのだが、そこで発見したのがアメリカ大陸やアジアの国々だった。

当時、西欧各国の艦隊は互いに戦争を繰り返し、大砲や鉄砲などを持つ軍を組織していた。その兵力にアジア各地の王国は敗れ、いわゆる植民地化されていった。そうした西欧諸国の勢力拡大とともに広がったのがキリスト教だった。

†イエズス会の結成

カトリックは世俗の王権と一体化する一方、神学校と修道院によって真摯な信仰と清貧の精神を伝えてきた。ドイツやフランスでプロテスタントによる宗教改革が始まると、それに対して新たな修道会による信仰回復運動が開始された。その代表的な団体が１５４０年にローマ教皇に認可されたイエズス会である。

創設者の中心人物だったイグナチウス・デ・ロヨラはもとはスペインの騎士で、イエズス会の組織も軍隊にならった。その宣教師たちはローマ教皇に忠誠を誓い、新たに発見された諸民族（野蛮な神々を祀る人々）への布教をミッション、すなわち神から与えられた使命とした。イ

エズス会はカトリック国のポルトガル、スペインの勢力圏・植民地だった中南米やフィリピンに広まった。アジアでの拠点は、インドのゴア、中国のマカオだった。１５４９年に来日したザビエルもイエズス会創設者の一人である。

✝プロテスタントのアジア進出

17世紀にはプロテスタントのイギリス、フランス、オランダもアジアに植民地を広げた。それとともにプロテスタント諸派も各地に教会を建てていったが、国策の東インド会社などによる交易が主で、布教はイエズス会ほど熱心ではなかった。たとえば、ジャワ島のバタビア（現ジャカルタ）はオランダ東インド会社の拠点として栄えたが、現在のインドネシアやマレーシアが全般にイスラム教圏である状況に変化は起きなかった。バタビアは日本ではジャガタラと呼び、日本—西欧間の交易の拠点でもあった。

イギリスの植民地になったインドやスリランカでも、伝統のヒンドゥ教・イスラム教・仏教が保持され、今もキリスト教徒は少数派にとどまっている。

キリスト教の広まり――⑫

帝国主義 植民地とキリスト教の拡大

18世紀 東方教会・ロシア正教の拡大

ロシア帝国の領土拡大とともに、その布教地域は、ほぼ帝国のそれに重なっている

†欧米列強による世界分割

1868年に日本が明治を迎えた頃、いわゆる欧米列強が植民地を広げて世界の大半が分割されていた。現在のキリスト教圏は、もともとの欧米諸国に加えて、旧植民地に広がっている。中でもポルトガル、スペインの植民地だった南米にはカトリックが広まり、今では最大の信徒をもつ地域になっている。

アメリカ合衆国にはイギリス系のプロテスタント諸派が支配層を形成したが、カトリックのアイルランド人も多く移住した。近年はラテン系のカトリック教徒の人口も増えている。カナダもカトリックが多い国である。

フィリピンはスペインの植民地だった。その後、アメリカ領になったが、今

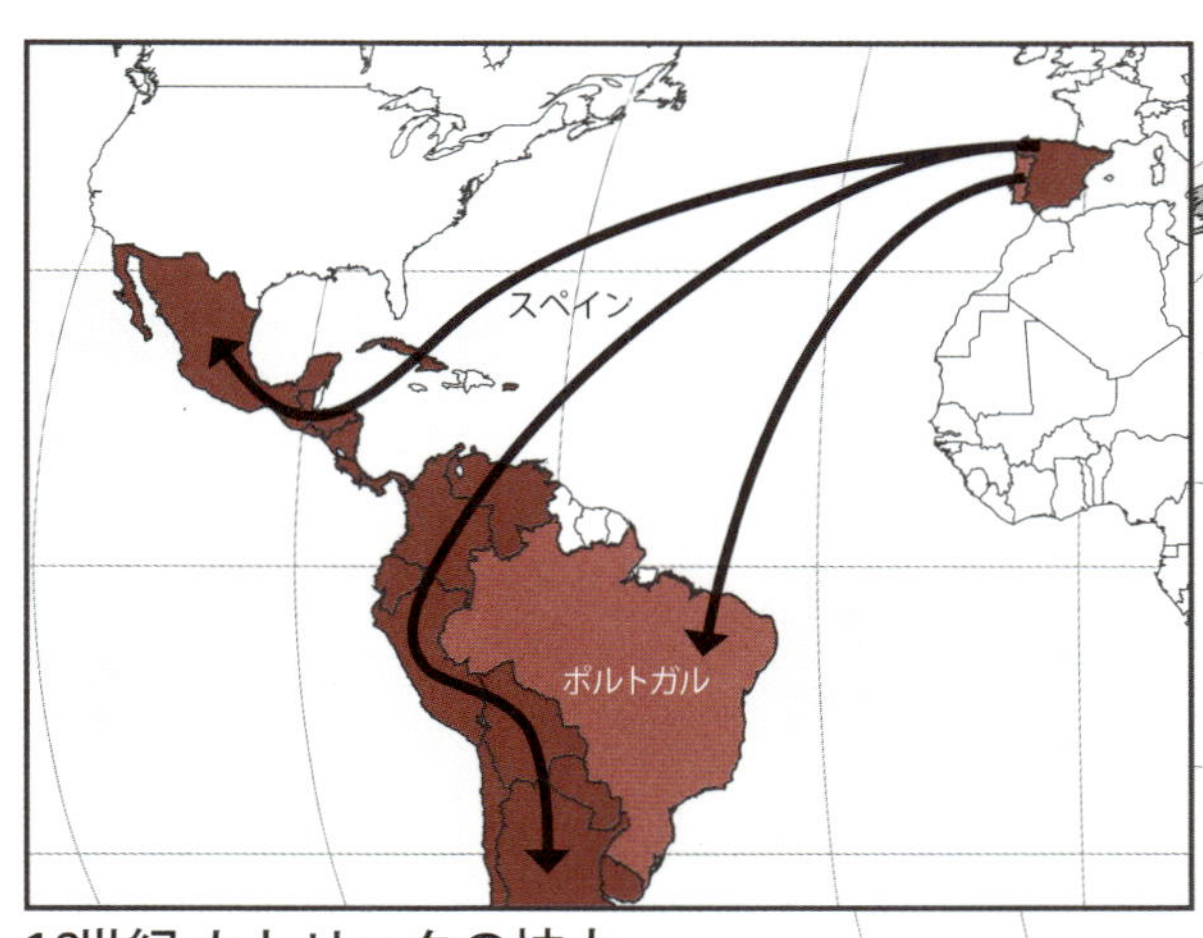

18世紀 カトリックの拡大

ポルトガル・スペインの新大陸の植民地化によって、メキシコ、カリブ、南アメリカがカトリック化された。フィリピンもスペインが領有する

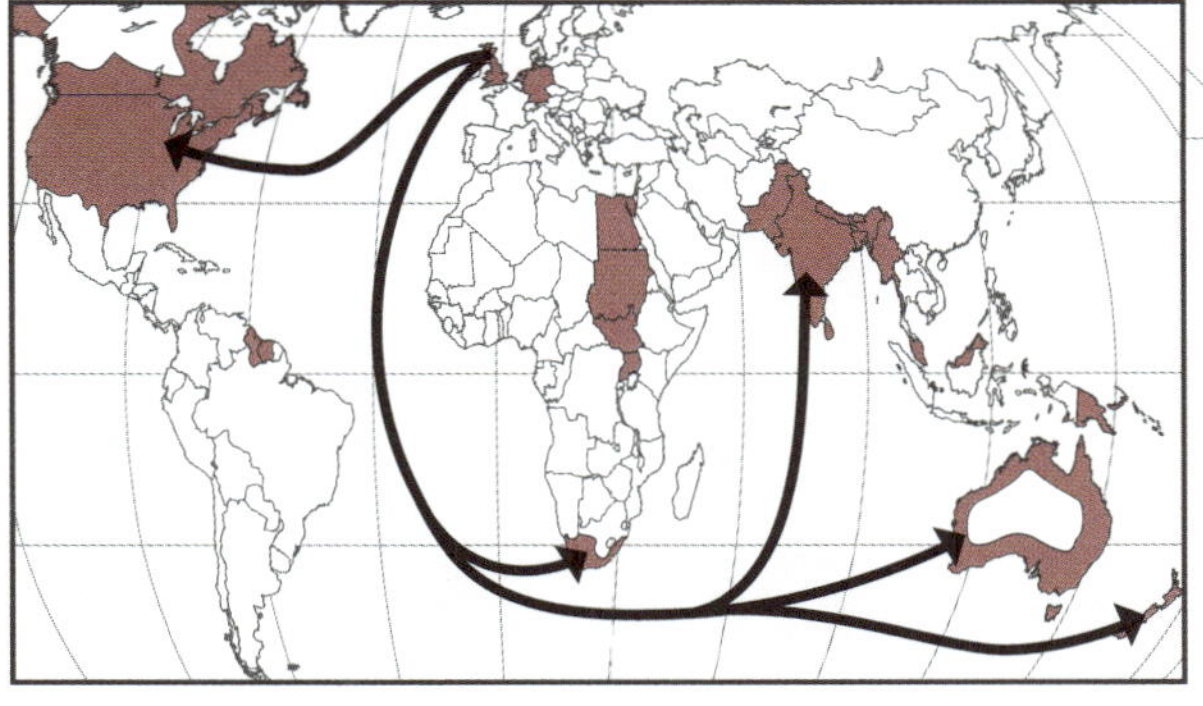

19世紀 プロテスタントの拡大

大英帝国をはじめ、ヨーロッパのプロテスタントの新大陸移住で拡大する。英国のピューリタン、オランダのカルヴァン派、スコットランドの長老派、ドイツのルーテル派、そしてクエーカー、メノナイト、アーミッシュなどが海を渡った

もスペインの影響でカトリックが多い。オーストラリアとニュージーランドはイギリスの植民地だったため、プロテスタントが多い。また、南太平洋の島々にもキリスト教が広まっている。

†空白のイスラム圏

欧米列強の世界分割とともに広まったキリスト教だが、古い文明をもつ中国やインドでは今も少数派である。仏教圏のスリランカ、ベトナム、タイ、日本などでもキリスト教徒は少ない。

とりわけ、キリスト教の空白地帯ともいえるのが北アフリカから西アジア、中央アジアに広がるイスラム圏である。そこには古くから伝わった東方教会が存続するほかに、西欧のキリスト教が広まることはほとんどなかった。西アジア一帯を治めたオスマン帝国の衰退に伴って中近東の一部をイギリスが植民地化したが、やはり住民はムスリムのままだった。そして第二次世界大戦後の独立時に不自然な国境線が引かれたことと、パレスチナにイスラエルが建国されたことが今日の紛争のもとになっている。

キリスト教の広まり——⑬
明治からの日本 キリスト教の激動の歴史

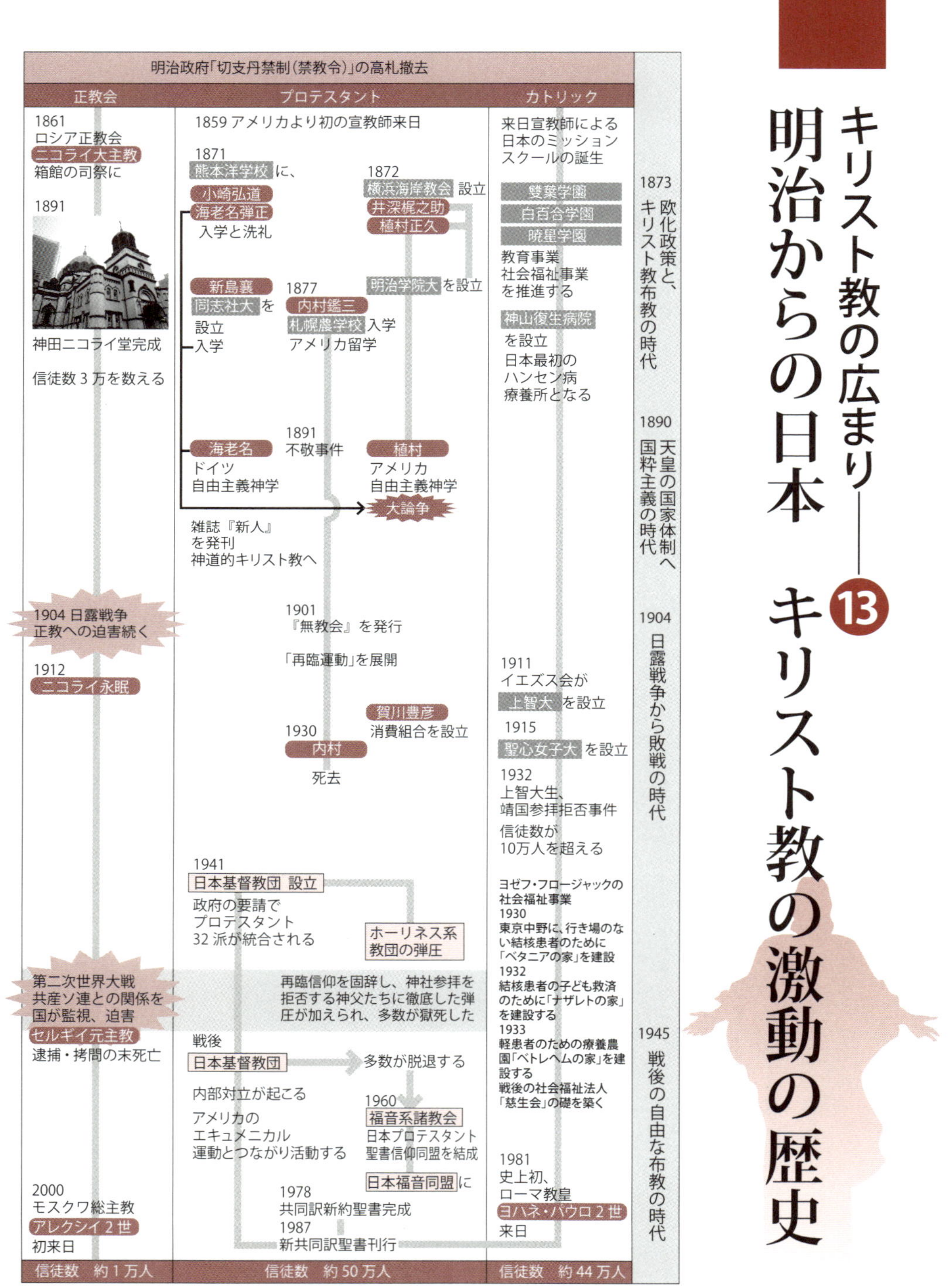

☆エキュメニカル＝キリスト教宗派間の協力と一致を求める運動

†長崎の信徒発見

長崎のカトリック教会・大浦天主堂が建てられたのは幕府が欧米諸国と通商条約を結んだ後の1865（元治2）年のことだった。その後、長崎・天草・五島など各地から信徒が訪れてイエス・キリストとマリヤに礼拝した。

そのころ、江戸幕府のキリシタン禁制は続いていた。それどころか、明治政府になると神道に国家の基を求めて、いっそう過激に弾圧したのである。1868（慶応4）年4月、維新政府はキリシタン禁教など5カ条の定めを記した高札を掲げ、キリシタンを拷問にかけたり流罪に処したりするなどの弾圧に乗り出した。

それは欧米各国から激しい非難を受け、1873（明治6）年に高札は廃止されたが、その間の流刑者は3394人、うち662人が死んだという。江戸時代から数えて4番目の大規模な弾圧なので「浦上四番崩れ」と呼ばれる事件だ。

ロシア正教会ニコライ・カサートキン大主教

†キリスト教諸派の流入

高札廃止によって布教は解禁され、各地にキリスト教の教会が建てられるようになった。早い時期に入ったのはロシア正教で、1861年に箱館のロシア領事館の司祭として赴任したニコライ・カサートキンによって東京にニコライ堂が建てられた（1891年竣工）。ニコライは日本語を習得して生涯をロシア正教（日本ハリストス正教会）の布教に努め、日露戦争中も日本に留まった。

初代上智大学長ヘルマン・ホフマン

ミッションスクールもカトリックの上智大学（1910年に来日したイエズス会宣教師ヘルマン・ホフマンが創立）などが、次々に開校した。

日本人の指導者たちも生まれた。著名な内村鑑三はアメリカに留学した後、独自に無教会主義を唱えた。

†戦前のキリスト教

太平洋戦争以前の旧憲法下でも信教の自由はあった。国家神道は国の祭祀と位置づけられていたからだ。しかし、それは天皇の神聖を冒さない限りの自由だった。また、太平洋戦争に向かう国家総動員体制の中でプロテスタント諸派は統合されるなど、時代とともにキリスト教界も動いてきた。

内村鑑三

板 /Zvonimir Atletic, p102 サウル王の図 /Jozef Sedmak, 少年ダビデの図 /Jozef Sedmak, ダビデとゴリアテの図 /Jozef Sedmak, ダビデ英雄の図, ダビデ王像, p103 ソロモン王の図 /nicku, シェバの女王来訪の図 /nicku, ヨシヤ王 /nicku, p104 ゴリアテを殺すダビデ /nicku, p110 神殿の再建 /nicku, p119・125 ベタニアの姉妹 /nicku, 処女受胎の祝福 /Jozef Sedmak, p120 イエスを礼拝する東方からの三博士 /nicku, p121 エジプトへの逃避行 /nicku, p122 キリストの洗礼 /Lucian Milasan, p123 ドブロブニク・フランシスコ会の聖ヨハネ像, ヨルダン川, 聖ヨハネの斬首, p124 ガリラヤ湖のイエス /nicku, p126 盲いた人を癒すイエス /nicku, p127 パンと魚の奇蹟 /ruskpp, カナの結婚 /nicku, 水上を歩くイエス /nicku, p128 山上の説教 /nicku, p131 善きサマリア人 /Anthony Baggett, p132 エルサレム入城 /nicku, p133 神殿のイエス /nicku, p135 ユダの接吻 /nicku, p137 総督ピラトの前のイエス, p138 十字架を担ぐイエス /Jozef Sedmak, シモンがイエスに代わって十字架を持つ /Jozef Sedmak, ヴェロニカがイエスの額の汗を拭う /Jozef Sedmak, p140 キリストの復活 /nicku, p141 キリストの昇天 /nicku, p142 聖霊降臨 /nicku, p151 キリストと皇帝コンスタンティノス 9 世夫婦 /Alena Stalmashonak, p154 ロシア正教のイエスの復活を表すイコン, p155 サンクトペテルブルク血の上の救世主教会, p156 古都西安の景教寺院, p158 エルサレム陥落を記念したミラノ大聖堂の扉, p159 サラディン肖像, p161 ゴシック建築, サン・ピエトロ大聖堂 /Fabio Lotti, 聖母マリヤ図（右）/Zvonimir Atletic, 聖母マリヤ図（左）/Claudio Giovanni Colombo, レオナルド・ダ・ヴィンチの解剖図と機械設計図 /Janaka Dharmasena, p162 魔女図, p163 ランカスターの魔女裁判に引き出される女性像, p164 マルティン・ルター画 /petervick167, ジャン・カルヴァン /petervick167, p166 メイフラワー号の航海を記念してイギリスで発行された記念切手 /Steve Mann

【photolibrary】 p56 平戸ザビエル記念教会, p57 モスクの尖塔, パゴダの尖塔, p58 ヨルダン川, p59 タージマハール寺院, p60 ドイツのシュヴァルツヴァルト（黒い森）, p68 聖ミカエル像, ダンテ地獄の門（部分）, p71 ドイツ・ケルン大聖堂祭壇画, セビリアの大聖堂, エヴォラのサン・フランシスコ教会, p84 1日目イメージ雲と太陽, 2日目イメージ海と朝日, 3日目イメージマングローブ原生林, 5日目写真イメージイルカ, p90 アララト山, p151 カーリエ博物館モザイク画, p155 アヤ・ソフィア大聖堂, p168 マラッカのフランシスコ・ザビエル教会, p172 神田ニコライ堂

【PIXTA】 p30 明洞聖堂

【アフロ】 p118 受胎告知・オラツィオ, p130 放蕩息子の帰還・レンブラント, p134 弟子の足を洗うキリスト・ブラウン, p135 最後の晩餐・ファネス, p136-137 この人を見よ・ボス, p139 キリストの磔刑・マンテーニャ

＊図解デザイン・地図はインフォビジュアル研究所が製作しました。

イラスト・写真の提供者一覧

◉イラスト

【高田寛務】p12 第 266 代ローマ教皇・フランシスコ，p14-15 大草原の小さな家，板小屋の図，p18-21 図解中の人物など，p22-23 図解中の羊，人物など，p27 フランス人とイスラム教徒の図，教会のイメージ，p29 図解中の人物，教会など，p31 出獄聖徒，p32 プーチンとキリル一世肖像，p34-35 岡本太郎図，太陽の塔図，BigBang 図，p38-39 三位一体の図中の人物など，p41 神との契約図，p44-45 モーセ図，闘う騎馬兵の図，p46 磔刑のキリスト図ほか，p48-49 ドラゴン図，騎士図，教会など，p50-51 労働と苦役の図，p52-53 一夫一婦制の図ほか，p54-55 復活の構造の人物図，p57 図中の人物と動物，p59 洗礼のシルエット図と砂漠イメージ，p63 ドラゴンと騎士の図，p64 ホット・クロス・バン，p65 最後の晩餐，牧師，プロスフォラ，ホスチア，p67 図解中の人物と動物，p69 四大天使図，サタン図，p86-87 アダムとイブの図，p90 アダムとイブの子孫たち，p92 ノアの子孫，p94-95 アブラハムの物語の挿絵，p96-97 モーセ登場の物語の挿絵，p98-99 モーセ出エジプト記の挿絵，p105 契約の箱，p106 ソロモンの神殿，p107 ソロモンの紋章，p133 エルサレム第 2 神殿図，p137 キリストのシルエット，p138 イエスの歩いた刑場までの路，p152 ローマ・カトリック教会教皇図，中世ヨーロッパの王の図，西ヨーロッパ諸国の王の図，p153 カノッサの屈辱，p158 十字軍遠征図

【二都呂太郎】p15 ピューリタンの移民の図，マニフェスト・デスティニー図，初代大統領ワシントン肖像，第 16 代大統領リンカーン肖像，p16 パット・ロバートソン肖像，p17 ジョン・F・ケネディ肖像，ジョージ・ブッシュ肖像，p25 セルビア兵士図，燃えるビル図，p29 道教の神の図，毛沢東肖像，p31 李承晩肖像，p36 国生み神話の図，p37 創造主ブラフマー図，宇宙卵と盤古神話，p70 帝国十字架図，p71 神聖ローマ皇帝フリードリッヒ 1 世の王冠の図，p72 宇宙卵の図，p73 古代インドの宇宙イメージ図，古代バビロニアの宇宙イメージ図，聖書の中の宇宙イメージ図，p125 使徒フィリポ，ペテロ，アンデレ，ヤコブ，ヨハネ，バルトロマイ，トマス，タダイ，小ヤコブ，熱心党のシモン，マタイ，マグダラのマリヤ図，p143 ヤコブ，アンデレ，バルトロマイ，ペテロ，トマス，シモン，タダイ図，p173 カサートキン大主教肖像，ホフマン学長肖像，内村鑑三肖像

◉写真

【大嶋賢洋】p62 リュブリャナのドラゴン像，p63 青龍，龍神図，p67 狼

【123RF】p28 道教寺院風のキリスト教会，p29 数珠をもつ手のイメージ，p53 聖家族の図，p59 水のイメージ，ベルサイユ宮殿の噴水，p61 真夏の夜の夢の図，森の妖精の図，グリム童話の図，p63 アステカ蛇の図，p66 狼男のイメージ，p67 狼標識，狼図，p69 キューピッド，p71 メルク修道院，p73 北欧神話の宇宙樹のイメージ，天動説の図 /Sergey Kamshylin，ホロスコープの図 /Sergey Kamshylin，p85　4 日目イメージ 昼と夜，6 日目イメージ アダムの創造 /Cosmin-Constantin Sava，p88 弟アベルを殺すカイン /ruskpp，p92 バベルの塔，p100 モーセと十戒の石

【監修者紹介】
月本昭男（つきもと　あきお）
聖書学・宗教学者。立教大学名誉教授。上智大学神学部神学科特任教授。（公財）古代オリエント博物館館長。
1948年生まれ。東京大学大学院人文科学研究科宗教学・宗教史学専攻博士課程中退。ドイツ・テュービンゲン大学より哲学博士号授与。立教大学文学部キリスト教学科教授を経て現職。『古代メソポタミアの神話と儀礼』（岩波書店）、『目で見る聖書の時代』（日本基督教団出版局）、『詩篇の思想と信仰』I～IV（新教出版社）、『旧約聖書に見るユーモアとアイロニー』（教文館）、『古典としての旧約聖書』（聖公会出版）、『この世界の成り立ちについて――太古の文書を読む』（ぷねうま舎）など著書多数。訳書に『旧約聖書〈1〉創世記』、『旧約聖書〈9〉エゼキエル書』、『ギルガメシュ叙事詩』（いずれも岩波書店）などがある。

【著者紹介】
インフォビジュアル研究所
2007年より代表の大嶋賢洋を中心に、新しいビジュアル・コンテンツの開発を目指し、編集者、グラフィックデザイナー、CGクリエイター数名により活動を開始する。2007年より『週刊ポスト』誌上で、ヒット商品の開発の背景と戦略をマーケティングの視点から解説する「だから売れた」の連載を2年弱続ける。以後、『家族を守る!! 放射性物質を除く食事』（綜合図書）など各種単行本や雑誌に、インフォビジュアル・コンテンツの提供を続ける。企画・執筆・制作などに携わった単行本に『だから売れた!』(東京書籍)、『超図解でよくわかる!　現代のミサイル』(綜合図書)、『イラスト図解　戦闘機』、『イラスト図解　イスラム世界』(いずれも日東書院)、『超図解　ニッポン産業をつくった8人のカリスマ経営者』(ファミマ・ドット・コム)がある。
http://inforvisual.information.jp

超図解　一番わかりやすいキリスト教入門

2016年11月10日　第1刷発行
2023年 8 月22日　第4刷発行

監修者――月本昭男
著　者――インフォビジュアル研究所
発行者――田北浩章
発行所――東洋経済新報社
〒103-8345　東京都中央区日本橋本石町 1-2-1
電話＝東洋経済コールセンター　03(6386)1040
https://toyokeizai.net/

カバーデザイン……吉住郷司
印　刷……………港北メディアサービス
製　本……………積信堂
編集担当…………伊東桃子
Printed in Japan　　ISBN 978-4-492-22364-2